聚焦先进理论方法、突破性科研成果、
前沿关键技术、典型工程应用，
记录中国高速铁路建设技术的发展历程。

"十四五"时期国家重点出版物出版专项规划项目

高速铁路
先进建造技术丛书

铁路信息模型及全生命周期应用

RAILWAY INFORMATION MODEL AND ITS LIFE CYCLE APPLICATION

韩祖杰 张 恒 宁新稳 / 著

人民交通出版社股份有限公司
北京

内 容 提 要

基于铁路信息模型(Railway Information Model,RIM)技术构建数字孪生铁路,是实现铁路智能建造与全生命周期管理的重要因素。本书基于作者多年的研究和大量的工程应用实践,全面、系统地阐述了铁路信息模型理论与技术体系,并介绍了在勘察设计、施工建设、运营管理等全生命周期中的应用方案。

全书共分 11 章,主要内容包括:铁路沿线基础地理场景制作方法、铁路信息模型建模方法、铁路信息模型技术数据交换与轻量化方法、铁路工程系统分解与构件编码、数据库设计、铁路三维场景数据组织与优化、铁路信息模型技术开发与应用(CRDC_RIM)平台建设、CRDC_RIM 平台在勘察设计、工程施工、运营维护阶段的应用案例等。

本书适于从事铁路规划、设计、施工、管理和运营的技术研究人员参考,也可作为道路与铁道工程、测绘科学与技术等专业的研究生的教学参考书。

图书在版编目(CIP)数据

铁路信息模型及全生命周期应用 / 韩祖杰,张恒,宁新稳著. — 北京:人民交通出版社股份有限公司,2022.6

ISBN 978-7-114-17797-2

Ⅰ.①铁⋯ Ⅱ.①韩⋯ ②张⋯ ③宁⋯ Ⅲ.①铁路工程—计算机辅助设计 Ⅳ.①U21-39

中国版本图书馆 CIP 数据核字(2019)第 070879 号

Tielu Xinxi Moxing ji Quanshengming Zhouqi Yingyong

书　　名:	铁路信息模型及全生命周期应用
著 作 者:	韩祖杰　张　恒　宁新稳
责任编辑:	吴燕伶　李学会
责任校对:	刘　芹
责任印制:	刘高彤
出版发行:	人民交通出版社股份有限公司
地　　址:	(100011)北京市朝阳区安定门外外馆斜街 3 号
网　　址:	http://www.ccpcl.com.cn
销售电话:	(010)59757973
总 经 销:	人民交通出版社股份有限公司发行部
经　　销:	各地新华书店
印　　刷:	北京印匠彩色印刷有限公司
开　　本:	787×1092　1/16
印　　张:	17
字　　数:	386 千
版　　次:	2022 年 6 月　第 1 版
印　　次:	2022 年 6 月　第 1 次印刷
书　　号:	ISBN 978-7-114-17797-2
定　　价:	128.00 元

(有印刷、装订质量问题的图书由本公司负责调换)

本书编审委员会

主　　编：韩祖杰

副 主 编：张　恒　宁新稳

参　　编：王　华　赵　文　范登科　王　娇　黄　漪

审稿专家：王长进　朱　庆

主编单位：中国铁路设计集团有限公司

第一作者简介

韩祖杰，1972年生，正高级工程师，中国铁路设计集团有限公司工程实验室航遥室主任。获评天津市劳动模范、天津市"131"创新型人才培养工程第一层次人选、天津市中青年科技创新领军人才、詹天佑铁道科学技术奖青年奖、中华全国铁路总工会火车头奖章、中国国家铁路集团有限公司"百千万人才"工程专业带头人、中国铁路设计集团有限公司特级专家等称号。

主持航测遥感实验平台建设、科技创新及成果工程化推广工作，重点开展了铁路勘测、地理信息系统（GIS）和建筑信息模型（BIM）技术的研究。主持完成国家863子课题"激光雷达与航空CCD相机的铁路勘察示范应用"❶、国家发展和改革委员会课题"高速铁路建设及运营综合仿真服务平台建设"以及多项国家级、省部级科研项目，研究成果在铁路勘察设计、建设管理、运营维护中应用，取得良好社会效益和经济效益，成果转换产值8000多万元。成果获全国优秀工程勘察设计金奖、全国优秀设计软件铜奖、中国技术市场金桥奖3项，省部级科技进步奖8项，省部级优秀工程勘察和优秀测绘工程奖4项，获得发明专利7项。作为主要编写者之一参编《机载激光雷达铁路勘察技术》专著1部，制定全国地理信息标准化技术委员会轨道交通地理信息系统标准1项，铁路BIM国际标准1项，在公开发行的省、部级以上科技刊物上发表有较高学术水平的论文十余篇。

---

❶ CCD：指电荷耦合器件（Charge Coupled Device）。

Preface 序

"交通强国,铁路先行"。铁路是国家战略性、先导性、关键性重大基础设施,是国民经济大动脉、重大民生工程和综合交通运输体系骨干,在经济社会发展中的地位和作用至关重要。目前,我国在大规模、高标准铁路建设方面已经取得了举世瞩目的成就,中国高铁已成为我国对外交流合作的一张亮丽名片,铁路建设从解决交通运输"瓶颈"阶段进入了现代化建设新时期。在新时代铁路高质量发展中,智能建造和智慧铁路正加速实施,铁路行业孕育着重大的技术创新发展机遇。

以"地理信息系统(GIS)+建筑信息模型(BIM)"为核心,综合利用物联网、大数据、云计算、人工智能等新技术,通过铁路工程设计、施工、运营三个阶段信息的有效传递、汇聚与共享,为铁路智能建造提供了变革性的支撑手段。

《铁路信息模型及全生命周期应用》一书面向铁路信息化建设需求,是一本高起点、高质量、很及时的专著。全书从技术方法和实践应用两个层次,对BIM与GIS融合方法以及铁路全生命周期应用进行系统性介绍,涵盖铁路信息模型的分解、编码、存储、集成、平台搭建及应用等方面的内容,综合反映了作者多年的科研成果,以及在阳大、盐通、昌景黄、宣绩、龙龙、汕汕等铁路工程总承包项目中的应用积累,对铁路信息化建设和高质量发展具有较好的启发性和指导意义。

"行之力则知愈进,知之深则行愈达"。新时代铁路建设发展目标宏伟、使命光荣,任务艰巨、责任重大。相信本书的面世能够为中国铁路建设技术创新提供有益参考,也能对广大铁路建设参与者有所启迪。同时,希望作者能够不忘初心,砥砺前行,探索铁路建设管理新模式,为打造数字孪生铁路提供有力支撑,奋力开创新时代铁路建设高质量发展新局面!

教育部长江学者特聘教授
2021年11月

Introduction 前言

2019年，国家铁路局启动《2021—2050年铁路网规划方案》和"十四五"铁路规划方案编制，围绕服务国家战略、落实《交通强国建设纲要》，开启新一轮的铁路大规模建设。铁路工程建设具有过程周期长、参与方众多、区域广、跨度大等特点，包含了大量异构的设计数据、施工过程数据、竣工交付数据，铁路工程建设数据链条呈现碎片状，信息资源缺乏整合，难以满足多样化的铁路工程建设信息化应用需求。如何能够对大量离散、多源异构的信息进行统一集成应用是管理的关键。

以BIM、GIS等技术为核心的铁路信息模型，可作为大数据量的承载容器，并且基于模型化的数据集成、管理与分析的方式使得信息更精细、展示更直观、协作更便捷，是推进铁路工程建设技术管理创新的重要手段。在此背景下，系统总结铁路信息模型相关技术，并详细阐述其在全生命周期中的应用，具有重要意义。

本书以铁路三维场景建模为基础，详细阐述了基于铁路信息模型的工程信息化平台建立方式和应用内容，并服务于铁路工程设计、建设、运营全生命周期管理。本书将铁路工程三维建模分为铁路基础设施参数化建模、铁路附属设备模型库建模、铁路工点精细化BIM建模三种类型，讲述了模型在设计与建管阶段的分解与编码工作、数据库设计、符号化表达、场景数据组织与优化等方面的内容，可对铁路行业BIM与GIS的整合、三维场景构建等方面起到一定的技术指导作用；在应用章节中，讲述了铁路信息模型技术开发与应用平台的建设工作，以及在勘察设计、施工建造、运营维护全生命周期的管理应用等方面的内容，从应用的角度对铁路信息模型技术的落地进行示范。

在本书的编写过程中，王华、赵文、范登科、王娇、黄漪等同志为本书进行了基础材料和文字的整理工作，王长进、齐春雨、朱庆、全玉山、高文峰、朱军等专家对本书的框架和质量进行指导,刘小龙、甘俊、宋树峰、付雪松、周文明等同志为本书提供了素材。在此向为本书提供帮助的所有同志表示衷心感谢。

由于本书编写时间仓促,资料来源和编者水平有限,不足之处在所难免,敬请读者不吝赐教,多提批评指导意见,以利改正。

作 者

2021 年 11 月

Contents 目录

铁 路 信 息 模 型 及 全 生 命 周 期 应 用

第 1 章　绪论 ··· 001
1.1　引言 ·· 002
1.2　国内外研究现状 ································ 003
1.3　本书结构 ·· 005

第 2 章　基础地理场景 ·· 009
2.1　常用坐标系及坐标系转换 ················ 010
2.2　基础地理信息数据处理 ···················· 017
2.3　多源数据融合与基础地理场景建模 ··· 025
2.4　本章小结 ·· 031

第 3 章　铁路信息模型 ·· 033
3.1　铁路基础设施参数化建模 ················ 034
3.2　铁路附属设备模型库建模 ················ 063
3.3　铁路工点精细化 BIM 建模 ·············· 068
3.4　本章小结 ·· 075

第 4 章　铁路信息模型数据交换与轻量化 ············ 077
4.1　数据交换基础及思路 ······················· 078
4.2　基于标准格式的数据交换 ················ 089
4.3　基于商业软件平台的数据格式转换 ··· 099
4.4　模型轻量化 ···································· 109
4.5　本章小结 ·· 111

第 5 章 铁路工程系统分解与铁路信息模型构件编码 ……… 113

5.1 面向勘察设计的工程分解与编码 …………………… 114
5.2 面向建设管理的工程分解与编码 …………………… 123
5.3 本章小结 …………………………………………… 141

第 6 章 铁路信息模型与工程管理数据库 ………………… 143

6.1 铁路信息模型数据库设计 …………………………… 144
6.2 铁路建设管理数据库设计 …………………………… 148
6.3 铁路运营管理数据库设计 …………………………… 159
6.4 本章小结 …………………………………………… 162

第 7 章 铁路三维场景数据组织与优化 …………………… 163

7.1 地理信息符号化表达 ………………………………… 164
7.2 三维场景数据组织 …………………………………… 171
7.3 三维场景数据优化 …………………………………… 176
7.4 本章小结 …………………………………………… 179

第 8 章 铁路信息模型技术开发与应用平台建设 ………… 181

8.1 平台总体框架 ………………………………………… 182
8.2 平台技术路线及功能特点 …………………………… 185
8.3 平台建设原则和目标 ………………………………… 188
8.4 本章小结 …………………………………………… 190

第 9 章 CRDC_RIM 平台在勘察设计阶段的应用 ………… 191

9.1 野外调查 ……………………………………………… 192
9.2 三维深化设计 ………………………………………… 198
9.3 设计成果三维展示 …………………………………… 205
9.4 本章小结 …………………………………………… 209

第 10 章　CRDC_RIM 平台在工程施工阶段的应用 …………… 211

10.1　施工进度管理 ………………………………………… 212
10.2　施工工法可视化模拟 ………………………………… 220
10.3　监控量测系统接入 …………………………………… 226
10.4　本章小结 ……………………………………………… 232

第 11 章　CRDC_RIM 平台在运营维护阶段的应用 …………… 233

11.1　资产台账管理 ………………………………………… 234
11.2　综合养护维修管理 …………………………………… 236
11.3　安全风险与应急救援管理 …………………………… 240
11.4　本章小结 ……………………………………………… 244

参考文献 …………………………………………………………… 245

第1章

绪论

1.1 引言

铁路作为国民经济的大动脉,在国民经济发展中起着举足轻重的作用。然而,随着铁路项目日益大型化、复杂化,其对铁路的建设管理与运营维护的要求越来越高。如何在铁路全生命周期中全面、准确地感知和认知沿线广域范围内地上地下复杂的环境及各要素间的相互作用,实现"交通强国,铁路先行"的建设要求,真正提升我国铁路技术水平,是事关我国庞大铁路系统建设及运营成败的关键。面对如此严峻的挑战,只有依靠信息化和智能化,才有可能实现全面支撑"高起点、高标准、高质量"的要求,真正提升我国铁路技术水平,引领世界铁路发展的目标。

建筑生命期管理是在建筑工程生命期,利用信息技术、过程和人力来集中管理建筑工程项目信息的策略,其理念是集成化思想在建设项目信息管理中的应用,其思想的核心在于解决建设工程全生命周期中的信息创建、信息管理和信息共享问题。建筑生命期管理理念的实现需要相关技术的支持,建筑信息模型(Building Information Model,BIM)技术的出现,使得建筑生命期管理得到了全面、充实和有力的支持。BIM技术是以建筑工程项目的各项相关信息数据作为基础,建立起三维的建筑模型,通过数字信息,仿真模拟建筑物所具有的真实信息。BIM精细程度高,特征参数化,语义信息丰富,有利于实现铁路工程全生命周期的数字化管理。然而,由于BIM数据量大,可视化预处理时间长,因此BIM不具备大范围地理信息数据的存储、分析及展示功能,其主要被用于对单个项目工程的设计、管理应用(例如单个桥梁、建筑或小范围的构造物综合体),无法进行空间地理信息分析、地理位置精确定位及铁路构筑物周边环境整体展示。由于铁路工程是带状工程,具有范围广、与地形地貌结合紧密的特点,因此,如何在地理信息环境下进行全专业的设计集成应用,一直是传统BIM软件难以解决的问题。

三维地理信息系统(Three-Dimensional Information Systems,3D GIS)基于空间数据库技术,面向从微观到宏观的海量三维地理空间数据的存储、管理和可视化分析应用,能够为铁路的建设和管理提供统一的基础框架。然而,3D GIS的特点在于宏观、大范围地理环境与建筑物三维表面模型的集成,侧重于室外的信息表达,缺乏对局部单体建筑的精细表达和管理。因此,亟须利用3D GIS技术对大范围的BIM数据集进行集成,并利用数据库系统对属性等信息进行高效管理,从而支持对大规模工程的协同分析和共享应用。

3D GIS与BIM集成,可解决规划、设计、运行、维护与管理的数据与业务流程整合问题,使3D GIS从宏观管理向微观管理发展,从地理设计向地理控制发展。将BIM与3D GIS融合技术应用到铁路领域,形成铁路信息模型(Railway Information Model,RIM)技术,不仅能够实现铁路建设可视化管理、数字化施工、智能化建造,而且能够实现铁路基础设施工程设计、施工、养护各阶段信息有序衔接的全生命周期管理目标。铁路信息模型技术能实现铁路工程全生命周期信息化管理的革命性转变：从几何到物理和功能特性的综合数字化表达的转变；从各专业分散的信息传递，到多专业协同的信息共享服务的转变；从各阶段独立应用，到设计、施工、运行与维护全生命周期共享应用的转变。然而，BIM 与 3D GIS 的融合由于存在标准有待完善、跨平台间系统不兼容、数据量庞大、缺乏协同管理等问题，全生命周期集成与共享应用十分困难，因此，有必要对铁路信息模型技术及其在全生命周期管理中的应用进行系统性研究。

1.2 国内外研究现状

1.2.1 BIM 与 GIS 融合现状[1]

BIM 与 GIS 融合研究主要围绕 CityGML 和工业基础类（Industry Foundation Classes，IFC）两种标准开展，常采用数据格式转换、数据标准扩展两种方式，初步实现了 GIS 与 BIM 数据的相互转化和融合，但几何信息和属性信息丢失、语义信息歧义等是其中突出的问题。

（1）基于数据格式的 BIM 与 GIS 融合

该方法是目前主流的 BIM 与 GIS 融合方式，主要集中在从 IFC 向 CityGML 的转换，也有部分研究侧重于 CityGML 向 IFC 的转换。从 BIM 数据到 GIS 数据转换，是对精细化数据进行粗化处理的过程，主要包括几何和语义两个方面。

几何方面，针对 CityGML 与 IFC 之间的数据格式转换，市场上已有一些软件平台提供支持，如 IFCExplorer、BIMServer、FME 等均可实现 IFC 向 CityGML 的自动转换。Autodesk Revit 和 ArcGIS 等商业软件已实现 BIM 和 GIS 数据的转化和同平台显示。目前，BIM 与 GIS 融合研究的成果主要集中在 BIM 数据经简化和数据格式转换后，在 GIS 环境中的可视化表达，并进行一些简单的、基于空间信息的查询检索。

单纯的数据格式转换并没有实现 BIM 与 GIS 的融合，语义信息的映射也是 BIM 与 GIS 融合的重要内容。CityGML 与 IFC 之间存在交集，但在 CityGML 与 IFC 之间的数据格式转换过程中，数据信息丢失基本是不可避免的。一是因为几何表达形式的差异，IFC 中有边界描述、拉伸或旋转形成的扫描体、构造实体几何等三种表达形式，而 CityGML 仅有边界描述一种几何表达形式，在 IFC 转化为 CityGML 后，需要大量的坐标数据来表达多个面片信息，这必然会造成几何信息的丢失和数据量的增加；另一方面是因为对象语义的差异，IFC 和 CityGML 对空间对象的表达和理解是不同的，没有相关的对象语义标准化研究工作。

（2）基于标准扩展的 BIM 与 GIS 融合

开展 CityGML 和 IFC 标准的扩展研究，在此基础上形成新的数据交换标准，也是 BIM 与

---

[1] 行业通常将"BIM + 3D GIS"简称为"BIM + GIS"，故本书后文若无特别说明，GIS 均指 3D GIS。

GIS 融合研究的重要方向。针对 CityGML 和 IFC 标准的扩展,大致有三种扩展方式。

一是底层开发,定义新的实体类型和属性,也就是对 Schema 文件进行修改。这种方式的特点是可以准确、完整地表达待扩展信息,但需要对底层的 Schema 文件进行修改,工作量大,且需要研发特定的平台来支持扩展结果的可视化。①基于 CityGML ADE 扩展实现融合。这一融合方式的原理是根据 IFC 实体的定义和分类方式,针对特定的应用需求对 CityGML 进行 ADE 机制的扩展,将特定的 IFC 实体分类和定义结果融入 CityGML 中,这一方面典型的研究成果当属 GeoBIM。②对 IFC 的扩展。IFC 标准通过实体(Entity)与属性(Property)表达工程建设项目中的信息。IFC 可通过静态扩展与动态扩展的方式增加对特定领域概念的表达能力,这一方面典型研究成果当属铁路工程信息模型。铁路工程信息模型综合使用静态扩展与动态扩展两种方式,其中,静态扩展是指在 IFC Schema 中添加铁路实体的定义。动态扩展是指在现有 IFC 实体的基础上,不更改 IFC Schema(EXPRESS 模式文件),通过将现有 IFC 实体的特定字段设置为表达标准化的铁路领域信息的数据,从而起到标记、识别铁路工程信息模型的方法。

二是基于通用类的扩展,CityGML 和 IFC 都提供相应的扩展机制,分别基于 Generic 和 Proxy 方式实现,该方式的特点是不用修改底层的 Schema 文件,直接对 CityGML 和 IFC 的实例进行修改,但该类扩展的问题在于没有对待扩展内容进行定义而造成语义歧义。

三是通过引用外部分类的方式进行扩展,CityGML 可以通过自身的 link 功能,通过 UUID 调用 IFC 中定义的实体,也可以通过 URL 调用待扩展实体的分类结果,既可以实现对实体的扩展,还可以获得相应的属性信息,这种方式的不足之处同样是语义信息不一致。

1.2.2 BIM 与 GIS 融合在铁路行业中的应用现状

建立基于 BIM 技术的铁路工程建设全生命周期管理的理论体系和平台,已成为提高铁路信息化水平的重要研究方向和发展趋势。由于 BIM 技术是近几年才引入我国,国内设计、施工企业通过研究和实践,逐步掌握和应用该项技术,近两年有了较大的发展。然而,BIM 技术却错过了铁路建设的大发展期,国内建设的众多现代化铁路客站未能使用 BIM 技术。部分铁路设计院最早在 2010 年开始涉足 BIM 技术,通过一段时间的技术研究和实践,逐步掌握了 BIM 技术应用的核心,已经开始尝试在大型铁路客运枢纽上进行局部应用,例如天津西站的 BIM 运营管理信息化。此外,部分铁路设计院与国内知名建筑设计企业合作,开展铁路站房建设的局部 BIM 应用,例如,哈尔滨西站的综合管线设计。

为了高效、有序推进 BIM 在铁路行业内的应用,2013 年 12 月 17 日,中国铁路 BIM 联盟在北京成立。作为桥梁和纽带,中国铁路 BIM 联盟将联合业界精英,有效整合会员单位优势资源,强强联合、优势互补、合作共赢,共同推动铁路 BIM 标准体系建设,促进铁路工程建设 BIM 应用与发展。2014 年初,中国铁路标准系统框架完成研究。2015 年 1 月,《铁路工程信息模型分类与编码标准(1.0 版)》(T/CRBIM 002—2014)实施。2015 年 12 月,中国铁路 BIM 联盟发布了《铁路工程信息模型数据存储标准(1.0 版)》(T/CRBIM 003—2015),该标准涵盖和涉及铁路线路、轨道、路基、桥梁、隧道、站场、路基排水、地质8个专业领域。中国铁路BIM联盟在BIM标准方面的研究工作已经得到了建筑智慧国际联盟(buildingSMART International,简称"bSI")的高度认可和重视。2016年9月,《铁路工程信息模型数据存储标准(1.0版)》经bSI批准,发布为该组织的公开规范,这标志着中国铁路BIM标准已被国际社会接纳和认可。bSI于2017年4月成立了由中国铁路BIM联盟牵头,德、法、瑞、奥等国铁路公司参与的铁路IFC标准项目组,项目目标是完成具有广泛国际代表性的铁路IFC国际标准的研究工作,并拟将铁路IFC标准纳入到IFC5标准中,继而进一步对IFC标准进行补充。

GIS能够为铁路BIM提供线路周边精细的三维地形场景数据,包括多源、多分辨率的地形与影像数据融合。集成铁路BIM全生命周期内不同阶段的数据资料,可为不同阶段、不同需求的决策提供强有力的综合性技术支持。

勘察设计阶段的应用,重点包括设计数据的集成与共享,以及辅助设计、深化设计应用。基于GIS对多源异构数据的集成能力,能够为设计数据提供一个集成、直观、共享的三维环境。此外,由于三维场景具备准确的地理位置信息,基于GIS的空间分析功能进行土石方量计算、征拆面积计算、成本统计分析,能够为铁路各专业设计工作提供有效辅助设计服务,例如设计选线、断面采集、征地拆迁、地质重构、三维环评等。

施工建设阶段,基于3D GIS平台集成的铁路BIM模型可以确定工区、工点的真实地理位置,可辅助进行大型临时设施(简称"大临")与通信工程、信号工程、电力工程和电气化工程(简称"四电")的选址工作。联合基于物联网的终端数据采集系统,包括视频、沉降、位移等监控量测设备,有助于保证施工过程的安全。将BIM模型进行构件分解并进行时间属性管理,可通过上传施工日志进行施工进度的三维形象展示。通过将进度数据与计划进行对比,可对滞后工期进行预警。加入成本造价数据后,还可以进行工程算量及成本管控。

运营维护阶段,通过集成铁路设施、周边电力、建筑物等三维模型数据,构建铁路工程的数字资产,并收集台账管理、应急管理相关数据资料,建立资产台账管理数据库,满足三维可视化界面下的场景浏览定位、设备台账查询、应急抢险、日常维护等需求,实现铁路资产管理的三维可视化。

1.3 本书结构

本书主要介绍铁路信息模型的建模方法,以及在铁路全生命周期中的应用,其结构和各章节内容如图1-1所示。具体阐述如下:

第1章绪论,主要介绍铁路工程中BIM与GIS融合的必要性以及技术特点,并从总体上介绍本书的结构及各章节内容之间的关系。

第2章叙述铁路工程中基础地理场景的制作方法,介绍常用的几种坐标系及各坐标系间的转换方法、基础地理数据的获取与处理方法、多源数据融合与基础地理场景建模。基础地理场景是承载铁路工程三维模型与属性信息的基础，本章内容为后续章节提供基础的三维地理场景。

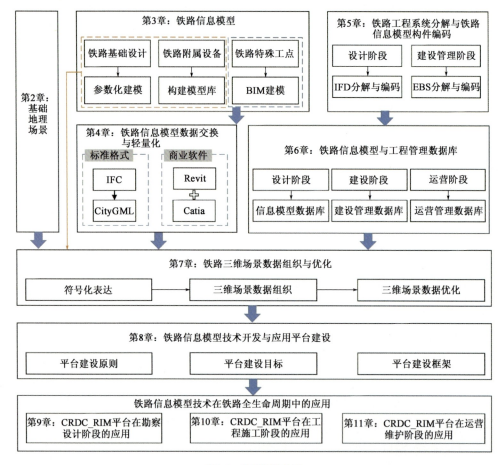

图1-1 本书结构安排

第3章叙述铁路信息模型三维建模方法，包括铁路基础设施参数化建模、铁路附属设备模型库建模、铁路特殊工点BIM建模。针对铁路工程中路基、桥梁、隧道、轨道等基础设施，使用参数化建模方法构建三维模型，通过读取二维设计图纸，提取各设施的设计参数，并根据设计参数自动生成三维模型。针对如中继站、通信塔、信号机等铁路附属设备，建立模型库，以便不同铁路线路在构建三维场景时共享与重用。对于铁路工程中的特殊工点，则采用BIM建模方式，比如复杂桥梁、大型客站。BIM建模虽然精细，但BIM实体模型需要转换为GIS表面模型，才能融入GIS场景中。

第4章阐述铁路工程信息模型的数据交换与轻量化手段和方法。从数据交换的基础及思路入手，介绍用于数据交换的模型通用数据接口和实施技术路线。面向铁路工程各要素语义信息传递需求，详述基于标准格式的语义扩展和语义转换方法。基于常用商业软件使用环境，有针对性地探讨多种模型数据格式的转换方法。为提高铁路工程信息模型集成与应用后系统的实时响应效率和多层次细节表达能力,分别从几何信息和语义信息两个方面入手,介绍模型轻量化处理所采用的方法。

第 5 章阐述铁路工程系统分解与铁路信息模型构件编码,分别阐述基于设计的国际字典框架(International Framework for Dictionaries,IFD 分解与编码方法,以及基于建设管理的工程实体分解结构(Engineering Breakdown Structure,EBS)分解与编码。此外,针对铁路工程中常用的桥梁、涵洞、路基、隧道、轨道等主体工程,分别给出了 IFD 与 EBS 两种分解与编码方法。本章介绍的模型分解与编码方法为工程管理信息与铁路信息模型关联提供了基础。

第 6 章阐述铁路信息模型与工程管理数据库设计方法,包括设计、建造、运营三个阶段的数据库设计方法。数据库的设计为三维场景中的铁路信息模型赋予属性信息,能够实现信息的可视化查询,为信息的共享和传递提供前提。

第 7 章基于上述章节的理论和方法,阐述三维场景的数据组织与优化方法,包括地理信息符号化表达、三维场景的数据组织方法、三维场景的数据优化方法。在上述章节中,第 2 章为三维场景提供了基础地理场景制作方法,第 3 章为三维场景构建了铁路信息模型,第 4 章将第 3 章中的 BIM 模型转换为可以直接融入三维场景的 GIS 表面模型,第 5 章对三维场景中的铁路信息模型进行分解并编码,第 6 章在第 5 章的基础上进行数据库设计,以便对三维场景中的模型进行属性链接。

第 8 章阐述基于 BIM、GIS 等技术搭建的铁路信息模型技术开发与应用平台(简称"CRDC_RIM 平台"),从平台的建设原则、目标、框架等方面,对 CRDC_RIM 平台进行阐述,平台的建设为后续开展设计、施工、运维阶段的应用提供基础和前提。

第 9 章~第 11 章为基于 CRDC_RIM 平台的应用章节,分别阐述铁路信息模型技术在勘察设计、工程施工、运营维护阶段的应用,从铁路全生命周期的角度阐述 BIM 与 GIS 融合在各个阶段所能发挥的作用。

RAILWAY INFORMATION MODEL
AND ITS LIFE CYCLE APPLICATION

第 2 章

基础地理场景

基础地理场景是对铁路沿线地形地貌的反映,是铁路信息模型建模的基础,主要通过将地形数据、影像数据、矢量数据、周边建筑房屋等多源异构数据进行叠加而成。铁路三维地理信息种类复杂多样,数据获取方式有卫星遥感、航空遥感、低空无人机、地面采集等,可提供的数据类型主要包括数字正射影像(Digital Orthophoto Map,DOM)、数字高程模型(Digital Elevation Model,DEM)、建筑物三维模型、倾斜摄影三维实景模型、矢量地形图与专题图等。基础地理场景制作的过程即为多模态空间数据融合的过程,涉及空间基准统一、数据处理与格式统一等内容。

2.1 常用坐标系及坐标系转换

2.1.1 常用坐标系

铁路勘察设计的直接成果一般使用工程坐标系,而其他既有资料可能采用1984世界大地坐标系(WGS84坐标系)、2000国家大地坐标系等不同空间基准的大地坐标系或投影坐标系,由于不同坐标系的尺度、基准不同,无法直接使用原始坐标进行叠加整合,因此需采用统一空间基准和统一尺度的坐标系进行项目数据的整体管理。

为了构建与真实世界一致的虚拟三维地理场景,一般在大地坐标系(三维椭球)下进行数据的集成。按照我国沿用的历史,常见的大地坐标系有1954北京坐标系、1980西安坐标系、WGS84坐标系和2000国家大地坐标系。1954北京坐标系和1980西安坐标系的建立,极大地促进了我国测绘事业的发展,然而随着空间大地测量技术的兴起,这两种经典的局部大地坐标系已不能满足我国经济建设和国防建设的要求,当前常用的大地坐标系为WGS84坐标系和2000国家大地坐标系。

就铁路领域而言,根据铁路勘察设计和运维管理的特点,通过线路里程来表示地物的位置是常用的做法,因此基于线路中心线的线性参考系也是常用的坐标系统。该坐标系可通过线路里程值、左右偏移距离、高程差来定位任意空间位置。

(1) WGS84坐标系

WGS的全称为世界大地测量系统(World Geodetic System),是一种用于地图学、大地测量学和导航(包括全球定位系统)的大地测量系统标准,是一种世界通用的地心坐标系。WGS84坐标系的原点在地球质心,Z轴指向地球北极,X轴指向本初子午线与地球赤道的交点,Y轴与X轴、Z轴垂直构成右手坐标系。在WGS84三维椭球体上进行地形建模、资料汇总显示与管理,可真实反映各地理要素之间的空间几何关系,方便长度、面积、方位等的量测。美国的全球定位系统(Global Positioning System,GPS)提供的直接坐标就是WGS84大地坐标。

(2)2000国家大地坐标系

2000国家大地坐标系(China Geodetic Coordinate System 2000,CGCS 2000),属于地心大地坐标系统,是我国当前最新的国家大地坐标系。2000国家大地坐标系的原点为包括海洋和大气的整个地球的质量中心,以国际地球参考框架(ITRF 97)为基准。Z轴由原点指向历元2000.0的地球参考极的方向,该历元的指向由国际时间局给定的历元为1984.0的初始指向推算,定向的时间演化保证相对于地壳不产生残余的全球旋转;X轴由原点指向本初子午线与地球赤道面(历元2000.0)的交点;Y轴与Z轴、X轴构成右手正交坐标系。采用广义相对论意义下的尺度。

2000国家大地坐标系的定义与WGS84坐标系实质一样。采用的参考椭球非常接近。扁率差异引起椭球面上的纬度和高度变化最大达0.1mm。当前测量精度范围内,可以忽略这点差异。随着时间演化,由于地壳运动、国家2000控制网约束的因素,2000国家大地坐标系的空间基准与WGS84坐标系的空间基准存在微小的偏移,两者坐标偏差最大为米级。

按照国务院关于推广使用2000国家大地坐标系的有关要求,之前国土资源部(现自然资源部)确定,2018年6月底前完成全系统各类国土资源空间数据向2000国家大地坐标系的转换,2018年7月1日起全面使用2000国家大地坐标系。

(3)工程坐标系

铁路设计、施工、复测中均采用工程坐标系(也称施工坐标系),该坐标系是在WGS84坐标系或2000国家大地坐标系基础上,采用特定参数的高斯投影坐标系。为了将投影变形控制在一定范围内,对于较长的铁路项目,一般划分为多个段落,每个段落使用一个独立的工程坐标系。

铁路工程坐标系统有如下特点:大地基准采用2000国家大地坐标系或WGS84坐标系;高程系统是统一的,一般采用1985国家高程基准;平面系统采用高斯投影,中央子午线位于段落中心,通过椭球膨胀使基准面与区域平均高程接近;被设计成多个分段工程坐标系(东西跨度平均在30km左右)。

由于同一个项目的工程坐标系是在同一个大地坐标系下,采用不同的投影参数投影计算所得,因此,它们之间是单纯的高斯投影正反算关系,不涉及空间基准的转换。

(4)线性参照系

线性参照系(Linear Referencing,LR)是一种一维度量系统,它通过与已知线性要素之间的偏移关系,来进行空间位置度量与存储,同时还可以将多组属性与该线性要素相关联。线性参照系的特点是,它能够基于一维线性系统建立的空间数据模型,将实际地理空间中三维坐标与一维线性坐标进行相互转换。铁路系统是典型的一维线性系统,由于铁路工程中各建筑构件的几何结构和空间关系比较固定,因此,可用线性参照技术实现各单位模型的快速定位。线性参照系一般以铁路左线三维中心线为参考基准建立坐标参考系,使用坐标(里程,距离,高差)来表示空间位置信息,该坐标系在线路两侧小范围内适用。线性参照系一般在生成三维场景、里程与坐标相互转换的过程中使用。

2.1.2 坐标系转换

铁路工程三维场景中,坐标系转换主要涉及三种:工程坐标系与大地坐标系的转换、高程系转换、线性参照系与大地坐标系的转换。

(1)工程坐标系与大地坐标系的转换

长大铁路工程三维场景一般使用大地坐标系,而勘察设计资料通常使用平面投影的工程坐标系,为了将勘察设计资料集成至三维场景,需要将平面投影坐标系转换到大地坐标系下,同时,为了便于工程人员的日常使用,在将三维场景中的数据导出时,还需要研究大地坐标系到工程坐标系的转换方式。

工程坐标系与大地坐标系的转换主要包括三类元素:投影变换、空间基准变换、大地坐标计算,如图2-1所示。同一空间基准下,具有空间直角坐标、大地坐标、投影坐标三种表现形式,因此,同一空间基准下的三种坐标系转换是严密转换。而不同空间基准下的投影坐标系的转换需要借助七个参数进行,其转换的算法流程如图2-2所示。

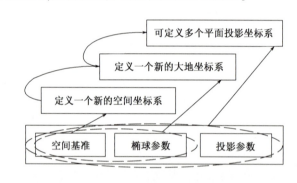

图2-1 投影坐标系统基本元素

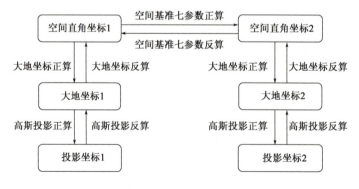

图2-2 不同坐标系间进行坐标转换的算法流程图

根据平面投影坐标系的椭球参数、投影参数,将平面投影坐标转换为当前空间基准下的大地坐标,进而得到该空间基准下的三维空间坐标;根据当前空间基准1与空间基准2之间的

转换关系,得到空间基准2下的空间直角坐标,由椭球参数最终得到大地坐标。具体阐述如下:

①高斯投影变换:既有资料所采用的坐标系统均采用高斯投影,高斯投影参数包含基准面、中央子午线经度、北方向缩放系数、原点偏移。高斯投影变换建立了大地坐标与平面投影坐标系之间的关系。

②大地坐标换算:在进行完高斯投影变换之后,还需要将大地坐标转换为空间直角坐标,在转换的过程中需要注意公式的收敛性。

③七参数模型空间坐标转换:该转换针对不同空间基准间的坐标转换,是两个空间直角坐标系间的转换。进行两个空间直角坐标系之间的转换,除对坐标原点实施平移需要求解三个参数外,当坐标轴间互不平行时还存在三个旋转角度参数,以及当两个坐标系尺度不一样时需要一个尺度变化参数。这七个参数共有三种转换公式:布尔莎公式、莫洛金斯公式和范式公式。

工程坐标系最多可达十几个,为了便于基础资料的坐标转换,可划分各工程坐标系的适用范围,并对范围图框建立矢量图层,通过空间查询自动匹配坐标系参数,实现自动跨带转换。

对于一个项目中的多个工程坐标系,使用多边形来表示工程坐标系的划分情况,在进行工程坐标系的坐标查询时,系统自动根据当前位置落入的多边形选择相应的工程坐标系参数进行坐标转化计算,如图2-3所示。

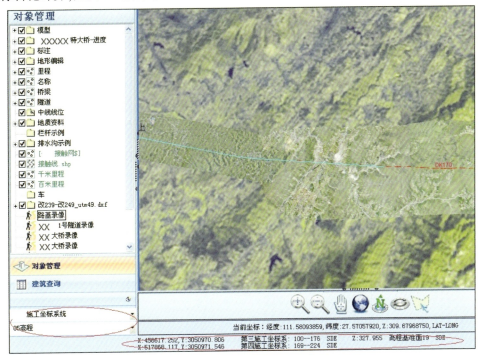

图2-3 工程坐标系坐标显示

(2)高程系转换

高程基准是推算国家统一高程控制网中所有水准高程的起算依据,它包括一个水准基面和一个永久性水准原点。铁路工程中常用的是 1985 国家高程基准,而通过 GPS 定位、遥感、航空摄影测量等手段获取的高程值为大地高(全球定位系统提供的高程值)。在大地坐标系(三维椭球)上构建与真实世界一致的虚拟三维地理场景,严格来讲,地物的高程应为大地高,然而工程领域更加关心的是正常高。因此,为了提高三维地理场景的适用性,高程系采用 1985 国家高程基准。这就要求在进行三维空间数据集成前,需对所有高程数据进行统一的转换和改正,统一到 1985 国家高程基准。

由于仅涉及两个高程系统之间的转换,且同一个高程系统内部是连续的,因此高程转换可采用格网高程改正的方法。即通过搜集水准测量成果,在测区范围内拟合计算各处大地高和正常高之间的差值 D_z,然后建立格网高程改正值参数表。任意点的高程改正值通过输入经纬度坐标查询获取,高程系统的转换通过加减 D_z 实现。

高程转换一般在航测数据采集和处理环节进行,在 GIS 应用中,由于所有数据均采用 1985 国家高程基准,一般不存在高程转换。需注意的是,系统接入 GPS 数据时也需进行高程改正。

(3)线性参照系与大地坐标系的转换

数据的坐标系转换解决了基础地理信息数据的整合难题,而设计资料、铁路设施需要通过铁路线位来定位,因此还需要解决铁路中线曲线的管理和精确里程定位。

在平面投影坐标系下,采用不同的投影参数,矢量元素的几何形状存在差异。现有的铁路中线曲线要素是在特定投影坐标系下计算得到的,在其他投影坐标系或大地坐标系下根据曲线要素资料生成铁路线位会存在较大的偏差。因此,在三维球体上进行铁路线位的曲线要素描述和线位精确定位,无法采用传统的曲线绘制与长度延伸里程计算方法。

在 CAD 图纸中,使用两点连线表示一条直线段,由曲线五要素定义并绘制一条曲线。在三维地球的表面,需在曲面上去绘制原有的直线和曲线。由于受地球曲率的影响,设计图纸中的直线段在三维球体将会转变成一条曲线,如图 2-4 所示,因此,建议使用加密的离散化折线代替参数曲线,便于在椭球体上实现精确线路定位和偏移计算。

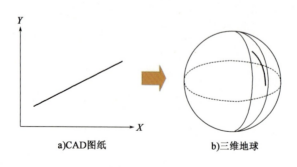

a)CAD 图纸   b)三维地球

图 2-4 椭球体上的直线描述

在三维球体上绘制铁路线位需满足三个要求：线位与实际位置吻合，能够反映并查询曲线要素，里程延伸与定位准确。为了精确描述线位的位置，可以使用密集的离散点构成多段线，用以表示线路中心线，并通过记录每一个节点的里程值，中间里程通过相邻节点内插的方法得到。由于三维场景采用大地坐标，传统的曲线要素计算方法难以直接表达精确的铁路三维中线，因此可以使用离散的逐桩坐标来表达三维曲线，如图 2-5 所示，并以此实现线路里程坐标和大地坐标的正反算。

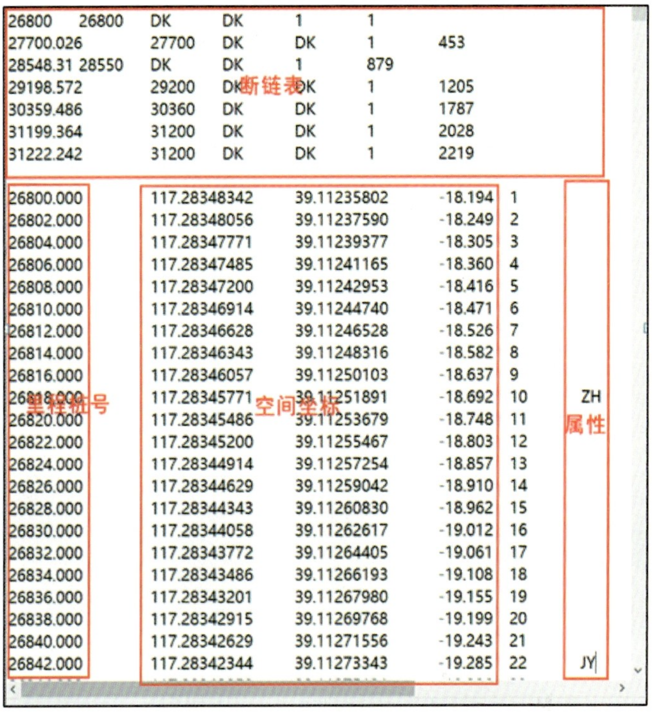

26800	26800	DK	DK	1	1
27700.026	27700	DK	DK	1	453
28548.31	28550	DK	DK	1	879
29198.572	29200	DK	DK	1	1205
30359.486	30360	DK	DK	1	1787
31199.364	31200	DK	DK	1	2028
31222.242	31200	DK	DK	1	2219

26800.000	117.28348342	39.11235802	-18.194	1	
26802.000	117.28348056	39.11237590	-18.249	2	
26804.000	117.28347771	39.11239377	-18.305	3	
26806.000	117.28347485	39.11241165	-18.360	4	
26808.000	117.28347200	39.11242953	-18.416	5	
26810.000	117.28346914	39.11244740	-18.471	6	
26812.000	117.28346628	39.11246528	-18.526	7	
26814.000	117.28346343	39.11248316	-18.582	8	
26816.000	117.28346057	39.11250103	-18.637	9	
26818.000	117.28345771	39.11251891	-18.692	10	ZH
26820.000	117.28345486	39.11253679	-18.748	11	
26822.000	117.28345200	39.11255467	-18.803	12	
26824.000	117.28344914	39.11257254	-18.857	13	
26826.000	117.28344629	39.11259042	-18.910	14	
26828.000	117.28344343	39.11260830	-18.962	15	
26830.000	117.28344058	39.11262617	-19.012	16	
26832.000	117.28343772	39.11264405	-19.061	17	
26834.000	117.28343486	39.11266193	-19.108	18	
26836.000	117.28343201	39.11267980	-19.155	19	
26838.000	117.28342915	39.11269768	-19.199	20	
26840.000	117.28342629	39.11271556	-19.243	21	
26842.000	117.28342344	39.11273343	-19.285	22	JY

图 2-5　铁路三维中线离散化表达方法

由于使用了多段线来拟合曲线，因此在线路垂直方向存在拟合误差。一般采用直线段 50m 间距内插离散点、曲线段 20m 间隔内插离散点，当曲率半径为 4km 时，拟合的最大误差为 0.013m，该精度完全能满足三维地理信息系统应用的要求。为了控制拟合误差，曲线段曲率半径较小时，可降低内插间隔。为了定位曲线五要素的位置，在曲线段的直缓、缓圆、圆缓、缓直及变坡点出添加里程节点，并对该节点进行标识，如此可从该数据定位直线段、曲线段和曲线参数。

通过里程坐标（里程值 + 左右偏距）计算大地坐标的过程分为以下三步：

①通过里程桩号定位到相邻两个里程桩；

②根据距离前后里程桩的距离，由前后桩的大地坐标内插计算当前点的大地坐标，并计算当前点的切线方向；

③根据当前点坐标、切线方向、偏距，通过解析几何算法计算目标点大地坐标。

由大地坐标计算线路里程坐标的方法如下：

①计算目标点与三维中线的最近距离点；

②采用内插法获取最近点的里程值,同时计算最近距离。用大地坐标计算线路里程坐标主要用于里程定位,定位原理如图2-6所示,里程定位效果如图2-7所示。

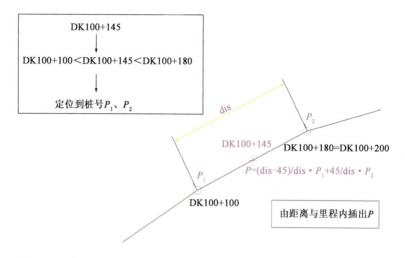

图2-6　任意里程定位算法示意图

图2-7　线路里程定位与导航

2.2 基础地理信息数据处理

2.2.1 基础地理信息数据概述

铁路工程三维场景包括 DEM、DOM、矢量、实景三维模型、铁路工程实体三维模型等几种元素，铁路工程实体模型为设计成果的三维表现形式，而 DEM、DOM、矢量、实景三维模型为基础地理信息数据。

DEM 是研究分析地形、流域、地物识别的重要原始资料。由于 DEM 数据能够反映一定分辨率的局部地形特征，因此通过 DEM 可提取大量的地表形态信息，可用于绘制等高线、坡度图、坡向图、立体透视图、立体景观图，并应用于制作正射影像、立体地形模型与地图修测。在测绘、水文、气象、地貌、地质、土壤、工程建设、通信、军事等国民经济和国防建设领域，以及人文和自然科学领域有着广泛的应用。例如，在工程建设上，可用于如土方量计算、通视分析等；在防洪减灾方面，DEM 是进行水文分析如汇水区分析、水系网络分析、降雨分析、蓄洪计算、淹没分析等的基础。DEM 的表现形式主要包括规则格网和不规则三角网两种形式，铁路三维场景中主要使用规则格网的 DEM 数据。

建立 DEM 的方法有多种，主要包括以下几种。

①直接从网络公开数据下载或者从商业公司购买。DEM 数据包括 SRTM❶、ASTER GDEM❷ 等。SRTM 由美国国家航空航天局（National Aeronautics and Space Administration，NASA）和国防部国家测绘局（National Imagery and Mapping Agency，NIMA）联合测量。原始数据为 geotif 或 ESRI GRID 格式，每景数据覆盖经纬度各 5°，水平精度和垂直精度分别为 20m 和 16m，水平分辨率约 90m。ASTER GDEM 是美国国家航空航天局和日本经济产业省（Ministry of Economy, Trade, and Industry, METI）联合发布的全球数字高程数据产品，该 DEM 数据是根据 NASA 新一代对地观测卫星 Terra 的观测结果完成。原始数据为 tif 格式，每景数据覆盖经纬度各 1°，数据的水平精度和垂直精度均为 7~50m，水平分辨率约 30m。参考大地水准面为 WGS84/EGM96，特殊 DN 值：无效像素值为 -9999，海平面数据为 0。

②从现有地形图上采集。基于 1:5000 至 1:1000 比例尺的地形图数据，通过格网读点法、数字化仪手扶跟踪及扫描仪半自动采集高程点、特征线等数据，然后通过内插生成 DEM 方法。DEM 内插方法很多，主要有整体内插、分块内插和逐点内插三种。整体内插的拟合模型

---

❶ SRTM 全称为航天飞机雷达地形测绘使命（Shuttle Radar Topography Mission）。
❷ ASTER GDEM 全称为先进星载热发射和反射辐射仪全球数字高程模型（Advance Spaceborne Thermal Emission and Reflection Radiometer Global Digital Elevation Model）。

是由研究区内所有采样点的观测值建立的。分块内插是把参考空间分成若干大小相同的块,对各分块使用不同的函数。逐点内插是以待插点为中心,定义一个局部函数去拟合周围的数据点,数据点的范围随待插位置的变化而变化,因此又称移动拟合法。

③铁路工程自行采集制作。主要通过机载激光雷达(Light Detection and Ranging,LiDAR)系统、航空摄影测量、卫星立体测图等方式获取数据,并通过立体坐标仪观测及空三加密法、解析测图、数字摄影测量等方法制作DEM。在铁路定测中,通过LiDAR设备获取沿中线1.5km左右带宽的点云数据,将点云数据进行滤波获得地形点,生成固定间隔的DEM(img格式或geotiff格式)。该数据为三维场景主要的DEM数据,高程精度较高,一般地区高程误差在0.3m以内。此外,航空摄影测量可获取得到1∶2000比例尺或更大比例尺地形图。由于初测阶段需要对铁路沿线较大范围进行航空摄影,因此可采用航空摄影测量技术提取沿线一定范围内的地形数据,只需将CAD格式的地形点和等高线转换成影像格式(geotiff格式等)的DEM即可。这部分数据主要用于表现初测较大范围的地形基础地形,测绘成果一般是国家或地方坐标系的成果,需要进一步将成果转换到统一的2000国家大地坐标系下。

DOM是一种经过几何纠正(比如使之拥有统一的比例尺)的航摄像片,与没有纠正过的航摄像片不同的是,人们可以使用正射影像量测实际距离,因为它是通过像片纠正后得到的地球表面的真实描述。随着测绘技术发展的日新月异,传统正射影像产品的诸多缺陷逐渐暴露出来,对高精度大比例尺地图质量的需求越来越高,真正射影像(True Digital Orthophoto Map,TDOM)的需求量逐年增加,已经成为摄影测量的一个新的重要应用领域。真正射影像的制作是在高精度数字表面模型(Digital Surface Model,DSM)的基础上,对原始采集到的影像经过几何纠正、遮挡检测与补偿、色彩均衡、影像融合拼接等处理步骤,最终制作出的影像产品。从直观上来看,与传统正射影像相比,真正射影像不仅对地形进行了几何纠正,同时对诸如建筑物等地表人工构筑物也进行了拉正处理,保持了从上至下垂视角度的地表景观,进而解决了大比例尺城区正射影像拼接困难以及拼接后影像接边区域不自然、高大建筑物倾倒对其他地表信息遮挡以及高架桥错位等问题,并能快速地生成地表三维模型。

DOM的获取方式主要有卫星影像、航空摄影及无人机航摄等。卫星遥感的特点是数据覆盖范围广、成本低、分辨率可达0.5~1m,可为铁路三维场景提供低成本的影像底图。航空遥感可分别采用数码航摄和激光雷达技术,经数据加工后可生成高分辨率DOM、DEM、数字线划图(Digital Line Graphic,DLG)等,其中DOM分辨率可达0.05~0.3m,DLG主要包括1∶500、1∶1000、1∶2000比例尺地形图。基于DOM、DEM数据可构建大范围或铁路工程沿线基础地理场景。DLG相对DOM的表现形式来讲,其信息更加密集,各类型图层可用于不同的GIS分析。例如,房屋层可用于房屋建模,也可用于房屋面积统计。结合铁路线路和道路、河流、管线、水井矢量可实现线路跨越分析,确定线路沿线的风险点和危险源。低空无人机遥感适用于小范围数据的采集,能够提供高分辨率、高时效性的局部DOM、DEM、三维模型,用于快速更新局部数据。

矢量数据是在直角坐标中,用 x、y 坐标表示地图图形或地理实体的位置和形状的数据,矢量数据一般通过记录坐标的方式来尽可能地将地理实体的空间位置表现得准确无误。矢量数据结构类型具有"位置明显、属性隐含"的特点,它操作起来比较复杂,许多分析操作(如叠置分析等)用矢量数据结构难以实现;但它的数据表达精度较高、数据存储量小,输出图形美观且工作效率较高。铁路三维场景中所使用的矢量数据主要包括行政区划数据、道路、地名标注等数据,主要搜集公共地理信息矢量数据并进行处理。

三维实景模型主要通过倾斜摄影技术进行三维建模,该方法改变了以往传统的人工建模方式,可以快速、高效地完成大面积建模工作。实景三维模型成果也因其真实性、可量测性、易于更新等特点在铁路规划与建设、管理与治理工作中得到广泛应用。

2.2.2 激光点云数据处理

LiDAR 系统主要由全球定位系统(Global Positioning System,GPS)、激光扫描仪(Laser Scanner,LS)以及惯性导航系统(Inertial Navigation System,INS)组成。该系统通过主动向地面发射激光脉冲来获取多种地表信息,例如点位信息、距离信息、地面反射物材质信息等。此外,该系统通常集成成像传感器,以增强对地表的描绘能力。由于 LiDAR 系统是一个复杂的集成系统,系统内部的各个部件都会影响到 LiDAR 数据的精度,因此,需要通过设备检校才能够消除 LiDAR 系统中的误差。LiDAR 点云数据处理包括点云地理定位和滤波分类两大部分。

LiDAR 获取的点云数据首先需要进行空间几何定位处理,几何定位处理主要是通过差分 GPS 数据处理、惯性测量单元(Inertial Measurement Unit,IMU)和 GPS 组合姿态确定、坐标变换等处理过程结合 LiDAR 的测距数据实现激光脚点的三维坐标精确解算。LiDAR 系统中集成了高精度定位定姿系统(Position and Orientation System,POS)系统,能够实时获取精确的飞行位置和姿态。结合 GPS 地面基站数据对航飞 POS 数据进行解算,获取初始的外方位元素;由检校场航飞数据对 LiDAR 设备进行检校,修正初始外方为元素中的系统误差;再经空间几何定位计算输出 LiDAR 点云文件。

点云滤波是从 LiDAR 点云中去除地物点而保留地形点的过程,是制作 DEM 的首要工作。提取地形点制作 DEM 有如下要求:房屋、植被要剔除;确保 DEM 中没有低点和高点等奇异点;大型铁路桥、公路桥、立交桥等正确表示;确保 DEM 中没有山头和地形起伏的正确点被剔除。

图 2-8 所示为点云数据示意图。对点云进行滤波,剔除非地面点(植被、房屋、电力线等);软件自动分类的结果在植被茂密地区并不理想,需要再进行人工编辑以提取正确的地形。

基于激光点云数据制作 DEM,不仅需进行点云分类,还需要根据产品要求进行相应的处理。LiDAR 点云提取的地形点密度大,数据有冗余,需要提取地形关键点用以生成 DEM。通过构建不规则三角网(Triangulated Irregular Network,TIN)制作 DEM 的流程如图 2-9 所示。

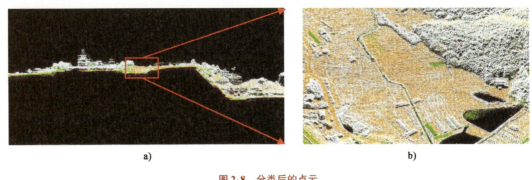

图 2-8 分类后的点云

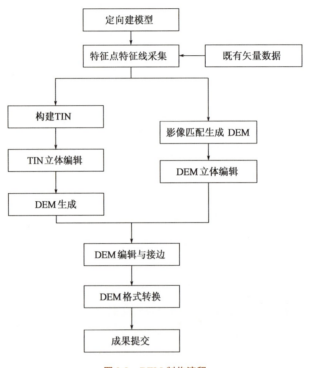

图 2-9 DEM 制作流程

2.2.3 航摄影像处理

DOM 的制作是一项技术要求较高、过程烦琐、耗时较长的工作,也是影响三维场景制作质量的关键因素。由航摄影像制作数字正射影像需要使用数字地面模型(Digital Terrain Model,DTM)进行正射纠正,基本流程如图 2-10 所示。

影像正射纠正需要影像的外方位元素文件、相机参数和测区 DTM。DTM 覆盖范围内,影像可以批处理。影像正射纠正后,需要将多张影像拼接成色调一致、没有明显反差的单张影像。在影像镶嵌工具下,对影像进行镶嵌拼接。影像镶嵌时,可以采用匀光、直方图匹配、色彩均衡等方法。

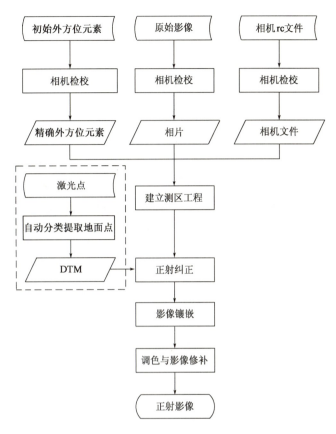

图 2-10　正射影像制作流程

由于相机信号失真、镶嵌处理中做了影像增强处理等原因,镶嵌后影像的色调与真实色调不一致,内部色彩也不均衡,需要对影像进行调色。对于不支持地理编码影像格式,需要将 img 格式或 geotiff 格式影像转换为 tif + tfw 格式。调色工作分为整体色调调整和局部色调调整两部分。整体色调调整主要使用"色阶""曲线""可选颜色"等工具,局部色调调整使用"套索""色阶"等工具,图 2-11 所示为影像调色前后的对比效果。

a)调色前　　　　　　　　　　　b)调色后

图 2-11　影像调色

2.2.4 卫星影像处理

高分辨率卫星影像一般通过采购获取,例如 SPOT2.5m 全色数据、ALOS2.5m 全色数据、QuikBird0.61m 多光谱数据,WorldView 系列高分辨率遥感影像,均可以通过数据代理商采购。此外,互联网地图可提供最高支持 0.5~1m 分辨率的卫星影像服务,例如 GoogleMap、BingMap、天地图、百度地图、Here 地图、腾讯地图、OpenStreet 地图等。卫星影像的处理,包括辐射校正、几何纠正、全色与多光谱影像精配准、全色与多光谱影像融合、调色等步骤。处理之后的卫星影像可作为底图使用,如图 2-12 所示。

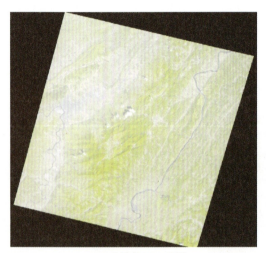

a) 5m分辨率SPOT5影像   b) 30m分辨率TM影像

图 2-12 卫星影像

2.2.5 倾斜摄影数据处理

倾斜摄影测量技术是一种新兴的摄影测量技术,它颠覆了以往正射影像只能从垂直角度拍摄的局限,通过在同一飞行平台上搭载多台传感器,同时从垂直、侧向和前后等角度采集图像,能够比较完整地获取地面建筑物的侧面纹理信息。结合现有的具备协同并行处理能力的倾斜影像数据处理软件,可快速实现大范围三维建模,这很大程度上提高了三维模型的生产效率。倾斜摄影测量技术凭借其多视角、高真实性、全要素等优点,在应急救灾、国土监察、城市建设、资源开发等领域得到了广泛应用。由于铁路站场大部分在建筑物密集区,建筑物对施工方案和施工过程控制具有重要的影响,建议在通常情况下采用这种方式获得数据,建立三维基础模型。

倾斜摄影测量技术的特点包括:

①反映地物周边真实情况。利用倾斜摄影测量技术可以真实还原航空摄影时刻地表的地理环境,相比传统建模方式,具有身临其境的感觉,并且用户可从多个角度观察被制作的建筑

物对象。

②建筑物侧面纹理可采集。相对于传统摄影测量,倾斜摄影能够采集建筑物的侧面纹理,可直接利用成果影像进行包括高度、长度、面积、角度、坡度等属性的量测。

③自动化程度和建模效率高。可取代人工实地拍摄侧面纹理的工序,又由于其数据自动化处理程度高,极大地提升了建筑物建模的效率。

④输出的多种模型可以与三维地理信息系统无缝衔接,能够实现传统三维地理信息系统与倾斜摄影真三维模型的融合应用。

利用倾斜影像自动化三维建模的流程如图 2-13 所示。

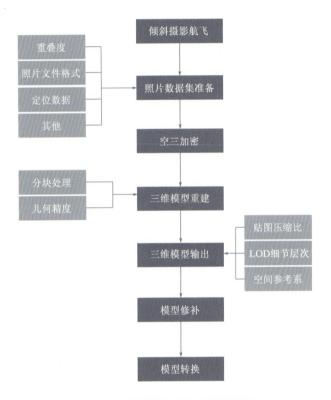

图 2-13 倾斜摄影自动化三维建模流程

倾斜摄影获取的三维实景模型为无语义信息的三角面片模型,可以导出为 obj、osgb、LOD tree export 等数据格式。其中,obj 默认输出单一精度级别的贴图和模型,但是用户可以根据需要生成带有 LOD 的 obj 格式数据;osgb 为开源的 OpenSceneGraph 库的本地格式,具有动态模型精度级别及缓存;LOD tree export 为一个细节层次树状交换格式,基于 XML 文件和 collada dae 格式的三维模型的格式。

2.2.6 无人机航摄数据处理

对于大范围场景更新,可以采用设计阶段的航空摄影方法;对于小范围的局部工点的更

新,可以采用无人机航摄方法。无人机航摄具有以下优点:

①具有高清晰度、大比例尺、小面积、快捷方便的特点;

②适合获取带状地区航拍影像;

③飞行成本低,飞行费用远低于传统载人飞行器;

④无人机航拍作业现场许多是载人飞行器无法到达的空域、高度或危险区域;

⑤无人机航拍飞行审批手续简单,数据时效性强。

针对无人机像幅小、姿态不稳定、重叠度大、非专业相机等特点,使用无人机摄影测量数据自动处理系统进行数据处理。处理流程如图2-14所示。

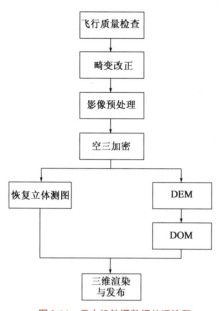

图 2-14　无人机航摄数据处理流程

(1) 畸变改正

由于无人机航拍相机为非量测相机,其像片存在边缘畸变,需要对其进行畸变改正后才能进行空三加密。镜头引起的误差是由相机物镜系统设计、制作和装配误差所引起的像点偏离其正确位置的误差,即光学畸变差,包括径向畸变差和切向畸变差。径向畸变差在以像主点为中心的辅助线上,是对称性畸变;切向畸变是由于镜头光学中心和几何中心不一致引起的误差,是非对称畸变。物镜畸变差必须加以改正,否则,摄影测量的平差精度要受到影响。径向畸变差可用一个多项式方程表示:

$$\begin{cases} \Delta x_r = x(k_1 r^2 + k_2 r^4 + k_3 r^6) \\ \Delta y_r = y(k_1 r^2 + k_2 r^4 + k_3 r^6) \end{cases} \quad (2-1)$$

式中,k_i 为径向畸变系数,r 为径向距离。

切向畸变差可以用式(2-2)表示:

$$\begin{cases} \Delta x_d = p_1(r^2 + 2x^2) + 2p_2 xy \\ \Delta y_d = p_2(r^2 + 2y^2) + 2p_1 xy \end{cases} \quad (2-2)$$

式中,p_i 为偏心畸变系数。

对像片进行畸变改正时,输入相机的畸变改正系数后,即可得出像片的畸变改正。

(2) 空三加密

空三加密主要包括特征匹配、初始构网、带附加参数的光束法平差三步,如图2-15所示。其中,特征匹配是在每张影像上提取特征点,对相邻影像进行匹配。带附加参数的光束法平差是把

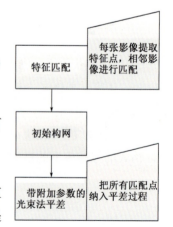

图 2-15　空三加密处理流程

所有匹配点纳入平差的过程。

由于无人机获取的影像重叠度大,摄影时的基线短,导致所成的交会角较小,极大地影响了测图的高程精度,如果仍然按传统方法用相邻影像构成立体相对,高程精度就很难得到保证。通过隔片构成立体相对,增加基线长度和增大前方交会角的方式,可提高测图的高程精度。

在进行空三加密时,还需要注意检查连接点的质量。相较于传统航测空三加密,无人机数据的空三加密需要特别注意重复纹理或无纹理地区的匹配情况,并且连接点度数应尽量高,以保证较大的基高比。径向畸变差采用特征匹配,适用于大偏角影像及大高差地区。特征匹配采用尺度不变特征变换(Scale Invariant Feature Transform,SIFT)算法进行匹配,能够大大提高匹配的效率和数量,较传统空三加密增加了上百倍的观测值。

(3) DEM 制作

采用逐像素密集匹配的方法获取密集的点云数据,生成 DSM。然后对 DSM 进行滤波,获取最终的 DEM 数据。图 2-16 展示了 DSM 滤波前后的对比效果。

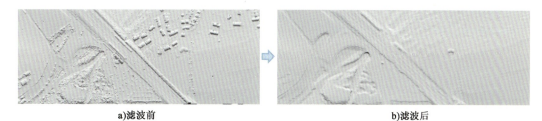

a)滤波前　　　　　　　　　　　　　　　b)滤波后

图 2-16　DSM 滤波前后对比效果

DSM 滤波方法有很多,目前主要采用方法包括渐进三角网法、线性预测法、分层滤波法和坡度法。传统航测需要通过人工立体采集获取地形特征线的方式来制作高精度的 DEM 数据。该方法需要大量的人工采集,而通过滤波可以将 DSM 中的房屋、桥梁等人工建筑物滤掉,以减少人工编辑 DEM 的工作量。

(4) DOM 制作

与传统航测 DOM 制作相比,无人机 DOM 制作具有像幅小、曝光条件不一致、高重叠度等特点。在 DOM 制作前,需要对原始影像进行畸变改正和匀光处理,以保证后期影像拼接后的效果。

2.3　多源数据融合与基础地理场景建模

2.3.1　多分辨率地形数据融合

在导入 DEM 之前,需要对数据进行文件格式和坐标系统的转换,具体要求如下:将 DEM

数据转换成 img 格式或 goetiff 格式;将数据类型转换为 float 类型;将 DEM 平面坐标转换成 WGS84 经纬度坐标或 UTM 空间直角坐标,高程值转换为 WGS84 椭球高。

数据格式和坐标系统转换后,先导入 1:250000 或 1:50000 的低分辨率 DEM 作为背景,置于底层,然后导入高分辨率 DEM。不同分辨率 DEM 边缘需要做羽化过渡处理。同分辨率 DEM 导入后需裁剪和接边。确保地形数据覆盖完整,过渡平滑自然。多分辨率 DEM 导入步骤与融合效果如图 2-17 所示。

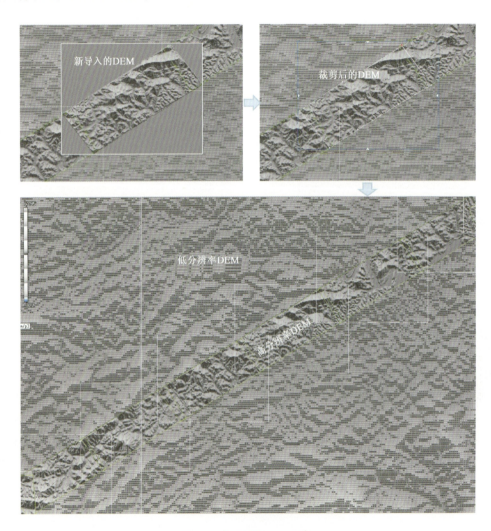

图 2-17　多分辨率 DEM 融合

2.3.2　多分辨率影像数据融合

铁路工程项目中往往使用不同分辨率的影像数据,铁路沿线的地形与影像采用高分辨率数据,而距离铁路线路较远处则采用低分辨率数据。针对高分数据与低分数据进行统一管理,将高分辨率的影像数据与低分辨率的影像数据同时入库构建 DOM。航摄影像与卫星影像叠加效果如图 2-18 所示。

图 2-18　航摄影像与卫星影像叠加效果

2.3.3　矢量数据融合

地理信息矢量主要包括道路、植被、水系、境界、注记、电力、管线、其他等类别,研究二维地理信息在三维场景中的可视化表达方法,实现矢量要素与三维地形场景融合,丰富三维场景信息,同时尽量减少系统开销,实现用户体验与三维浏览效率的完美结合。根据基础地理信息要素分类与代码标准,将二维矢量信息分为居民地及设施、交通、水系、管线、境界与政区、植被与土质六个方面进行三维表达。根据二维矢量信息的点、线、面的表现形式特点,再结合地物类型自身特点,分别制定二维矢量信息在三维场景中的表达方式和表现规则。在对矢量数据进行融合时,需要保证与三维场景的坐标系一致。

（1）矢量点

基础地理要素中的测量控制点,铁路工程中的车站、信号、电力、医院、粮仓、矿井等要素都可以用矢量点来描述。矢量点一般用注记符号来标注地物的语义信息。

（2）矢量线

矢量线用来表达空间上沿某个方向延伸的线状或带状现象的符号,具有定位特征,为半依比例符号。交通要素、境界线都是使用矢量线表达。交通主要包括铁路、高速公路、国道、省道、其他道路,以及道路构造物和附属设施。其中,铁路、高速公路、国道、省道、其他道路主要以矢量线方式表达,通过设置显示级别、颜色、样式等参数,实现分级符号化表达。对于铁路要素,铁路的正线、联络线均使用线状符号表达,路、桥、隧等不同段落也可以使用不同颜色的线状符号来进一步区分。

境界与政区主要包括国界、省界、市界、县界以及相应行政区域名称注记。其中国界、省界、市界、县界以矢量线方式表达,相应的名称以文字注记方式表达。根据视角高度不同分级别显示。通过设置不同显示级别的颜色、样式等参数,实现分级符号化表达。

(3)矢量面

矢量面用来表达空间上具有连续二维分布的现象,具有定位特征,为依比例符号。不同的用地类型、水系,都可以使用矢量面表达。

铁路线路途经不同类型的土地,按照土地利用现状,可将土地分为耕地、林地、草地、城乡用地、未利用土地等一级类型,同时,一级类型又可以向下划分为更为详细的二级类型。为了便于对不同用途的土地进行管理,将地貌、土地利用类型基本相同,水土流失类型基本一致的土地单元(地块)分为一类,将其作为基础调查单元,然后将单元勾绘到地形图上成为图斑。图斑作为地籍管理的基本对象,是指被行政界线、土地权属界线或线状地物分割的单一地类地块。根据土地使用类型的不同,绘制不同颜色的图斑,并在属性表中设置用地类型的身份标识号(Identity Document,ID)、名称、编号代码等信息。

水系主要包括河流、湖泊、水库及其他水系要素,水系要素主要通过面符号表达。河流、湖泊、水库数据主要以矢量面表达,同时可以辅以河流流向的矢量线表达。像涵洞、水井、水闸等其他水系要素,根据地物特点,以图片注记的方式表达。此外,河流在比较窄的情况下,也可以使用线符号表达。

2.3.4 铁路沿线建筑物三维建模

铁路沿线建筑物可使用将轮廓矢量数据拉伸的方式进行三维建模,轮廓矢量数据主要来源于航空摄影测量或既有的大比例尺地形图矢量采集。利用空三加密后的立体像对,在立体环境下采集建筑物的基本结构顶面和地面基准,通过程序自动拉伸顶面到基准地面,再辅以外业拍摄的侧面纹理,建立建筑物模型。最终,建筑物模型通过地理坐标定位到三维地形场景,形成建筑物模型与三维地形场景的融合。具体步骤为:①采集建筑物的轮廓;②对航空影像进行空三加密后,在数字摄影测量工作站上恢复立体模型,在立体模型下采集房屋屋顶轮廓线;③根据建筑物的重要程度,采集不同细度的屋顶轮廓,立体采集要求所采集的点共面,采集的轮廓闭合。

基于建筑物矢量数据的表达有以下两种方式。

(1)建筑矢量图层自动拉伸

基于地形图中的建筑矢量图层,在三维场景中使用屋顶面向下延伸及侧面纹理使用通用贴图的方式表示。使用该方法表示房屋,可获得建筑物间的精确几何关系,如距离、高差等。图2-19a)所示为建筑物线划图,图2-19b)所示为多边形拉起贴图后的建筑物效果。

(2)基于矢量轮廓线三维建模

将建筑矢量导入到三维建模软件中,采集侧面纹理贴图,逐个创建建筑单体模型,然后导入三维地理信息系统中。该方法虽然可视化效果比较好,但效率低,因此不推荐大范围使用。

a)线划图　　　　　　　　　　　　　　b)效果图

图 2-19　建筑物矢量图层自动拉伸

第一步,建筑物自动建模。利用立体采集的屋顶轮廓和地面高程信息,在 3ds max 中开发自动建模插件。插件通过读取轮廓文件,生成带屋顶纹理的建筑物模型,如图 2-20 所示。

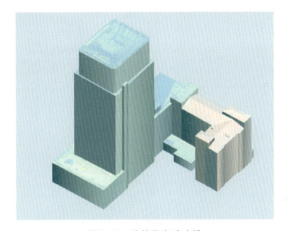

图 2-20　建筑物自动建模

第二步,建筑物侧面贴图。受航空摄影的限制,无法获取建筑物侧面的纹理,需要通过人工拍摄的方式获取。侧面纹理拍摄前,对所有建筑物进行索引编号,制作索引编号图。外业拍摄完成后,将拍摄结果整理后发回内业,如图 2-21 所示。内业人员利用拍摄照片,对照建筑物模型进行分割,对应不同分割区域进行纹理制作并贴图。

完成模型贴图后,将模型按照地理坐标导入到三维地形场景中,实现建筑物模型与三维地形的融合,如图 2-22 所示。

2.3.5　实景三维模型数据融合

实景三维模型数据融合主要包括两个步骤:①对模型进行精确坐标系统转换,实现实景三维模型在三维地理场景中的精确定位;②裁剪原三维场景中的重叠部分,并叠加实景三维模型。实景三维模型数据融合效果如图 2-23 所示。

图 2-21　建筑物纹理拍摄结果

a)3ds max 中效果

b)三维场景中效果

图 2-22　贴图后模型

图 2-23　实景三维模型数据融合

2.4　本章小结

　　本章主要介绍了基础地理场景的制作过程。首先，介绍了铁路工程中常用的坐标系及坐标系之间的转换方法。其次，介绍了常用地理数据的获取及处理方法，包括地形数据、激光点云数据、卫星影像、航摄影像、倾斜摄影数据、无人机航摄数据。最后，介绍了多源地理数据的融合方法，以及基础三维地理场景的生成。本章内容是后续章节内容的基础。

第 3 章

铁路信息模型

铁路设施设备涉及专业广，设备种类多，不同种类的铁路设施设备往往需要不同的建模方法。根据建模方法不同，可分为参数化建模、模型库建模、BIM建模三种。其中，参数化建模根据设计图纸和资料自动提取设计参数、并自动生成三维模型，参数化建模全过程自动化处理，主要用于对铁路全线的基础设施进行建模。模型库建模主要用于对铁路附属设备进行建模，由于铁路附属设备的种类固定，且几何特征较为复杂，不便使用简单的几何参数进行描述，因此可采用制作模型库的方式对附属设备进行建模。虽然建模过程为人工手动建模，但所生成的模型可以复用到不同的铁路项目上。针对项目建设方的需求，抑或是复杂工点，例如复杂桥梁与站房等工点，则采用BIM建模方式，以提升管理的精细化程度。对于采用BIM技术进行建模的部分，本书在后续章节阐述了BIM模型轻量化以及与GIS场景融合的方法。

3.1 铁路基础设施参数化建模

三维模型的创建方法有两种：手工建模与参数化建模。前者适用于形态复杂且重复性不高的三维对象建模，后者适用于结构相对简单、重复率高的三维对象建模。手工建模方法灵活性高，不受规则约束，建模方法多样，可采用截面放样、实体组合、非均匀有理B样条曲面(Non-Uniform Rational B-Spline，NURBS)等进行建模。然而，手工建模方法也存在诸多缺陷：工作烦琐，对三维建模平台软件的掌握程度要求高；可能产生不可预估的人为绘制错误；模型修改困难，如需要对梁箱的高度进行修改，则需要对截面中多个点的坐标进行调整；模型为面片模型，不能进行切割与分析。因此，手工建模方法适用于形态复杂且重复性不高的三维对象建模，如站房、特殊工点、异形桥墩等。

参数化建模就是采用预定义的方法建立三维模型的几何约束集，指定一组尺寸作为参数，并与几何约束集相关联，将所有的关联式融入应用程序中，然后采用人机交互方式修改参数尺寸，最终由程序根据这些参数，顺序地执行表达式来实现建模的方法，其具有专业性、实体可解析性和面向对象性。铁路基础设施参数化建模的总体框架包括采用人机交互或自动解析的方式获取参数、面向组件和对象的参数化建模，以及基于三维绘制平台的模型绘制技术。参数化建模方法优势诸多：人机交互建模，只需输入参数即可获得模型实例；建模与绘制分离，所建模型可移植于不同绘制平台；计算机根据参数自动建模，精度高，错误率低；提炼的参数、表达式及相关约束将跟随模型的整个生命周期，模型编辑时，只需修改模型参数，无须详细计算和输入模型的细节。然而，参数化建模方法中，参数的提炼需要专业知识作为依托，因此，所建实例只能在允许范围内变化，无法随意增添零部件。因此，参数化建模方法适用于结构相对简单、重复率高的三维对象建模。

铁路基础设施三维模型生产过程中，存在大量形态相似、尺寸不同的部件或模型，采用三维参数化建模方法，可对全线80%以上的路基、桥梁、隧道工点进行快速建模，只需手工制作少量特殊模型,可有效解决传统建模工作耗时耗力、不利于修改与维护、复用性差的问题。

3.1.1 铁路基础设施参数化建模框架

在铁路三维可视化建设中,大量用到铁路路基、桥梁、隧道、轨道等三维数字模型,而传统的手工建模方式效率低、工期长,难以满足需求,在工期紧张的情况下还需要借助外部力量。因此,亟须突破铁路基础设施三维参数化自动建模技术。

参数化建模技术通过人机交互输入主要设计参数,由计算机通过预建立的程序自动生成三维模型,具有建模效率高,模型规范,成果易于编辑和修改,所建模型为实体、可切割、可分析的模型,参数文件便于保存和解译等优点。近些年,参数化建模的概念逐渐被应用于三维建模领域,主要涉及两个关键技术:一是根据设计资料,研究铁路基础设施参数化建模方法,形成完整的参数体系与规范的铁路基础设施参数化描述;二是根据基础设施的参数化描述,将具有物理与几何意义的参数转换成为三维数据簇(点、线、面、法向量、纹理坐标等),完成模型的绘制与输出,如图3-1所示。

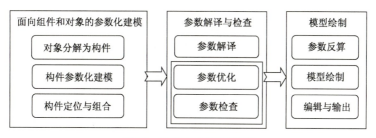

图3-1 三维参数化建模框架

简言之,前者研究"如何正确、简捷地使用参数化语言来描述模型",属于设计层面;后者研究"如何将描述语言转换为三维模型",属于实施层面。从设计层面来看,由于铁路基础设施的复杂性与多样性,涉及大量线路、路基、桥梁、隧道的设计、施工、运营、维护和管理等专业知识,现有成果均依托于特定的工程,受工程要求与工期限制,只针对某些特定的应用层面进行研究,"如何根据设计图纸,正确、精简地使用参数化语言来描述铁路基础设施",目前国内外尚无体系的、完整的研究。从实施层面来看,现有成果均借用商用软件,如欧特克(Autodesk)公司针对建筑行业推出了参数化建模系列软件来实施参数化建模过程,涉及Autodesk Revit Architecture、Autodesk Revit Structure、Autodesk Revit MEP、Autodesk Navisworks等多个国外软件,数据转换烦琐,且由于参数化建模软件在模型渲染方面存在一定的局限性,所建模型通常需要导入专业建模软件(如3ds max)中进行渲染和编辑,软件购买与人员技术培训的成本高,数据转换频繁,数据生产工序复杂。

综上所述,从设计层面来看,铁路基础设施参数化建模技术包含铁路线路、路基、桥梁、隧道等设计技术与施工工艺,以及基础设施与地质、环境、设备、三维场景融合等,是一个非常复杂的体系;同时该研究也是一个不断完善与细化的过程,属于三维建模的基础性研究,具有重大的理论价值。从实施层面来看,研究铁路基础设施从参数语言向几何语言转化的方法,独辟蹊径地开发参数化建模插件,不受已有参数化建模软件的局限,原创性强,具有自主知识产权。从实施效果层面来看,成果投入生产之后,能够提高建模效率并带来较大的经济效益,同时为开拓铁路工程三维场景制作的市场提供了条件。

3.1.2 铁路基础设施参数化建模实施方案

以铁路线路、桥梁、路基、隧道设计的专业知识为依托,应用参数化设计思想,通过对铁路轨道、桥梁、路基、隧道主模型进行配置分析和参数化分析,将由多个构件装配的产品按一定规则分解,然后从构件开始,分析构件设计意图以及构件内部特征的参数模型,建立参数关联,形成数学表达式,再根据构件之间的实际约束关系构建组件的参数化设计模型,通过逐层建模和组装的方式,建立整个基础设施的参数化设计模型。

1) 轨道参数化建模

(1) 铁路轨道概述

轨道是各种列车行驶的基础,其作用是引导列车运行,直接承受车轮的动压力,并将其传到路基、桥梁和隧道等基础结构上。目前世界各国铁路使用的轨道分为有砟轨道和无砟轨道结构。有砟轨道结构是传统的轨道结构,随着运量、轴重和速度的不断提高,近几十年来,世界各国针对不同的运营条件,开发了新型的无砟轨道结构,如表3-1所示。无砟轨道结构在平顺性和列车高速运行性能、少维修以及全寿命周期费用等方面占有相当大的优势。我国高速铁路正线及到发线一般按一次性铺设跨区间无缝线路设计,轨道结构尽量采用无砟轨道,无砟轨道主体结构的设计使用年限不少于60年。

不同类型无砟轨道结构对比　　　　　表3-1

无砟轨道型式	轨道结构	主要构件尺寸
CRTS-Ⅰ型板式 (平板、框架)	钢轨、弹性分开式扣件、填充式垫板、CRTS-Ⅰ型轨道板、板下橡胶垫层(仅减振型采用)、水泥沥青砂浆调整层、凸形挡台、混凝土底座	轨道板:4930mm×2400mm×190mm; 底座断面:路基为2.8m×0.2m,桥梁为2.8m×0.2m
CRT-Ⅱ型板式	钢轨、弹性扣件、CRTS-Ⅱ型轨道板、水泥沥青砂浆调整层及水硬性支持层(路基)、混凝土底座(桥面)、侧向挡块、端刺等	轨道板:6450mm×2550mm×200mm; 底座断面:宽2.95m,高≥0.2m
CRT-Ⅲ型板式	钢轨、弹性分开式扣件、CRTS-Ⅲ型轨道板、自密实混凝土、隔离层(桥梁地段)、混凝土底座	轨道板:5350(4856)mm×2500mm×190mm; 底座断面:路基为3.1m×0.282m,桥梁为2.7m×0.178m
CRTS-Ⅰ型双块式 (wg-Ⅰ、sk-1、sk-2)	钢轨、扣件、CRTS-Ⅰ型轨枕、道床板、底座(桥梁)或混凝土支承层(路基)	轨枕:2400mm×314(288)mm×268(230、280)mm; 底座断面:2.8m×0.24m
CRTS-Ⅱ型双块式	钢轨、扣件、CRTS-Ⅱ型轨枕、道床板、底座(桥梁)或混凝土支承层(路基)	轨枕:2278mm×292mm×279mm; 底座断面:2.8m×0.24m

(2) 铁路轨道结构分解

铁路轨道分为有砟轨道和无砟轨道两种。其中,有砟轨道主要包含钢轨、轨枕、道床等部分。无砟轨道分为板式和双块式两种:板式轨道主要包含钢轨、轨道板、底座层、填充部分,双块式轨道主要包含钢轨、轨枕、道床板、底座层部分。由此可见,可以将轨道分解为钢轨、中间层和底座层,如图3-2所示。

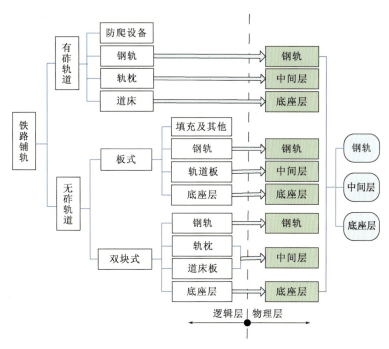

图 3-2 铁路轨道结构图

(3) 铁路轨道构件参数化建模

铁路轨道构件包括钢轨、中间层和底座层,参数设计及建模效果如表3-2所示。

铁路轨道构件参数及建模效果 表3-2

构件名称		参数说明或示意图	建 模 效 果
钢轨			
中间层	普通	不要求表现轨枕、轨道板或道床板细节,将全线轨枕、轨道板或道床板作为一个整体	a) 有砟轨道中间层　b) 无砟轨道中间层
	精细	轨枕、轨道板或道床板形状近似,按照线路和铺设方式等间距摆放	

续上表

构件名称	参数说明或示意图	建模效果
底座层	有砟轨道的底座层为轨枕下面、路基面上铺设的石砟垫层;无砟轨道的底座层为连续的混凝土板带结构	

将钢轨、中间层、底座层的构件进行整合,即可得到整个铁路轨道模型,其参数化建模效果如图 3-3 所示。

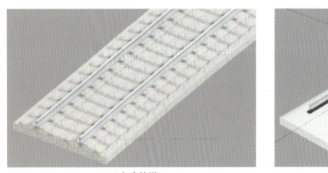
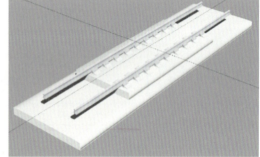

a) 有砟轨道　　　　　　　　　　　　b) 无砟轨道

图 3-3　铁路轨道参数化建模效果图

2)桥梁参数化建模

(1)桥梁概述

桥梁有多种不同的分类方式,按照桥梁规模分类,可分为特大桥、大桥、中桥和小桥,如表 3-3 所示。

桥梁规模与长度表　　表 3-3

规　模	桥梁总长 $L(m)$	规　模	桥梁总长 $L(m)$
特大桥	$L > 500$	中桥	$20 < L \leqslant 100$
大桥	$100 < L \leqslant 500$	小桥	$L \leqslant 20$

按桥梁主体结构用材分类,有钢桥、钢筋混凝土桥、预应力混凝土桥、结构梁桥等;按结构体系分类,有梁桥、拱桥、悬索桥三种基本体系,以及由两种基本体系或一种基本体系与梁、塔、斜拉索等构件形成的组合体系桥梁;按桥跨结构与桥面的相对位置分类,有上承式、下承式和中承式三种;按桥梁平面形状分类,有直桥、斜桥和曲线桥三种。

由于高速铁路车辆运行对线路的变形要求很高,而箱梁因具有抗弯、抗扭曲能力好等特点,因此,在我国高速铁路建设中,箱梁作为主型梁被大量采用。以京沪高速铁路为例,箱梁长度约占桥梁总长的 88.4%。

(2)桥梁结构分解

桥梁按照结构可以分为上部结构、下部结构和附属结构,其中,上部结构包含拱、悬索、梁等构件,下部结构包含桥台、桥墩、基础三部分,附属结构主要包含轨道、电力、防护等部分。每一个部分均包含了许多子构件。桥梁的结构分解如图 3-4 所示。

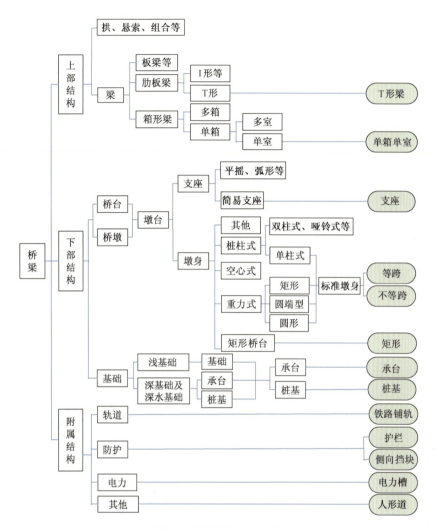

图 3-4　桥梁结构分解示意图

(3) 桥梁构件参数化建模

桥梁构件包括梁、墩台、铁路铺轨、侧向挡块、挡渣墙、电力槽、人行道和盖板、护栏，参数设计及建模效果如表 3-4 所示。

桥梁构件参数及建模效果　　　　表 3-4

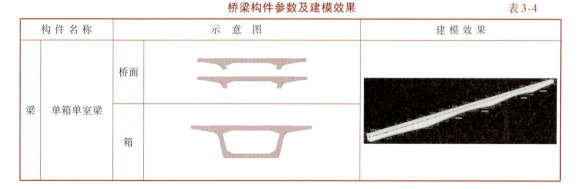

续上表

构件名称		示意图	建模效果
梁	T形梁		
铁路铺轨		以单个铁路铺轨建模为基础，根据轨道数目和单个铁轨参数构建轨道模型集合，然后根据轨间距对单个铁路轨道进行排布	
侧向挡块			
挡砟墙、电力槽、人形道和盖板			
护栏			
简化模型		箱梁、桥墩模型简化，修改线路数目、拾取中线、设置桥墩数目和最大高度，即可自动建模	

此外，墩台包括了支座、墩身、承台、桩基等部分，各部分的参数设计及建模效果如表3-5所示。

墩台各部分的建模参数及建模效果　　　　　表3-5

构件名称	示　意　图	建　模　效　果
支座		
墩身	a)等跨墩　b)不等跨墩　c)矩形墩	等跨墩　　不等跨墩　　短形墩
承台		
桩基		矩形桩　　梅花桩1　　梅花桩2

而整个墩台按照从上往下、底部相切的原则,以承台中心为原点,设置墩身偏移参数,将支座、墩身、承台和桩基依次摆放并组合,如图 3-5 所示。

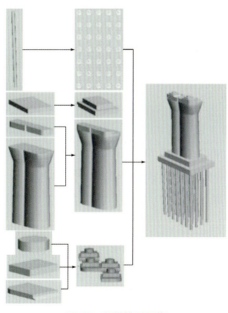

图 3-5　桥墩模型组装

(4)桥梁参数化建模

各构件建模之后,根据定位原则和定位参数,在相对坐标系中,将构件放置在正确的位置,并对构件进行组合,即可完成整座桥梁工点的参数化建模,如图 3-6 所示。

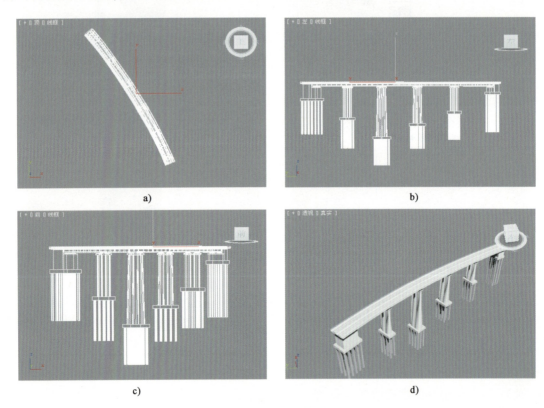

图 3-6 桥梁模型建模实例

3)路基参数化建模

(1)路基概述

路基是满足轨道铺设和运营条件而修建的土工构筑物,是轨道的基础,也称为线路下部结构。路基建筑在岩土地基上,并以岩土为建筑材料,其设计、施工和养护均不能离开具体的地理环境和自然条件,因此,除常规的基础设施参数化建模以外,还需考虑与周围地形的切合。路基从可视角度可分为地上部分与地下部分:地上部分指位于地表以上的可见部分,包括路基面、路肩、边坡、基床、基底等,为重点表现的内容;地下部分指埋入地表不可见的部分,例如 CFG 桩、渗水暗沟等。

(2)路基结构分解

路基按照结构可分为路基本体和附属设施两大部分。其中,路基本体包括路基顶面、路肩、基床、基底、边坡等部分,附属设施主要包括防护、排水、加固等部分。各部分又可进一步细分,最终在进行三维建模时,将路基模型抽象为路基平台、填充层、无加固护坡、加固护坡、加固构造、侧沟、排水槽、重力式挡土墙、轻型挡土墙等构件。路基的结构分解如图 3-7 所示。

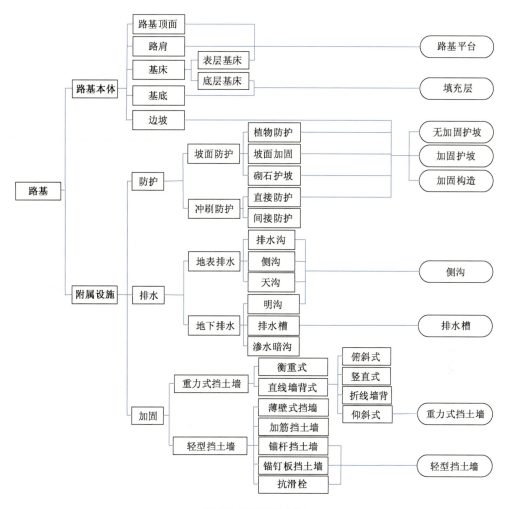

图 3-7 路基结构分解

(3) 路基构件参数化建模

路基构件包括路基平台、填充层、无加固护坡、加固护坡、加固构造、侧沟、排水槽、重力式挡土墙、轻型挡土墙，参数设计及建模效果如表3-6所示。

路基构件参数及建模效果　　　　表3-6

构件名称	示　意　图	建模效果
路基平台		
填充层		

续上表

构件名称	示 意 图	建模效果
桩	包括桩基几何参数和排布参数,同桥梁桩基	
无加固护坡		
加固护坡		
加固构造		
侧沟		
排水槽		
重力式挡土墙		
轻型挡土墙		

简化模型是将护坡、本体、铁轨作为一个整体,只需要修改线路数目并拾取线路中线即可快速建模,适用于预可研等对模型精度要求不高的阶段。简化模型包括路堤、路堑、半堤半堑,如图3-8所示。

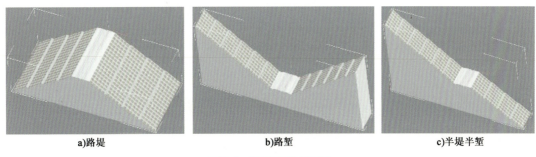

a)路堤　　　　　　　　b)路堑　　　　　　　　c)半堤半堑

图3-8　路堤路堑简化模型

4)路基参数化建模

以路基本体为中心,按照构件与路基本体的相对位置关系,可将路基分为四个部分,即路基本体、底部填充、左侧边坡与右侧边坡。其中,左、右侧边坡分别由侧沟、排水槽、护坡(无加固护坡与加固护坡)、加固构造、挡土墙(重力式挡土墙与轻型挡土墙)以不同的方式组合而成,使得路基呈现出各种不同的形态。根据构件的特性,表3-7列出了构件可停靠的条件,行方向为停靠方,列方向为被停靠方。

路基构件自动停靠关系对照表　　　　　　　　表3-7

被停靠方	停靠方								
	侧沟	排水槽	无加固护坡	有加固护坡	轻型挡土墙	重力式挡土墙	路基平台	填充	桩基
侧沟	×	×	√	√	√	√	√	×	×
排水槽	×	×	×	×	×	×	√	×	×
无加固护坡	√	√	×	×	×	×	×	×	×
有加固护坡	√	√	×	×	×	×	×	×	×
轻型挡土墙	√	√	×	×	×	×	×	×	×
重力式挡土墙	√	√	×	×	×	×	×	×	×
填充	×	×	×	×	×	×	×	×	×
桩基	×	×	×	×	×	×	×	×	√

注:√为可停靠,×为不能停靠

路基设计与周围地形息息相关,在设计图纸中,通常只提供关键里程的截面图。路基边坡的结构相同(边坡斜率以及表面植被相同),但由于地形差异,填筑高度不同,从而使得边坡线长度不同。如何真实表现路基边坡的变化,使其更加贴合设计意图,是路基三维建模与桥梁、隧道三维建模最大的区别,也是亟待解决的关键问题。针对这一问题,存在两种解决办法:渐变路基体三维建模以及路基范围线切割,如图3-9所示。

 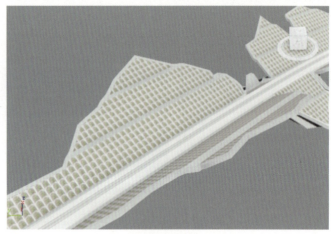

a) 渐变路基　　　　　　　　　　　　b) 范围线切割

图 3-9　变边坡路基建模效果

(1) 渐变路基体三维建模

渐变路基体三维建模借鉴现浇梁建模的变截面技术,将构成路基体的各构件参数分为基本参数与变化参数,对于无变化构件,可只提供起始里程的截面参数;若不提供任何截面参数,则按照配置文件或默认参数建模,建模结果同普通路基构件。

(2) 路基范围线切割

由于地形起伏通常只影响最外层构件的形态,可用里程范围内的最大截面建模,然后使用范围线对外层构件进行裁切。具体步骤包括范围线获取、范围线裁切与平台加固。范围线的获取方法有两种:一种是采用边坡截面与真实地形求交,获得地形范围线,适用于边坡截面构造固定的路基快速建模;另一种是人工统计边坡与地形线交点到路基中心的距离,并换算为相对坐标。

两种变边坡的路基工点三维参数化建模方法对比如表 3-8 所示。

变边坡的路基工点三维参数化建模方法对比　　　　表 3-8

方　法	优　点	缺　点
渐变路基体建模	①建模精细、完整; ②路基体内任意位置、任意构件均可设计为变化构件	①参数多,建模过程烦琐,更耗时; ②路基设计图中的地形线与三维场景中的虚拟地形存在一定的差异,使得模型嵌入存在误差
范围线切割	①建模速度快; ②若使用第一种方法采集范围线,可实现路基与地形的完美切合	①为提高建模效果,需要对裁切边坡加固; ②仅在最外层边坡体现变化

5）隧道参数化建模

（1）隧道概述

隧道结构可分为主体建筑物和附属建筑物。前者保持隧道的稳定,保证隧道正常使用,由洞身支护结构以及洞门组成,在铁路线上洞口附近容易塌陷或有落石危险时需要加筑明洞。后者为保证隧道正常使用所需的各种辅助设施,如铁路隧道供过往行人及维修人员避让列车而设的避车洞,供火灾等紧急情况下使用的消防疏散隧道,为加强洞内外空气更换而设的机械通风设施以及必要的消防、报警装置等。

（2）隧道结构分解

隧道结构可分解为衬砌、附属设施、洞门、明洞等部分。其中,衬砌又可进一步划分为曲墙式、直墙式两种;附属设施包含施工设施、铁路设施、排水、电力槽、通风设备、避人洞和避车洞。最终,将隧道抽象为初期支护、二次衬砌、斜井、横通道、铁路铺轨、底部填充、电力槽、洞门等部分。洞门又可分为端墙式、翼墙式、斜切式、直切式、帽檐式。隧道结构分解如图3-10所示。

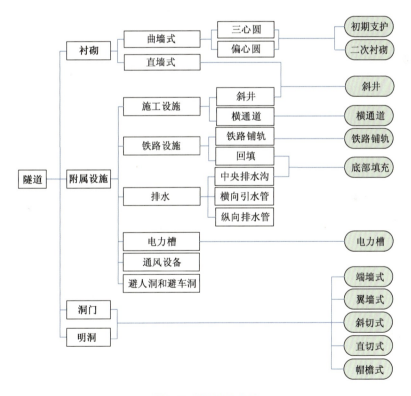

图 3-10　隧道结构分解

（3）隧道构件参数化建模

隧道构件包括路基平台、填充层、无加固护坡、加固护坡、加固构造、侧沟、排水槽、重力式挡土墙、轻型挡土墙,参数设计及建模效果如表3-9所示。

隧道构件参数及建模效果　　　　　　　　　　　　　　　　　　表 3-9

构件名称		示　意　图	建　模　效　果
初期支护与二次衬砌	三心圆		
	偏心圆		
斜井			
横通道			
洞室		洞室同斜井，区别在于末端封闭	

续上表

构件名称	示 意 图	建模效果
竖井		
盾构环片		
底部填充		
电力槽		

续上表

构件名称		示　意　图	建模效果
洞门	倒斜切式		
	直切式洞门	直切式洞门可视为倒斜切式洞门顶为水平线、洞口为垂直线的情况，为理解方便，提供了"直切式"洞门样式	
	端墙式	端墙式洞门正视图　　端墙式洞门侧视图	
	翼墙式	翼墙式洞门正视图　　翼墙式洞门侧视图	
	帽檐式		

简化隧道模型简化洞身、洞门结构,只需要修改线路数目并拾取线路中线即可快速建模。包括简化后的洞身、斜切式洞门、端墙式洞门,如图 3-11 所示。

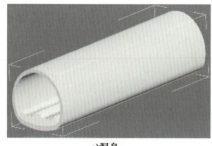
a)洞身

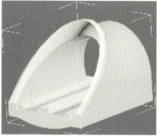
b)斜切式洞门

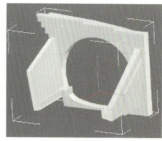
c)端墙式洞门

图 3-11 隧道简化模型

(4) 隧道参数化建模

与桥梁、路基建模不同,隧道各构件并未设置起始里程与终止里程,即认为隧道内部结构一致,前洞门、隧道体、后洞门内部均设置了铁路铺轨、底层填充、电力槽,不支持中间加设构件或中间取消构件。隧道参数化建模效果如图 3-12 所示。

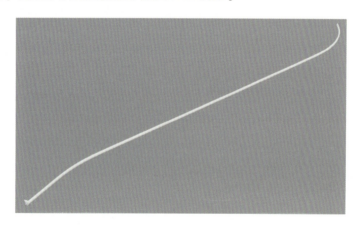

图 3-12 隧道参数化建模效果

6）车站与站房参数化建模

(1) 车站与站房建模概述

受到技术限制,车站设计和施工交付的主要方式为二维图纸。随着基于 BIM 的可视化技术的出现,建筑体的所有构件均可以进行三维、参数化建模,从而构成完整的建筑体的三维参数模型。从建筑体的三维参数模型中可以根据不同阶段的应用需求提取大量几何参数、属性参数(材质、构造等)、空间位置参数,通过碰撞检查、虚拟建造,提前发现并解决设计错误,实现三维可视化交底,进行材料的精细化管理等。

使用 BIM 软件的正向设计是车站、站房等设计的发展方向,然而受 BIM 技术普及程度及设计工期的影响,目前绝大多数车站、站房仍采用基于 CAD 技术的二维设计与施工交付,根据客户需求选择是否采用 BIM 技术进行翻模,从而以车站、站房的信息模型来指导施工和运营养护。

车站、地铁站 BIM 翻模要求采用 BIM 软件快速、准确地按照二维图纸制作出符合客户应用需求的 BIM 产品。利用 BIM 进行翻模与正向设计不同,建模过程包括两个步骤:一是根据应用需求,从二维图纸中提取建模所需要的信息;二是在 BIM 软件中进行建模。

常用的方法是按照正向设计的步骤,在 BIM 软件中搭建框架,然后将二维图纸导入 BIM 软件形成参考层,在此基础上进行人工建模。某些软件公司开发了插件自动提取二维图纸信息来辅助建模,提高建模效率,如鸿业科技基于 Revit 平台的二次开发软件 BIMSpace,对于使用其软件正向设计的图纸解析正确率很高,对于其他来源的图纸,对图层、线型等制图规范有较高的要求,而车站、地铁站 BIM 翻模通常在二维图纸交付之后进行,无法对图纸的规范性提前做出限定,人工按照要求对图纸进行编辑和转换也需要大量的时间。将二维图纸中信息提取归纳为对象、属性、几何和位置,研发基于 CAD 的通用信息提取方法,再结合建筑结构的专业知识,通过智能运算对提取信息进行分析和综合,获得车站、站房等 BIM 建模所需的完整信息。

此外,从二维图纸中提取出来的信息如何进行有效组织、编辑、保存,并在不同的 BIM 软件之间交换也是待研究的问题之一。IFC 是国际通用的 BIM 标准。然而,一方面 IFC 采用资源层、核心层、界面层、领域/应用层的架构,结构复杂且冗余信息过多,不利于理解和编辑;另一方面,不同 BIM 软件对 IFC 版本和数据格式的要求不尽相同,通常需要开发应用接口进行数据转换。鉴于此,对车站、地铁站等建模所需信息进行整合,形成整体描述的参数模型,针对不同的 BIM 软件开发数据转换接口,转换为该软件可识别的 IFC 格式,从而进行深化建模及应用分析。

车站、站房 BIM 建模流程如下:

①从 CAD 图纸中提取通用的几何信息。

②结合专业知识获得车站、站房等 BIM 建模所需的完整信息,对信息进行直观、简化组织,形成参数化模型。

③经由软件接口将参数化模型转换为 BIM 软件可识别的 IFC 数据。

车站与站房参数化建模流程如图 3-13 所示。

(2)车站与站房几何参数提取

车站、站房建模涉及大量不同阶段、不同比例尺的二维图纸,提取信息包括轴线、层标高、梁、柱、板、墙、设备设施等各类对象的属性、形状、位置信息,体现在 CAD 图纸上最直观的信息为对象的名称、标注、点坐标、线(节点串)坐标、长度、高度、宽度、半径、角度、文字、块大小等,点和线节点在 CAD 图纸中的绝对坐标值通常没有实际意义,需要根据原点和比例尺转换为相对坐标。同类对象批量提取常用的方法为选择和跟踪,前者适用于离散对象批量输出,后者适用于连续对象的批量输出。

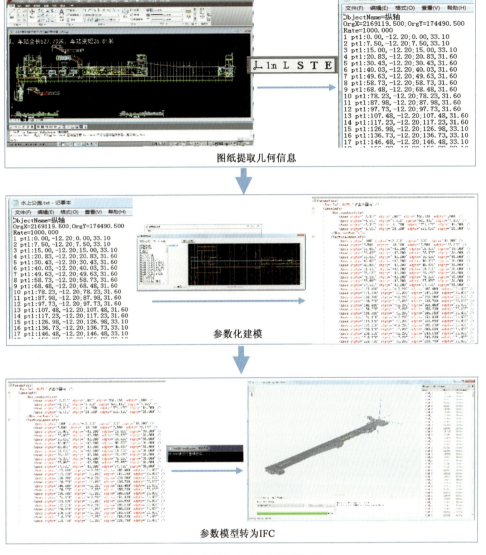

图 3-13 车站与站房参数化建模流程

以主体结构为例,车站、站房工程分解如图 3-14 所示,采用基于 CAD 的几何参数提取方法,配合对象名称、标注、属性信息的输入,即可提取建模所需的大量信息。

信息采集的具体步骤为:设置原点和比例尺,原点默认为第一条横轴和第一条纵轴交点;读取轴网,轴网信息包括纵轴、横轴和各楼层标高;读取层,每一层都需要读取梁、墙、楼板、柱、门窗等设备信息(图 3-15);获取其他辅助信息,包括附加图纸、附加板、附加墙、通风口等。

(3)车站与站房参数化建模

①信息归总形成参数模型

如图 3-16 所示,车站与站房模型包括基本信息、横轴、纵轴、标高、层。每层模型包括层编号(与标高对应)、墙、板、梁、柱、门窗等设备设施。墙模型包括墙类型(外墙、内墙或隔板)、骨架线;板模型包括类型、厚度、轮廓线、坡度线、挖洞;梁模型包括型号、梁宽、梁高、梁段;柱模型包括型号、类型(矩形或圆形)、长度、宽度、半径、每根柱的坐标、相对标高和高度;门窗模型包括型号、类型、宽度、高度、定位方式、每扇门窗的坐标、标高、角度。根据提取的信息经智能运算补全缺失信息,即可按照参数模型形成车站、地铁站的实例,该实例可在 BIM 软件或三维建模软件中进行绘制,形成三维实体模型。

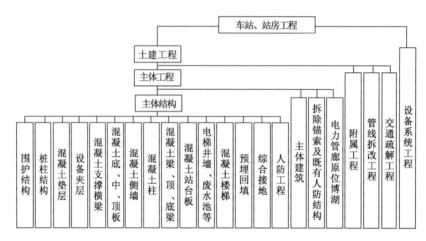

图 3-14　车站、站房采集信息

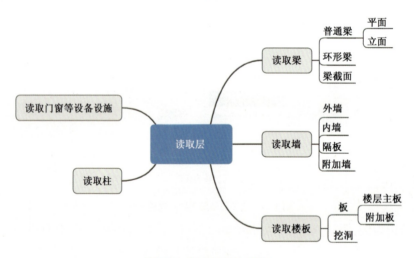

图 3-15　按层读取车站信息

②基于专业知识及拓扑运算的信息自动计算

a. 楼板生成、自动分块、挖洞

(a)外墙骨架线跟踪,形成楼板主板的轮廓线,将轮廓线的起点设置为左下角点,节点顺时针排序;若楼板未采集坡度线,无需进行分割。否则,首先,根据方向将坡度线分为主线和支线;然后,将主线和支线起点设置为左下角,线内节点按顺时针排序,所有主线按照从左往右排序,所有支线按照长度由大到小排序。

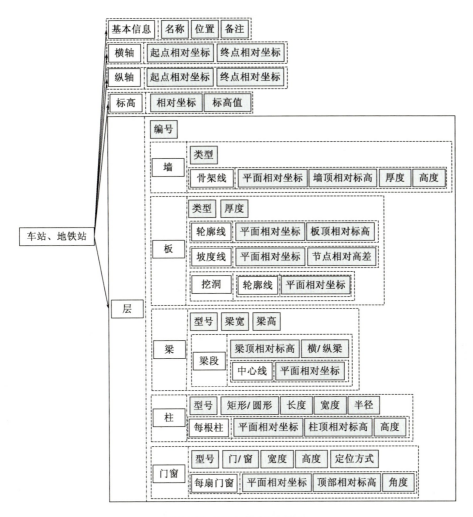

图 3-16 车站与站房参数模型

（b）依次使用支线分割楼板，之后以主线分割剩余楼板；根据所属的坡度线，计算各块楼板轮廓线的节点相对本层标高的高差。

（c）分析每块楼板和挖洞线之间的拓扑关系，对挖洞线进行分割，并将其附加到所属的楼板。

b. 梁自动分段与位置解算

（a）梁类型及截面信息统计：同类梁平面位置信息通常分多次采集，梁的截面信息以同名称的形式与该类型梁进行关联，因此首先需要统计梁的类型，获取每种类型梁的截面，然后再将同类型梁的采集信息进行归总。

（b）梁自动分段：为了满足施工管理需求，需要将相邻两根柱子之间的梁作为一个梁段，而采集信息为完整的梁信息，因此，需要根据柱的位置对梁进行自动分段，按照斜率判断梁段为横梁或纵梁。

(c)梁段位置解算:梁与每层楼板之间通常为上切或者下切关系,可根据纵剖面图中采集的梁位置线,以及每段梁在纵剖面图中投影位置进行批量解算。

c. 墙体位置、高度解算及墙体补充

(a)墙体位置、高度解算:外墙和隔板附着于两层楼板、两层梁段或楼板与梁段之间,由于板根据坡度线进行了分块并存在高度阶跃的情况,需要将分块点加入墙体骨架线以内,并且将高度阶跃处墙体进行分段;附加墙附着于下一层楼板或梁与本层的附加板之间,根据附着关系计算标高偏差和高度值。

(b)墙体补充:为保证结构的完整,高度阶跃的板之间需要补充外墙。

为避免结构相交,补充外墙的骨架线为相邻板的交线向较高板侧偏移当前外墙墙厚,补充外墙的顶端与高板相切,底端与低板相切,以此为依据计算骨架线顶端相对标高和墙体高度。

d. 柱位置、高度解算

(a)进行类型的归总,方式同梁;

(b)由于柱附着于两层楼板、两层梁段或楼板与梁段之间,顶端相对标高和柱高度计算同墙体。

e. 设备设施位置解算

设备设施根据类型不同,按照不同的规则解算位置,如门、闸机、卫浴等设施的底部与下一层楼板或梁顶相切,窗的顶部距离当层楼板或梁底端约 20cm。

如图 3-17 所示,载入提取信息文件,系统自动解算相关信息,并将数量信息显示在左侧列表内,点击下拉框选择楼层平面图或纵剖面,将在右侧的绘图栏中绘制出解析结果,检查无误后输出为参数文件,通过研发的 BIM 软件接口转换为 IFC 文件,导入 BIM 软件进行编辑和分析。

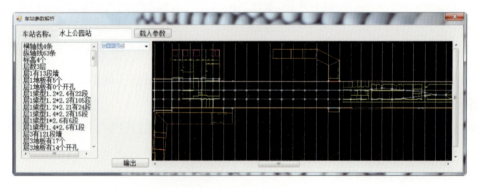

图 3-17　信息自动计算

(4)车站与站房 IFC 数据生成

在深入研究 IFC 存储标准和逻辑架构的基础上,利用前两节提取得到的车站构件要素参数化信息,通过分析运算转换为符合 IFC 标准的几何、语义和属性信息,并借助特定的数据访问 API 接口写入到文件中,生成可在 BIM 商业软件平台中表达和深加工的信息模型数据。在具体实施方法研究中具体如下所述。

①IFC 实体对象逻辑关系

IFC 存储标准定义了几百种实体对象类型,为了实现参数化信息到 IFC 数据的正确转换,首先需要对必要的对象类型进行梳理,理解它们记录各类信息的方法,以及彼此之间的逻辑关系。以墙构件为例,图 3-18 展示了 IFC 各实体对象类型表达和记录模型信息时构成的 UML 用例关系。首先墙构件与其他空间实体构成多重包含与被包含关系(左侧 Composition),由 IfcWallType 实体记录并定义其语义信息(中部 Semantic),其几何信息由一系列表达几何造型的实体类型,如轮廓线、拉伸方向、布尔逻辑运算等组合构造实现(右上 Geometry),空间定位信息则记录在坐标系实体对象 IfcAxis2Placement3D 中(右侧 Position),纹理信息由一系列定义材质、材质层及材质集的对象类型定义并关联到墙实例本体,属性信息则以 IfcPropertySet 及其子元素 IfcPropertySingleValue 类型定义的对象进行记录。

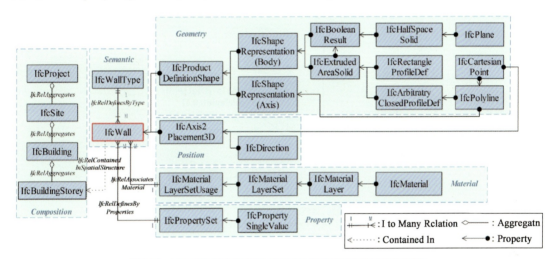

图 3-18　IFC 实体对象的 UML 关系图(以建筑要素的墙构件为例)

在 IFC 文件中,一行文本记录对应一个实体对象的实例及其索引,对象彼此之间以相互引用索引号的方式构成联系,所有联系可分为一对多关联、聚合、包含、属性四类,如图 3-18 所示。完成 IFC 数据存储并导出相应文件格式的过程,可以概括为组织上述各类实体对象关系,并对各实体对象进行实例化的过程。前者需要深入理解 IFC 的存储架构逻辑,而后者则要求提供完成实例化所需的必要参数。

②IFC 构件的组织与空间定位

IFC 定义了 IfcProject 实体对象类型作为其数据文件的入口,并要求所有对象(object)类型的实体,包括构件元素、空间、背景上下文等均以其为根节点。同时,还定义了一系列空间实体对象描述建筑要素的场地、楼栋、楼层、房间等概念。因此,对于任意一个构件而言,在 IFC 文件中都需要与 IfcProject 根节点以及上述各类空间实体构成被包含的组织关系,从而形成从整体到局部再到细节自顶向下的逻辑结构。

以图 3-18 中墙构件为例,首先通过关系型对象 IfcRelContainedInSpatialStructure 建立与其所属楼层 IfcBuildingStorey 之间的被包含关系，而其所属楼层又通过关系型对象 IfcRelAggregates 与所处楼栋 IfcBuilding 建立聚合关系。通过相同的关系型对象，IfcBuilding 确定其所位于的场地 IfcSite，最终 IfcSite 与文件根节点 IfcProject 构成从属关系。由上述一系列关系，可以确定所有构件在整个工程（IFC 文件）中的语义组织方式。

对于构件的空间定位，IFC 则采用相对坐标系的方式，即通过 IfcLocalPlacement 实体对象定义构件所处的空间位置和姿态。对该实体进行实例化时需要提供两个参数，第一个参数表示用于参照的 IfcLocalPlacement 实体，第二个参数是由 IfcAxis2Placement 定义的空间或平面直角坐标系，如图 3-19 所示。其原点坐标 Location 表示相对于参照坐标系原点的偏移量，横轴 RefDirection 和竖轴 Axis 则分别定义了相对参照坐标系的新姿态。通常，一个 IfcLocalPlacement 实体确定一个构件的位置，由众多 IfcLocalPlacement 实体构成的一系列参照关系，可以确定所有构件在整个工程中的空间组织方式。

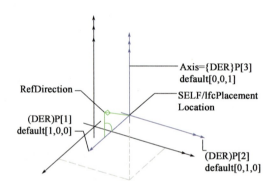

图 3-19　IfcAxis2Placement 实体描述的空间坐标系

③IFC 构件的几何造型与表达

实现构件的几何造型，就是对 IFC 几何类型的实体进行实例化的过程。IFC 中用于几何表达和造型的实体都需要提供相应的尺寸参数，如矩形轮廓 IfcRectangleProfileDef 的第五、第六个参数 xDim 和 yDim 分别为矩形的长和宽，拉伸体 IfcExtrudedAreaSolid 的第三个参数 ExtrudedDirection 为拉伸方向，第四个参数 Depth 为拉伸长度。在对构件进行几何造型前，需要明确采用哪些几何类型实体，以及相应的各项尺寸参数。以墙构件为例，表 3-10 列出了对其几何造型所需的 8 个尺寸参数。

墙参数定义和组成　　　　　　表 3-10

序号	参　数　名	数 据 类 型	含　　义
1	vpathPolyline	vector < vec2 >	墙体中心线（多段线）
2	vThickness	vector < double >	各段墙的厚度
3	vTopTrimAngle	vector < double >	墙顶部截断角，值域（-90°~90°），起点高于终点时为正值，反之为负值
4	vBottomTrimAngle	vector < double >	墙底部截断角，值域（-90°~90°），起点高于终点时为正值，反之为负值

续上表

序号	参 数 名	数据类型	含 义
5	vZOff	vector < double >	各段墙相对于第一段墙的偏移值
6	vHeight	vector < double >	各段墙的高度
7	nJointType	int	各段墙之间的连接方式:0 连续;1 斜接;2 方接
8	locateToOpeningMap	map < shared_ptr < vec2 > , shared_ptr < stOpeningParas > >	墙上开孔信息,记录开孔位置(沿墙中心线距离及与墙底的相对高度)与开孔几何形态参数的映射关系

图 3-20 所示意为采用上述参数表达两段连续墙几何造型的方法,其中第一段墙的迹线为 S_0-S_1,厚度为 vThickness[0],高度为 vHeigh[0],顶部截断角和底部截断角均为 0°。第二段墙的迹线为 S1~S2,厚度为 vThickness[1],高度为 vHeight[1],顶部截断角为 15°,底部截断角为 −15°,为梯形截面。其中,第一段墙上有一个开孔,其相对水平位置 $VPos_{opening}$ 和相对垂直位置 $HPos_{opening}$ 作为索引记录于参数 locateToOpeningMap 中,开孔的几何造型由开孔参数 stOpeningParas 决定。两段墙的连接方式为斜接(nJointType = 1),此外,图中还对比示意了这两段墙的方接形式(nJointType = 2)。

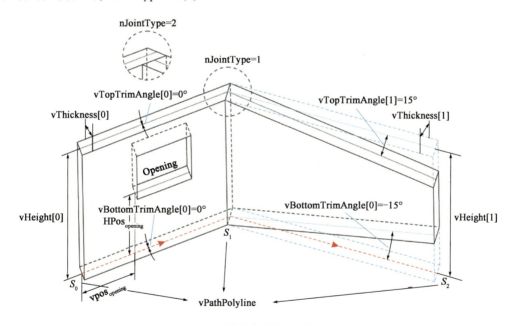

图 3-20 墙参数表达的几何造型示意

表达墙构件几何造型的实体对象(例如拉伸体 IfcExtrudedAreaSolid)最终作为产品外形实体 IfcProductDefinitionShape 的参数与语义实体 IfcWall 构成关联关系,实现对其几何信息的存储。可以看出,IFC 在语义信息和几何信息存储上是相互独立又彼此关联的,通常构件的语义实体与几何实体具有一一对应的关系,而几何实体可以通过 IfcMappedItem 实现与多个语义实体的关联,这一方法常用于参考模型的多实例化表达上。

④IFC 构件的材质与属性

在 IFC 存储架构中,定义了许多用于构件材质定义、使用及与语义实体关联的实体类型。IfcMaterialLayerSet 是用于定义材质集的实体类型,它可以包含多个材质层实体类型 IfcMaterialLayer,材质层则是通过对材质名称和层厚度两项参数实例化得到的。以某墙构件为例,如图 3-20 所示,材质集由三个不同的材质层构成,各材质层厚度累加即为墙构件自身的厚度。材质使用方式实体 IfcMaterialLayerSetUsage 则通过轴向 LayerSetDirection、偏移量 OffsetFromReferencLine、正负向 DirectionSense 等参数确定材质集相对于构件几何体的分布方式,例如图 3-21 中所示的墙材质集在实际应用时,其材质层排列方向与墙厚度方向相同,且为 Y 轴正向(DirectionSense = POSITIVE),相对墙体中心线偏移量大小为 OffsetFromReferencLine。材质使用实体最终通过关系型实体 IfcRelAssociatesMaterial 与构件的语义实体关联在一起,该关联关系可表示为一个材质集使用对多个语义。

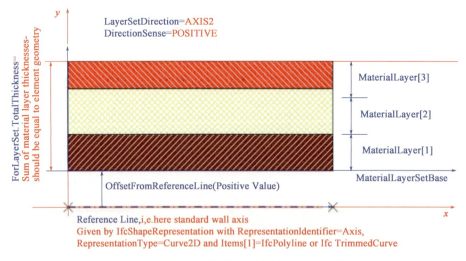

图 3-21 IFC 对墙构件材质集及材质使用的定义

与材质信息的存储方式类似,IFC 定义了用于构件属性定义及与语义实体关联的实体类型。IfcPropertySet 是用于定义属性集的实体类型,它可以包含多个属性实体类型 IfcProperty,属性则是通过对名称、属性值和单位三项参数实例化得到的。IfcRelDefinesByProperties 则是用于连接构件语义和属性集的关系型实体,同样可以表示一个属性集对多个语义。

⑤IFC 在 BIM 平台中的导入与集成

项目研究的目标是转换后的车站三维模型 IFC 文件能够在 BIM 平台中进行集成和深化应用,因此需要对成果文件进行导入与集成测试,测试平台选择了三款 BIM 软件:IfcPlusPlusView、Revit 及 Navisworks。

将转换后 IFC 成果文件在 IfcPlusPlusView 中导入并打开,如图 3-22 所示,在三维浏览器视图中,所有构件的几何造型和位置姿态均正确,且在主窗口界面左侧的结构树中可以查看到各类构件的语义组织关系。当选中任意一个构件时,该构件几何以 Mesh 结构表达方式进行重绘,同时在结构树视图中自动跳转到该构件的结点并高亮显示。测试结果表明,在 IfcPlusPlus-View 平台下,转换后 IFC 车站三维模型可以被正确导入和集成应用。

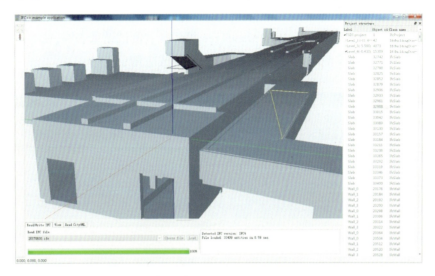

图 3-22　IfcPlusPlusView 平台下车站三维模型的导入测试

使用 Revit 平台对 IFC 转换成果进行集成导入测试,如图 3-23 所示。三维视图下车站各构件的几何造型和位置姿态均完整正确,选中某楼板构件时,可以在左侧属性编辑器中查看和编辑该实例的属性,同时在楼板构件的类型属性编辑器中可以查询和编辑该类型的材质信息,当对实例属性或类型属性进行更改时,模型附加的信息也随之改变,即与 Revit 自身数据格式 rvt 的修编操作效果一致。此外,还可以在二维或三维视图中实时拖拽构件的几何造型操纵柄,完成一系列交互编辑操作。测试结果表明,在 Revit 平台下,转换后 IFC 车站三维模型同样可以被正确导入和集成应用。

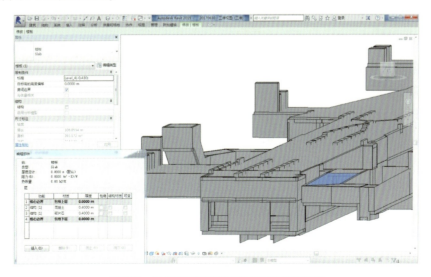

图 3-23　Revit 平台下车站三维模型的导入测试

最后将 IFC 转换成果导入到 Navisworks 平台中进行集成测试,如图 3-24 所示。所有构件的几何造型与位置姿态仍然保持正确无误,左侧结构树的内容与 IfcPlusPlusView 中展示的内容一致,选中某楼板构件时,右侧特性窗口中可以查询材质等信息,还可以查询到一些与 Ifc 语义实体相关联的属性,如 ID、Name、PreDefinedType 等信息。测试结果表明,在 Navisworks 平台下,转换后 IFC 车站三维模型同样可以被正确导入和集成应用。

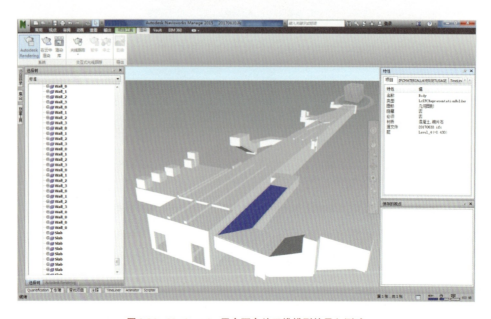

图 3-24　Navisworks 平台下车站三维模型的导入测试

3.1.3　铁路基础设施参数化模型的施工深化

铁路基础设施参数化模型的施工深化是铁路基础设施参数化建模的扩展,以设计模型为基础,根据施工要求,对设计模型的部件进行自动分离、编号与命名,形成可表现施工进度的模型。基础设施的三维施工建模需要考虑两点:施工要求和设计模型构件的可分离性,在此基础上进行构件的分离与命名。已分离与命名的构件为施工信息的最小载体,与数据库中获取的施工信息相链接,通过三维形象表现,体现基础设施在查询日期的施工进度。

(1)施工要求与构件可分离性分析

施工要求根据建设项目不同而有所差异。例如,在铁路铺轨进度表现时,有的工程需要真实体现每一块轨枕的铺设情况,有的工程则只关注铁路铺轨的整体进度,同一工程中对不同基础设施类型的表现精度要求通常也存在差异。

除施工要求以外,构件分离还受设计模型的制约。如在铁路铺轨施工中,需要精确地表现每根钢轨、每块轨枕甚至每个扣件的进度时,还需考虑上述构件在设计模型中是否精确建模,以及所建构件模型是否属于可分结构。

(2) 构件的分离与命名

首先根据施工要求与设计模型本身特性,总结归纳出构件的分离要求;然后通过分割三维模型的元素,实现构件的分离,并按照规则予以命名。构件名称为各分离构件在场景中的唯一标识,需具备唯一性、规则性及统一性。规则性指构件命名符合一定的从属、层次规则,根据构件的名称可以直接解析出其类别、从属和位置。统一性指同一工程的不同基础设施应采用统一的命名体系。

如图 3-25 所示,梁被划分为简支梁和连续梁,连续梁按照施工要求进行分块,桥墩墩身按照指定间隔分段,每个承台和桩也分离出来并按照规则编号;隧道分为洞门、明洞、暗洞、底部填充、电缆槽,暗洞首先按照衬砌类型分段,然后每段内按照给定间隔细分,细分段又分为初期支护、二次衬砌、仰拱,初期支护划分为顶部和两个侧部,明洞、斜井、洞室同暗洞,底部填充和电缆槽按照给定间隔分段。

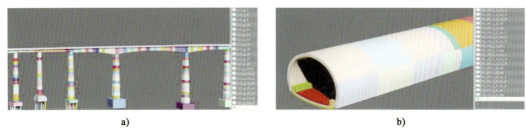

图 3-25　构件分离与命名

3.2　铁路附属设备模型库建模

3.2.1　建模步骤

基于图形的建模和绘制流程主要分为三维抽象和几何建模两个步骤。首先,对场景进行抽象,并借助三维建模工具建立几何模型,对几何模型的构建通常有线框建模、表面建模和实体建模三种方式。其中,线框建模是用点和线对建模对象进行表达,表面建模则是用表面、各面之间的边线和顶点组合成三维模型,而实体建模方法对建模对象的表现不再仅局限于表面特征,还增加了对其内部的构建。然后,对几何模型进行贴图和纹理映射等操作,以提高真实感,最终得到三维模型。如果三维模型的数据量太大,还需对三维模型进行简化。

(1) 三维抽象

将现实世界中高速铁路进行真实的表达,首先要解决现实世界的抽象,即确定描述内容和描述粒度。描述内容即为高速铁路的建模内容,在此不做赘述。描述粒度需要解决的问题是以什么样的精度来表达地物实体。为满足服务需求，高速铁路地物模型需要较高的精度，但并不意味着需将高速铁路现实情况完全包含进高精度的表达范围中，过于精细的地物模型会造成建模工作周期长和场景数据量大的不足，所以确定合适的（空间）描述粒度，既满足服务要求，又不过于追求高精度，对实际建模过程具有重要意义。

对高速铁路地物模型的描述粒度的确定分为两个部分：一是在单个模型制作方面，将地物的细节进行面向服务的划分，忽略不必要的要素或部件；二是在整个场景方面，由于只有观察者距离物体较近时才需要精细表达，所以为保证服务实时性和场景显示效率，应按照观察距离的不同对模型进行多尺度表达。

（2）模型制作

在制作模型之前，需要搜集高速铁路构造物的相关资料，主要包括几何外形、外观尺寸和纹理数据，本文中的模型数据主要来源于高速铁路施工规范。以建模资料为基础，在 3ds max 建模软件中，借助几何数据通过绘制点、线、面、体等构建模型的基本框架，为增强模型真实感，利用纹理数据对构建的几何模型进行纹理贴图和烘焙渲染，对烘焙后的纹理进行美工处理。

3.2.2 四电设备建模

四电设备按照专业划分可分为通信、信息、信号、电力、供变电、接触网六大类专业设备。每个四电专业设备按照专业划分有很多型号和外观，对所有型号进行建模工作量巨大，故选择较为典型的四电设备开展设备建模研究。

四电工程按照专业划分为两强电、两弱电，具体包括接触网、牵引变电、电力、通信、信息、信号；按照总体施工顺序，包括四电室外建筑工程、四电室外设备安装和四电子系统调试，其中，四电室外建筑工程包括通信、信号、信息、电力和电气化，如图 3-26 所示。

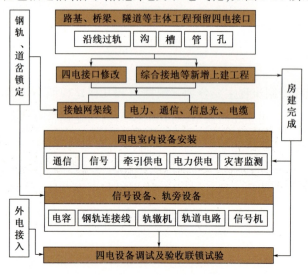

图 3-26　四电工程施工示意图

如图 3-27 所示，四电设备按照信息的实际维度可分为二维信息与三维信息，三维信息可通过角度投射转换为二维模式显示，以便从不同的维度对四电设备进行查看和管理。二维信息可通过与三维对象关联实现信息在三维场景中的集成，三维信息可采用三维模型、三维符号、三维矢量等方式表达。其中，三维模型可采用模型库中的通用模型，也可以依据设计资料采用 BIM 建模、参数化建模等方法制作独立的模型。由于同型号的四电设备外观具有较高的一致性，无需逐一建模表达，故可对每类四电设备建立专属模型，并将专属模型纳入模型库管理，同类四电设备选用模型库内的通用模型予以表达。

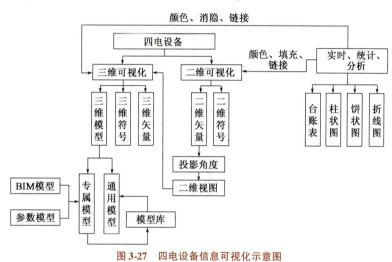

图 3-27 四电设备信息可视化示意图

1) 中继站设备建模

专属模型建模以设计资料为依据，以中继站为例。首先根据中继站平面图（图 3-28），确定中继站机房内设备的布局情况和机房内的信号设备类型，然后根据三维可视化需求提取待子设备及其几何信息、相对位置信息、材质信息等，最后依次建立子设备模型并对其进行排布组合，形成完整的设备模型。

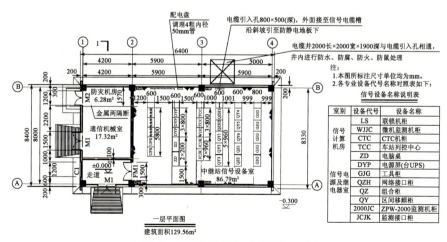

图 3-28 中继站平面图（尺寸单位：mm²）

按照机房设备说明表可知，机房设备包括联锁机柜、微机监测机柜、CTC 机柜、车站列控中心、电脑桌、电源屏、工具柜、网络接口柜、组合柜、区间移频柜、ZPW-2000 监测机柜和监测接口柜。

机房围墙和门窗建模可以采用通用的建筑建模方式进行，机房内的设备建模主要是对机柜进行建模。根据机柜的类型收集设备图片，采用机柜立方体贴对应机柜纹理的形式进行机柜建模，同时利用“设备代号 + 编号”的方式区分不同机柜，方便后续 GIS 平台与设备模型的关联。机柜电源柜立方体贴图建模效果如图 3-29 所示。

a)　　b)　　c)

图 3-29　机柜电源柜立方体贴图建模效果

考虑机柜内部设备的管理需求，可进一步对机柜内部设备进行细分，如区间移频柜、组合柜、综合柜等。以移频柜为例（图 3-30），将主发射器、备发射器、接收器、衰耗冗余控制器等按照编号排列建模同时按照“设备代号 + 编号”的方式对设备模型进行命名。

设备名称＼架位		QY1（正面）									
主发送器（ZFS）	名称		1ZFS		3ZFS		5ZFS		7ZFS		9ZFS
	类型		ZPW-F-K		ZPW-F-K		ZPW-F-K		ZPW-F-K		ZPW-F-K
备发送器（BFS）	名称	2093DG	1BFS	2093CG	3BFS	2093BG	5BFS	2093AG	7BFS	2113BG	9BFS
	类型		ZPW-F-K		ZPW-F-K		ZPW-F-K		ZPW-F-K		ZPW-F-K
接收器（JS）	名称		1JS		3JS		5JS		7JS		9JS
	类型		ZPW-J-K		ZPW-J-K		ZPW-J-K		ZPW-J-K		ZPW-J-K
衰耗冗余控制器（RS）	名称		1RS		3RS		5RS		7RS		9RS
	类型	1700-1	ZPW-RS-K	2300-1	ZPW-RS-K	1700-2	ZPW-RS-K	2300-2	ZPW-RS-K	1700-1	ZPW-RS-K
衰耗冗余控制器（RS）	名称		2RS		4RS		6RS		8RS		10RS
	类型		ZPW-RS-K		ZPW-RS-K		ZPW-RS-K		ZPW-RS-K		ZPW-RS-K
主发送器（ZFS）	名称		2ZFS		4ZFS		6ZFS		8ZFS		10ZFS
	类型	2108AG	ZPW-F-K	2108BG	ZPW-F-K	2108CG	ZPW-F-K	2184AG	ZPW-F-K	2184BG	ZPW-F-K
备发送器（BFS）	名称		2BFS		4BFS		6BFS		8BFS		10BFS
	类型		ZPW-F-K		ZPW-F-K		ZPW-F-K		ZPW-F-K		ZPW-F-K
接收器（JS）	名称		2JS		4JS		6JS		8JS		10JS
	类型	2000-2	ZPW-J-K	2600-2	ZPW-J-K	2000-1	ZPW-J-K	2600-1	ZPW-J-K	2000-2	ZPW-J-K
		区段名称 载频		区段名称 载频		区段名称 载频		区段名称 载频		区段名称 载频	
纵向组合位置		1		2		3		4		5	

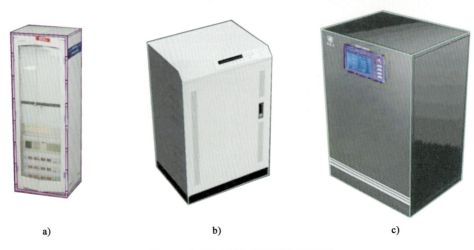

a)

b)

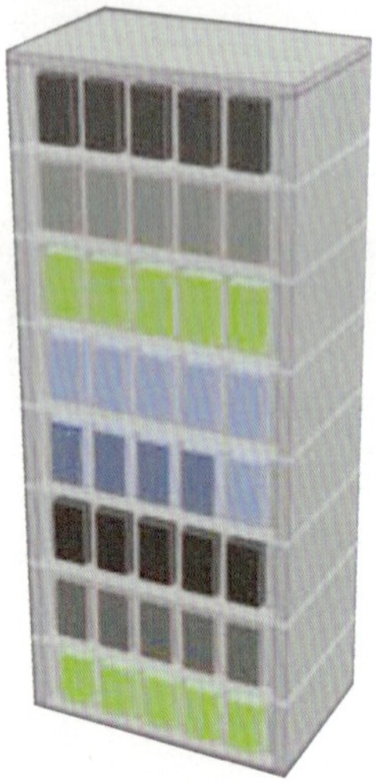

图 3-30　区间移屏柜布置图与示意模型

2）四电设备模型库应用

四电设备如通信塔、照明塔、信号机、转辙机、避雷针等通过收集典型的设备图纸建立三维模型，并将三维模型纳入模型库进行统一管理，如图 3-31 所示。

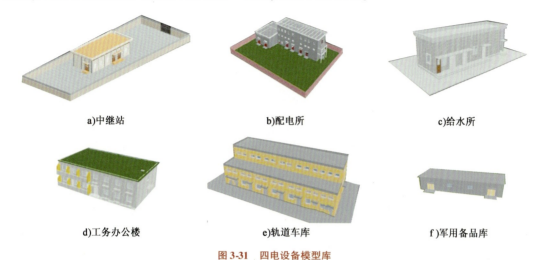

a)中继站　　　　　　b)配电所　　　　　　c)给水所

d)工务办公楼　　　　e)轨道车库　　　　　f)军用备品库

图 3-31　四电设备模型库

同类四电设备设施以模型库中的通用模型为基本建模单元，采用矢量文件建立基本单元的索引，从而实现三维场景中批量模型的加载。具体包括以下步骤：

（1）创建索引文件

GIS 软件通常支持多种格式的索引文件，如 fly、kml、xls、csv、txt、vrt、mid、db、sqlite、gdb、gpkg、dgn、shp、dxf、json、pdf、osm 等。其中，shp 格式数据加载效率高且可在三维场景中直接修改，便于手工对曲线段、过渡段的构件位置和姿态进行微调。

首先将索引文件制作为 csv 格式，前三列为模型的 x、y、z 坐标；然后将 csv 转换为 shp 格式，将 x、y、z 存为定位点的三维坐标。

（2）通用模型数据处理

为提高三维场景内模型的显示效率，对模型库中的通用模型进行金字塔处理。

（3）批量加载三维模型

加载（1）中制作的 shp 文件，选择导入图层格式为 3D Model，并修改配置参数。

①高程模式及高差设置：由于 shp 文件中导入了插入点的 z 坐标，高程模式选择"Absolute"模式，同时，可根据模型原点与线位中线的高差，为图层整体设置高程偏移值。

②旋转角：将模型的旋转角（Yaw）指定给角度列。

③俯仰角：将模型的俯仰角（Roll）指定给俯仰角列。

④模型尺度：单位为米（m），若模型制作时的单位为毫米（mm），则需要将尺度参数设置为 0.001。

⑤引用模型：File Name 可指定矢量文件引用模型的路径，轨道工程同一矢量文件均引用同一个模型文件，则可直接输入该文件的路径，若需要更改模型，将更改后文件改为同名文件

并放置到引用路径下即可。

此外，若后期对模型插入点、列属性等进行了修改，直接将修改后矢量文件保存为同名文件，拷贝至引用路径下即可。四电设备三维建模效果如图3-32所示。

图3-32　四电设备三维建模效果

3.3　铁路工点精细化 BIM 建模

目前较为成熟的 BIM 模型建模设计平台主要来自欧特克、奔特立、达索等公司。不同公司的 BIM 软件工具各有所长，对于模型的描述表达能力各有侧重。在开展桥梁工程施工模拟研究过程中，选择基于达索平台完成 BIM 模型建模。达索平台是基于服务器的构件级协同工作平台，基于同一数据库实现复杂工程的协同设计和管理，平台具有大模型处理、精细化建模、参数化建模、协同建模等能力。在开展大型客站枢纽工程协同设计过程中，选择基于欧特克平台完成 BIM 模型建模。欧特克将房建工程划分为建筑、结构、暖通三个领域，能够满足资源共享与管理需求，符合传统设计作业习惯，同时具备多专业协同设计的能力。不同铁路工程项目需要采用不同的 BIM 建模手段和方法。本部分仅以铁路工程中的特大桥梁与大型客站枢纽为例，简要介绍 BIM 建模方法与流程。

3.3.1　桥梁 BIM 建模

（1）定位骨架

BIM 设计工作涉及多专业协同，为了协调各专业更好、更高效地完成设计工作，达索平台采用骨架设计实现模型之间的关联设计,通过骨架改变直接驱动模型变化,实现 BIM 模型的统一管理和设计中的信息交换,提高设计效率,加强设计过程中沟通交流与信息交换。

骨架设计方法是一种自上而下的设计方法,可以创建和重复使用骨架中的信息。以桥梁工程为例,定位骨架定义了桥梁上部结构和下部结构各个构件的整体定位框架。基于骨架设计方法:一座桥梁的梁体、桥墩、桥台和基础等组成部分,在相对空间位置发生变化的条件下,能够继承原有的设计框架,自动实现设计更改。该方法通过在装配节点定义一个骨架文件,来管理和协调各个结构物与骨架的接口。

定位骨架本身是 BIM 模型的一部分,是一种参照模型。桥梁定位骨架模型通常由点、线、面和坐标系组成,主要表达桥梁各部分结构物在模型空间的位置。一座桥梁的各个组成部分以定位骨架元素作为自己的设计输入和原始参考,或通过实例化或通过装配的方式固定到制定坐标位置。图 3-33 所示为某桥的定位骨架。

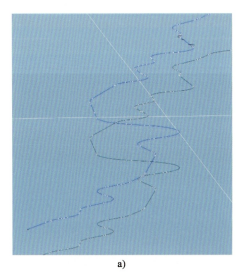
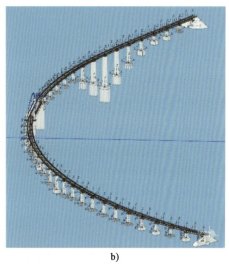

a)　　　　　　　　　　　　　　　　　　b)

图 3-33　桥梁定位骨架

(2) 桥梁结构模板

精细化 BIM 模型是开展施工管理工作的基础。桥梁施工管理各环节中涉及大量的桥梁结构、工程设施、工程设备等,全部内容的高精度建模会导致数据体量过大、使用困难等问题。但是对于关键局部,尤其在完成一些细节的施工模拟时,精细化建模就变得尤为重要。这也对桥梁结构物的精细化建模提出了高要求。

在定位骨架上的已经部署了梁墩台的空间位置信息,如想要将桥梁结构分配到指定空间位置,同时需要在模板中定义结构物的定位坐标系,桥梁结构中的梁、墩、台、基础都要通过定位坐标系完成定位匹配。在创建模板初始阶段,首先在模板中定义一个空间定位坐标系,取名为 Base Axis System。并以此坐标系为基准,创建模板需要的全部几何图形点、线、面等,并在此基础上建立实体模型,完成实体模型与该模板坐标系的位置约束,桥墩坐标系位于墩顶中心。图 3-34 所示为桥梁结构模板的模板坐标系。

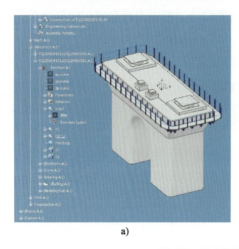
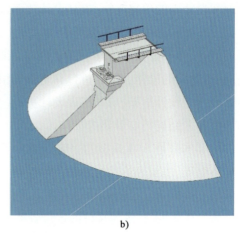

图 3-34　桥梁结构模板的模板坐标系

(3) 实例化与装配

在完成定位骨架以及桥梁结构模板的建模后,需要根据完成桥梁结构模板从模板空间到项目模型空间的转换,实现这一目标的方式主要有实例化与装配。

装配的概念来自于机械制造领域,即将一个产品的各个零件按照一定的方式组装到制定位置,使其形成一个整体便是装配。这种概念在桥梁工程中同样适用。在应用装配方法时,首先需要将桥梁结构模板复制到项目空间中。复制后的桥梁结构通常与定为骨架的目标位置相距很远,这是因为模板在复制后仍然保留初始坐标信息(通常为"0,0,0")。需要通过装配功能分别对模板坐标系与骨架坐标系的 X 轴、Y 轴和 Z 轴进行匹配,使其在项目空间重合。当坐标系重合后,桥梁结构模板也随之匹配到指定位置。图 3-35 所示为简支拱的装配。

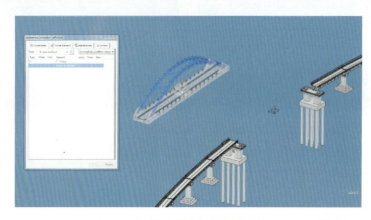

图 3-35　简支拱的装配

除了装配的方式,还可以采用实例化的方式。实例化相当于同时完成了模板赋值和位置匹配两个步骤,操作过程也较为便捷,只需通过对话框点选骨架上的目标坐标系即可完成复制匹配。但是在实例化之前,首先需要制作桥梁结构模板的 template。template 相当于是对模板的封装,在 template 中定义了输入元素并开放了可输入的参数选项。完成这些后就可以基于模板的 template 进行实例化。图 3-36 所示为桥墩的实例化。

图 3-36 桥墩的实例化

对于小桥和中桥,通过人工手动实例化的方式,能够完成桥梁 BIM 建模工作。而对于大桥及特大桥,桥墩数量以百计,这种情况就需要批量实例化。基于达索系统的知识工程功能,通过 EKL 语言编写程序,能够实现模板的批量实例化。实例化的所需要的输入信息,如墩高、桩长等均可以从输入数据表格中提取,如图 3-37 所示。

图 3-37 批量实例化

3.3.2 大型客站枢纽 BIM 建模

前面章节已经阐述了车站参数化建模的方式,本节则重点叙述车站 BIM 精细化建模方式。综合上述基本要求和基本思路,站房设计方案三维模型的制作过程可以概括为 6 个步骤:

①二维 CAD 设计图解译;②三维空间参照设置;③建筑要素设计;④建筑要素组织;⑤设计参数配置与调整;⑥功能区域划分。大型站房三维模型制作的完整流程如图 3-38 所示。

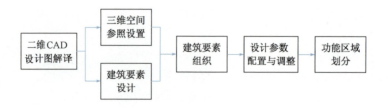

图 3-38　大型站房设计方案三维模型制作流程

(1)二维 CAD 设计图解译

二维 CAD 设计图解译是指从二维 CAD 设计图中获取参考元素和模型语义、尺寸等各类参数的过程。解译的方式通常包含以下两种:

①通过人工判读,即直接由设计人员从 CAD 图中逐一判视和量测各要素的类型、位置、尺寸、属性等信息,如图 3-39 所示。展示了读取某扇门的类型名标识及量测宽度信息的过程,获取到有限的信息后直接在三维建模软件中进行设计。

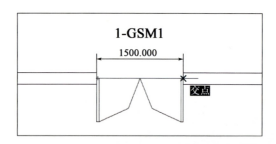

图 3-39　二维 CAD 设计图中某扇门的类型名称标识及量测获取其宽度信息的过程示意图(尺寸单位:mm)

②编程解析 CAD 自动提取要素信息。该方式能批量地得到目标建模对象的全部信息,并可以进一步指导三维建模软件实施自动建模,能够极大提高整个建模过程的智能化和自动化水平。然而,这一方式受制于二维 CAD 设计图的标准化程度及对 CAD 和建模工具 API 二次开发的掌握程度,同时如何自动判识同一建筑要素在平立剖图中的关联关系、解译造型复杂的建筑要素等问题也是采用该方式所需要面临和解决的。

(2)三维空间参照设置

三维空间参照设置是指在三维建模软件中确定大型站房设计轴网和标高参照元素的过程。在第一步解译 CAD 设计图中上述两类要素平面间距及高程信息的基础上,采用标准的图示符号,在三维建模环境中绘制出限定三维设计空间的轴网线和标高线,并生成相应的二维平面和立面视图。

(3)建筑要素设计

在这一过程中,主要完成对同一类建筑要素单体的几何造型、属性配置、材质纹理贴图关联、参数化驱动等方面的设计。几何造型过程遵循传统 BIM 几何体造型方式,简单几何造型通常包括拉伸、扫略、放样等构造实体几何(Constractive Solid Geometry,CSG)方法,建筑要素的最终几何形态一般通过对多个简单几何造型执行布尔运算后拼装获得;建筑要素的属性可分为实例属性和类型属性两类,前者可随每个实例对象单独配置,而后者仅随建筑要素的类型而配置;关联材质和纹理贴图的过程可看作配置一类特殊的属性,需要指定在模型可视化时渲染几何体表面的纹理贴图文件,以及材质的各项物理、生化等参数值;参数化驱动是将某些几何造型参数作为变量发布给建筑要素组织装配阶段的设计者,在后期对象实例化时通过设定相应的变量值改变建筑要素的几何形态,从而避免大量的重复设计。图 3-40 所示为 Autodesk Revit 中使用参数驱动进站闸机构件前后几何造型的变化情况。

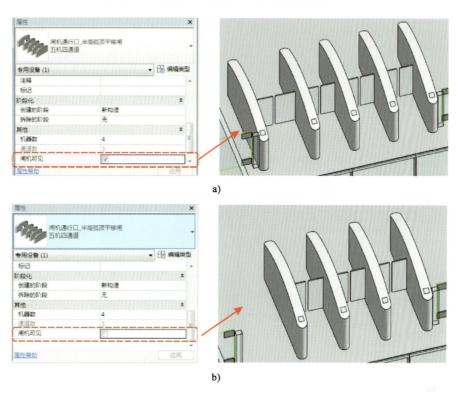

图 3-40 进站闸机某参数配置前后驱动几何造型改变示意

(4)建筑要素的组织

这一阶段是指以过程(2)设定的标高和轴网为参考,将过程(3)设计的各类建筑要素进行空间定位的过程。例如使用 Autodesk Revit 开展建筑要素组织时,通常定位的顺序是先平面(参照轴网)后立面(参照标高),如果建筑要素与某标高平齐,则仅需要在由该标高生成的对应平面视图中做二维定位(图 3-41),否则需要调整建筑要素相对该标高的高度值,对齐、尺寸标注、偏移、旋转、镜像等功能提供了基本的单要素定位方式,阵列、群组等功能则可看作以批量实例化为手段的多要素定位方式。除上述直接参照标高和轴网的定位方式外,还可以参照已定位的实体模型对象对当前建筑要素实施间接定位。

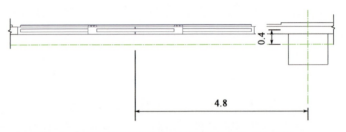

图 3-41　对某开窗的平面定位(参照轴网)示意(尺寸单位:m)

(5) 设计参数配置与调整

完成定位后的建筑要素,仍需要对其各项参数进行配置,以反映不同实例化要素或类型结果的差别。如过程(3)所属,建筑要素模型的参数可分为类型属性和实例属性两类,如图 3-42 所示。以门为例,不同类型的门,如木门和防火门,它们之间的区别主要体现在类型属性上,如防火率、材质等内容的设定具有差异;对于相同类型的门,如木门,在设计过程中,由于门洞的大小不同,需要实例化尺寸大小不同的木门,此时木门不同实例间的差别主要体现在实例属性上。类型属性和实例属性的定义并不绝对,通常根据分类的角度决定哪些参数为类型属性,哪些为实例属性。

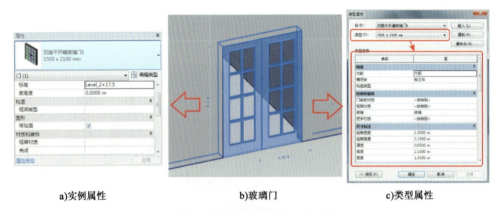

a)实例属性　　　　　　b)玻璃门　　　　　　c)类型属性

图 3-42　某玻璃门的实例属性与类型属性

(6) 功能区域划分

为了满足大型站房后期运营维护管理的需求,需要在该阶段对建筑模型内部空间划分功能区域。功能区域可被定义为由墙、幕墙、门、屋顶、楼板等边界建筑要素围成的一个独立封闭空间。在建模软件中,功能区域的划分通常采用符号标记的方式来实现,即通过自动搜寻构成闭合区域的边界面,判定不同的独立空间并由设计人员命名,如配电间、调度室、广播室、售票厅、候车厅、盥洗间等。功能区域标记一般具有面积、体积、周长等属性,用于满足后期统计分析的需求。图 3-43 所示为在 Autodesk Revit 建模软件中标记并划分出的站房功能区域。

大型客站枢纽 BIM 建模的最终效果如图 3-44 所示。

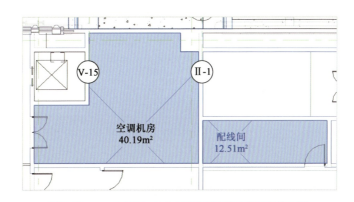

图 3-43 Autodesk Revit 中标记并划分出的站房功能区域

a)车站BIM模型整体效果　　　　　　　b)车站BIM模型室内效果

图 3-44 车站 BIM 模型

3.4 本章小结

本章叙述了铁路信息模型三维建模方法。针对路基、桥梁、隧道、轨道等主体工程,采用参数化建模,通过读取二维设计文件中的参数信息,自动、快速生成三维参数化模型。针对铁路附属设施设备,如四电设备,采用构建模型库的方式,便于模型库的共享与重用。针对特殊的工点,如桥梁、车站,采用 BIM 建模的方式。铁路信息模型以三维数字化的形式对铁路工程进行了重现,对形态、高度、空间尺寸、空间关系等信息进行直观呈现,能够为铁路的全生命周期管理提供三维信息服务基础。

第 4 章

铁路信息模型数据交换与轻量化

借鉴BIM理念和技术，铁路行业早已着手大力推进铁路信息模型在设计、施工和运维等阶段的数据和平台建设，并取得了一定的成果。然而，面对铁路工程的大场景、长线性、多尺度等特点，BIM技术难以有效解决模型在可视化表达中的动态快速调度、交互式空间分析等问题。面向从微观到宏观的海量三维地理空间数据存储、管理和可视化分析应用，3D GIS能够提供统一的基础框架。当前，上述两种技术对铁路信息模型的互操作能力还处于较低水平，两者间的信息共享主要通过数据格式转换的方式来实现。因此，当在GIS平台中采用BIM构建的铁路信息模型开展应用时，需要首先借助特定的格式转换方法实现信息的交换和传递。

本章首先讲述三维模型常用的存储方式与几何表达方法，然后结合铁路工程实际应用，分别阐述IFC、CityGML标准数据交换格式下BIM与GIS的集成方法，以及在Revit、Catia商业软件平台下BIM与GIS的集成方法。

4.1 数据交换基础及思路

4.1.1 模型交换基础

（1）IFC数据接口

IFC标准是国际协同工作联盟（International Alliance for Interoperability，IAI）为建筑行业信息模型数据存储而建立的标准。通过IFC，在建筑项目的整个生命周期中提升沟通、生产力、时间、成本和质量，为全球建筑专业与设备专业中的信息共享建立基准。当前越来越多的建筑行业相关产品提供了IFC标准的数据交换接口，是多专业设计、管理一体化整合成为现实。IFC标准已被国际标准化组织（ISO）接纳为ISO标准，成为AEC/FM（建筑、工程、施工、设备管理）领域中的数据统一标准。在IFC模型中不仅包括了那些看得见、摸得着的建筑元素（如梁、板、柱、吊顶、家具等），也包含了许多抽象的概念（如计划、空间、组织、造价等）。当前IFC标准涵盖了九个建筑领域：建筑、结构分析、结构构件、电气、施工管理、物业管理、混成自动电压控制（HAVC）、建筑控制、管道及消防。

借助BIM理念，基于IFC数据存储标准，中国铁路BIM联盟于2015年发布了《铁路工程信息模型数据存储标准》（CR BIM 1002—2015），以新定义和派生实体类型的方式扩展了铁路工程地质、线路、桥梁、隧道、路基、站场、轨道、排水和公用领域的空间结构、构件、零件、组合件等要素对象及属性，确定了铁路信息模型数据存储的体系架构和基准，如图4-1所示。因此，研究GIS与BIM的数据接口，首先需要对作为BIM信息模型通用交换格式的IFC数据接口做深入研究，掌握其数据I/O的使用方法和规则，以更完整、准确地获取和交换其中记录的铁路工程要素信息。

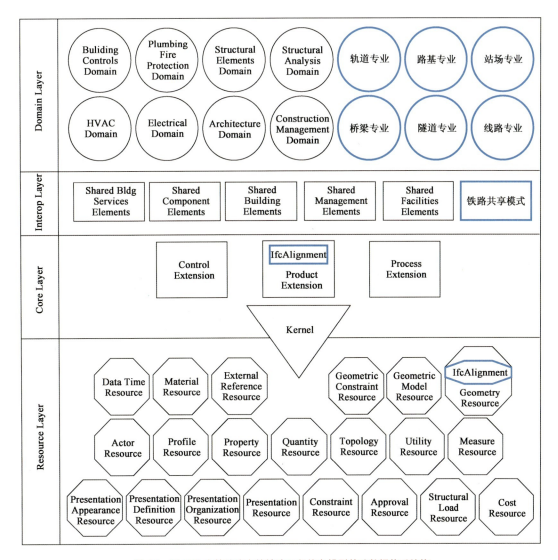

图 4-1 以 IFC 为基础确定的铁路工程信息模型基础数据体系结构

IFC 是一个面向对象定义和逻辑关系组织的数据模型体系,其文件构成分为两部分:记录实体定义规则的 Schema 文件和 IFC 信息模型实例文件,两者均采用 Express 语言描述。如图 4-2 所示,前者[图 4-2a)]以 ENTITY、SUPERTYPE、SUBTYPE 等关键字定义了实体类型、与其他实体的继承和派生关系、属性字段、逻辑关联关系等存储结构组织方式,后者[图 4-2b)]则记录了实体类型的实例化对象及相对应的索引编号,并通过索引编号在实例之间的相互引用构成符合 IFC 规则文件中定义的实体类型参数。一个 IFC 实例文件就是一个信息模型的集合,而一个 Schema 文件就是对 IFC 存储架构的解释,当支持 IFC 标准数据接口的软件对 IFC 实例文件进行数据访问时,均应通过事先指定的 Schema 文件对各实体类型及用于其实例化的参数进行解析,从而理解各项数据记录所包含的信息。

```
ENTITY IfcContext
 ABSTRACT SUPERTYPE OF (ONEOF
  (IfcProject
  ,IfcProjectLibrary))
 SUBTYPE OF (IfcObjectDefinition);
  ObjectType : OPTIONAL IfcLabel;
  LongName : OPTIONAL IfcLabel;
  Phase : OPTIONAL IfcLabel;
  RepresentationContexts : OPTIONAL SET [1:?] OF IfcRepresentationContext;
  UnitsInContext : OPTIONAL IfcUnitAssignment;
 INVERSE
  IsDefinedBy : SET [0:?] OF IfcRelDefinesByProperties FOR RelatedObjects;
  Declares : SET [0:?] OF IfcRelDeclares FOR RelatingContext;
END_ENTITY;
```

a) Schema规则文件

```
FILE_NAME('D:\\testdata\\test_ifc\\20170630.ifc','2017-06-30T11:16:37',(''),('TSDI','RIM'),'','1
FILE_SCHEMA(('IFC4'));
ENDSEC;
DATA;
#1= IFCPROJECT('741C9F60-1AB6-4D79-B1D9-DD2A3899FE4B',#6,'TSDI project',*,*,*,*,(#33,#35),#19);
#2= IFCPERSON($,'FamilyName','GivenName',(),(),(),$,$);
#3= IFCORGANIZATION($,'OrganizationName',$,$,$);
#4= IFCPERSONANDORGANIZATION(#2,#3,$);
#5= IFCAPPLICATION(#3,'1.0','TSDI','TSDI');
#6= IFCOWNERHISTORY(#4,#5,$,.ADDED.,$,$,$,$);
#7= IFCSIUNIT(*,.LENGTHUNIT.,$,.METRE.);
#8= IFCSIUNIT(*,.AREAUNIT.,$,.SQUARE_METRE.);
```

b) 信息模型实例文件

图 4-2 以 Express 语言记录的 IFC 文件内容示意

为了灵活地使用 IFC 数据接口，方便各实体类型的定制和扩展，研究中采用 C++ 编程语言代替 Express 语言，由自编 class 对象代替 Entity 对象，由类的派生和继承代替 IFC 实体类型间的派生和继承，由 h 和 cpp 文件代替"exp"格式的 Schema 文件，重新构建起符合 IFC 标准的存储架构。如图 4-3 中展示的用 Express 语言描述的 IfcContext 实体类型定义翻译为 C++ 语言，高亮部分为实例化 IfcContext 对象需要的所有属性名称和属性类型。采用这样一套用 C++ 语言描述 IFC 规则的机制，就可以实现基于通用编程语言的 IFC 数据接口。

```cpp
//ENTITY
class IFCPP_EXPORT IfcContext : public IfcObjectDefinition
{
public:
    IfcContext();
    IfcContext( int id );
    ~IfcContext();
    virtual shared_ptr<IfcPPObject> getDeepCopy( IfcPPCopyOptions& options );
    virtual void getStepLine( std::stringstream& stream ) const;
    virtual void getStepParameter( std::stringstream& stream, bool is_select_type = false ) const;
    virtual void readStepArguments( const std::vector<std::wstring>& args, const boost::unordered_map<int,shared_ptr<IfcPPEntity> >& map );
    virtual void setInverseCounterparts( shared_ptr<IfcPPEntity> ptr_self );
    virtual void getAttributes( std::vector<std::pair<std::string, shared_ptr<IfcPPObject> > >& vec_attributes );
    virtual void getAttributesInverse( std::vector<std::pair<std::string, shared_ptr<IfcPPObject> > >& vec_attributes );
    virtual void unlinkFromInverseCounterparts();
    virtual const char* className() const { return "IfcContext"; }

    // IfcContext -----------------------------------------------------
    // attributes:
    shared_ptr<IfcLabel>                                    m_ObjectType;              //optional
    shared_ptr<IfcLabel>                                    m_LongName;                //optional
    shared_ptr<IfcLabel>                                    m_Phase;                   //optional
    std::vector<shared_ptr<IfcRepresentationContext> >      m_RepresentationContexts;  //optional
    shared_ptr<IfcUnitAssignment>                           m_UnitsInContext;          //optional
    // inverse attributes:
    std::vector<weak_ptr<IfcRelDefinesByProperties> >       m_IsDefinedBy_inverse;
    std::vector<weak_ptr<IfcRelDeclares> >                  m_Declares_inverse;
};
```

图 4-3 将 Schema 文件内容翻译为 C++ 语言（以 IfcContext 实体类型为例）

采用上述方式对所有 IFC 实体类型描述，最终形成一些 .h 和 .cpp 文件，每组文件对应一类 IFC 实体的定义，并通过 Class 之间的继承、派生和引用关系，表达实体类型间的存储逻辑关系。由于 IFC 信息模型实例文件采用明码文本格式记录数据，使用通用文本文件接口即可实现对其访问和读写处理操作。

IFC 模型对象结构及属性信息提取，目前市场上没有成熟软件可利用。因此，自主研发了 IFC 模型对象读取解析以及属性导出功能软件工具。利用该软件工具的"IFC 查看导出"功能，加载 IFC 模型文件，加载成功后，软件界面以树型结构显示该文件中记录的 IFC 实体对象组织关系，如图 4-4 所示。

图 4-4　IFC 实体对象组织关系提取解析结果

利用该自主研发软件工具提供的导出功能，可以将上述 IFC 实体对象组织关系输出记录为 Excel 文件，如图 4-5 所示。该文件除第一行记录属性名称外，每一行代表一个实体对象的实例，共计包含三列内容，第一列记录了实体对象所属的父实体对象 ID，第二列记录了当前实体对象自身的 ID，第三列记录实体对象的名称。

IFC 模型对象属性需要从三个方面提取和装配。首先是 IFC 对象类自身属性集合。其次是 IFC 对象类继承类的属性集合。最后是 IFC 对象关联对象的属性集合。专业信息属性一般定义在关联属性数据集合中。

	A	B	C
1	parent_id	self_id	Name
2	Mr0FaJ0JX00JX10FV5xH1i_1128	1264	BedStone
3	Mr0FaJ0JX00JX10FV5xH1i_1128	10978	Cone
4	Mr0FaJ0JX00JX10FV5xH1i_1128	13334	VerticalWall
5	Mr0FaJ0JX00JX10FV5xH1i_1128	17667	Bearing
6	Mr0FaJ0JX00JX10FV5xH1i_1128	20745	
7	Mr0FaJ0JX00JX10FV51Glw_47	1128	JXQT_DX160_YZT.2
8	Mr0FaJ0JX00JX10FV5p65s_45	47	A
9	Mr0FaJ0JX00JX10FV5A8FS_20787	20848	Base.1
10	Mr0FaJ0JX00JX10FV5A8FS_20787	46424	Pile.1
11	Mr0FaJ0JX00JX10FV59Yql_20785	20787	Foundation_京方胸墙.1
12	Mr0FaJ0JX00JX10FV5A8Fw_46503	46564	Base.1
13	Mr0FaJ0JX00JX10FV5A8Fw_46503	58002	Pile.1
14	Mr0FaJ0JX00JX10FV59Yql_20785	46503	Foundation_1.1
15	Mr0FaJ0JX00JX10FV5A8Fz_58092	58145	Base.1
16	Mr0FaJ0JX00JX10FV5A8Fz_58092	68951	Pile.1
17	Mr0FaJ0JX00JX10FV59Yql_20785	58092	Foundation_2.1
18	Mr0FaJ0JX00JX10FV5A8G0_69041	69094	Base.1
19	Mr0FaJ0JX00JX10FV5A8G0_69041	79268	Pile.1
20	Mr0FaJ0JX00JX10FV59Yql_20785	69041	Foundation_3.1
21	Mr0FaJ0JX00JX10FV5A8G3_79358	79411	Base.1
22	Mr0FaJ0JX00JX10FV5A8G3_79358	89585	Pile.1
23	Mr0FaJ0JX00JX10FV59Yql_20785	79358	Foundation_4.1
24	Mr0FaJ0JX00JX10FV5A9DE_89675	89728	Base.1
25	Mr0FaJ0JX00JX10FV5A9DE_89675	100534	Pile.1

图 4-5　Excel 文件记录的 IFC 实体对象组织关系

图 4-6 展示了 IFC 模型对象属性信息提取解析结果,还可以采用软件界面中右上角设计的按钮导出 IFC 属性信息。其包含两种导出格式:一种是 Excel 属性表文件,一种是 Access 数据库文件。Excel 格式记录的 IFC 导出属性信息如图 4-7 所示。

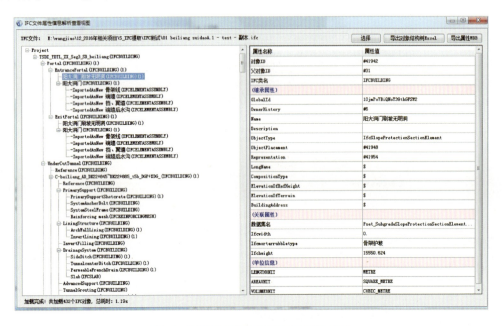

图 4-6　IFC 模型对象属性信息提取解析结果

采用 Access 数据库在 GIS 平台下集成 IFC 属性信息,每一类实体对象对应导出一个 Access 文件。Access 数据库文件记录的 IFC 导出属性信息如图 4-8 所示。

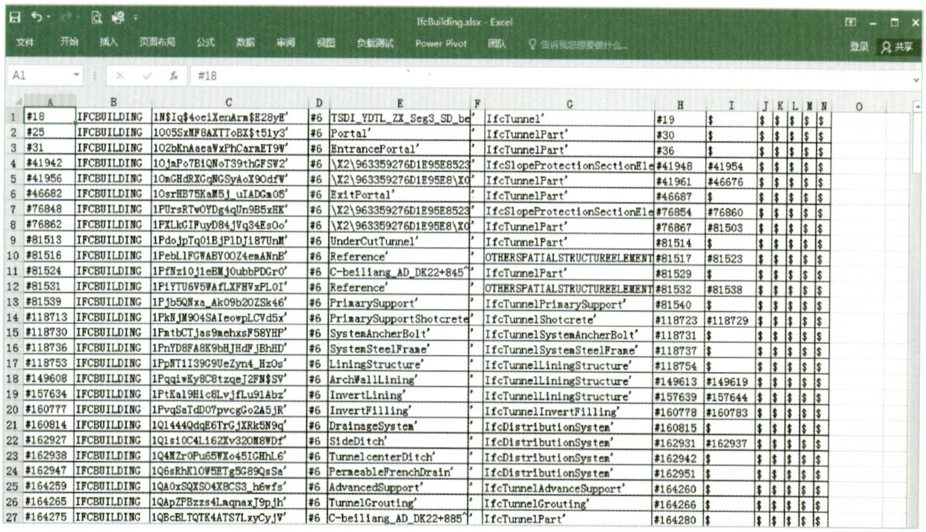

图 4-7　Excel 格式记录的 IFC 导出属性信息

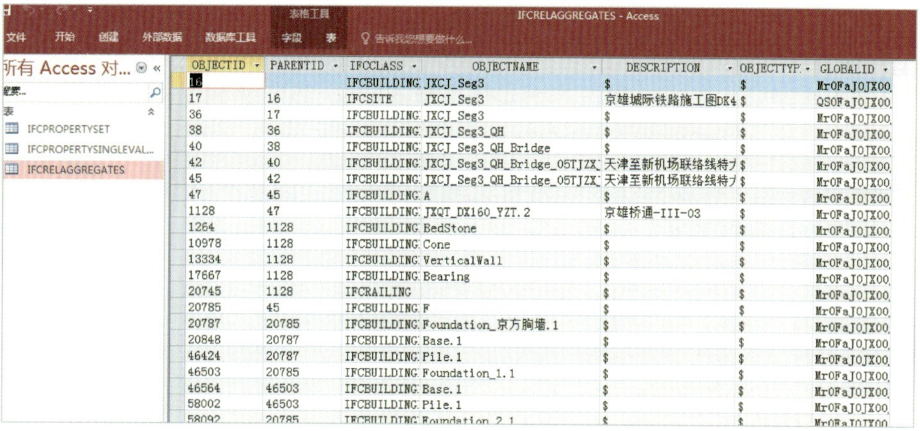

图 4-8　Access 数据库文件记录的 IFC 导出属性信息

（2）CityGML 数据接口

CityGML 是以城市三维建模及相关应用分析为目的，在 GML 基础上实现的用例驱动数据模型，它定义了城市和区域中最常见的地表目标的类型及相互关系，并顾及了目标的几何、拓扑、语义、外观等方面的属性，包括专题类型之间的层次、聚合、目标间的关系及空间属性等。这些专题信息不仅仅是一种图形交换格式，同时可以将虚拟三维城市模型用于各种应用领域中的高级分析，例如模拟、城市数据挖掘、设施管理、专题查询等。CityGML 包含的 1 个核心模块 CityGML Core 和 13 个专题模块定义了城市三维信息模型中涉及的主要实体对象类型，如图 4-9 所示。由语义定义及逻辑关系构成的数据结构为 GIS 应用中三维模型的数据存储与信息交换提供了可利用的通用数据标准。

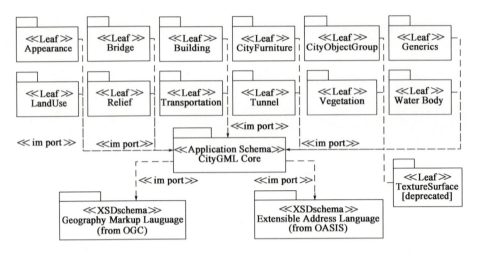

图 4-9　CityGML 模块组织关系

与 IFC 类似，在实际数据存储上，同样采用 Schema 规则文件与信息模型实例文件组合的方式；与 IFC 不同的是 CityGML 采用 xml 语言对数据进行描述。因此，其 Schema 文件通常存储为 xsd 格式，而实例文件则存储为 xml 格式。图 4-10 是以桥（Bridge）为例，以 xml 语言描述、xsd 格式记录的 CityGML 实体类型定义方式。在 Schema 文件中定义 Bridge 实体类型的 xml 语言描述方法是：以 element 字段声明实体类型的定义，该实体的 type 属性为 BridgeType，并由实体_AbstractBridge 派生而来，该父实体的 type 属性为 AbstractBridgeType，而 BridgeType 又与 AbstractBridgeType 构成 xs:extension 标记的扩展关系。该文本以 xml 语言描述了 Brdige 和_AbstractBridge 的继承关系。

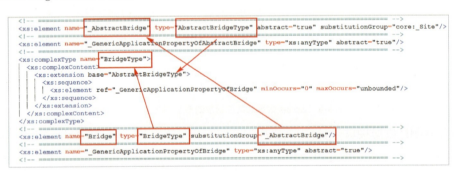

图 4-10　CityGML 实体类型定义方式

图 4-11 是以 xml 语言声明 complexType 类型的 AbstractBridgeType 对象所具有的属性，展示了 Schema 文件中对 AbstractBridgeType 对象的部分声明内容，定义它包含 class、function、outerBridgeConstruction 等几类属性以及属性值应具备的数据类型。

由于实体类型 Bridge 派生自_AbstractBridge，而后者的数据类型为 AbstractBridgeType。因此，在信息模型实例文件中，当构造一个桥模型时，就可以采用上述定义的属性字段进行实例化。在图 4-12 中，xml 实例文件中采用 CityGML 规则文件中定义各项属性描述某个 Bridge

（桥）对象，class 和 function 属性分别赋值为 1000，而 outerBridgeConstruction 属性的取值为 CityGML 中另一实体对象 BridgeConstructionElement。通过这三个参数，可以记录该桥的类型、功能及外部几何构造信息。

```
<!-- ========================================================================================
<!-- ===================================CityGML Bridge Module ===============================
<!-- ========================================================================================
<xs:complexType name="AbstractBridgeType" abstract="true">
  <xs:annotation>
  </xs:annotation>
  <xs:complexContent>
    <xs:extension base="core:AbstractSiteType">
      <xs:sequence>
        <xs:element name="class" type="gml:CodeType" minOccurs="0"/>
        <xs:element name="function" type="gml:CodeType" minOccurs="0" maxOccurs="unbounded"/>
        <xs:element name="usage" type="gml:CodeType" minOccurs="0" maxOccurs="unbounded"/>
        <xs:element name="yearOfConstruction" type="xs:gYear" minOccurs="0"/>
        <xs:element name="yearOfDemolition" type="xs:gYear" minOccurs="0"/>
        <xs:element name="isMovable" type="xs:boolean" default="false" minOccurs="0"/>
        <xs:element name="lod1Solid" type="gml:SolidPropertyType" minOccurs="0"/>
        <xs:element name="lod1MultiSurface" type="gml:MultiSurfacePropertyType" minOccurs="0"/>
        <xs:element name="lod1TerrainIntersection" type="gml:MultiCurvePropertyType" minOccurs="
        <xs:element name="lod2Solid" type="gml:SolidPropertyType" minOccurs="0"/>
        <xs:element name="lod2MultiSurface" type="gml:MultiSurfacePropertyType" minOccurs="0"/>
        <xs:element name="lod2MultiCurve" type="gml:MultiCurvePropertyType" minOccurs="0"/>
        <xs:element name="lod2TerrainIntersection" type="gml:MultiCurvePropertyType" minOccurs="
        <xs:element name="outerBridgeConstruction" type="BridgeConstructionElementPropertyType"
          maxOccurs="unbounded"/>
```

图 4-11　Schema 文件中部分声明内容

```
<!-- Begin 4 Bridges -->
<!-- ================================ -->
<cityObjectMember>
  <brid:Bridge gml:id="GMLID_BUI30683_572_6686">
    <gml:name>Bridge KIT 1</gml:name>
    <relativeToTerrain>entirelyAboveTerrain</relativeToTerrain>
    <brid:class>1000</brid:class>
    <brid:function>1000</brid:function>
    <brid:outerBridgeConstruction>
      <brid:BridgeConstructionElement>
        <gml:name>Bridge Support 1</gml:name>
        <relativeToTerrain>substantiallyAboveTerrain</relativeToTerrain>
        <brid:function>1070</brid:function>
        <brid:lod3Geometry>
          <gml:MultiSurface>
            <gml:surfaceMember>
              <gml:Polygon gml:id="PolyID32727_824_875121_254078">
                <gml:exterior>
                  <gml:LinearRing gml:id="PolyID32727_824_875121_254078_0">
                    <gml:pos>9.03191872223632 1.53284651484958
                      8.36121867980349</gml:pos>
                    <gml:pos>8.99728424708381 1.55285765340971
                      8.36119937762206</gml:pos>
                    <gml:pos>8.96996170752066 1.54554649000743
```

图 4-12　xml 实例文件中对某个 Bridge（桥）对象的描述

与构建 IFC 数据接口的目标相同，为了灵活、方便、可定制地使用 CityGML 数据接口，同样采用 C++ 编程语言代替 xml 语言，由自编 class 对象代替 element 对象，由类的派生和继承代替 CityGML 实体类型间的派生和继承，由 h 格式和 cpp 格式文件代替 xsd 格式的 Schema 文件，重新构建起符合 CityGML 标准的存储架构。与构建 IFC 数据接口的方式不同，CityGML 数据接口采用的方法是：根据 xml 文件记录内容的树结构组织方式，首先判别各 xml 结点 node 的字段值，根据字段的取值确定其子节点的解析方法。图 4-13 所示为 C++ 语言实现 CityGML 数据接口时通过判断 Node 字段值以确定 child Node 的处理方式，通过判断 CityObjectMember 对象子节点可能出现的实体类型，分组深入解析子节点的内容。

```
bool CityObjectElementParser::parseChildElementStartTag(const NodeType::XMLNode& node, Attributes& attributes)
{
    initializeAttributesSet();

    if (m_model == nullptr) {
        throw std::runtime_error("CityObjectElementParser::parseChildElementStartTag called before CityObjectElement
    }

    if (    node == NodeType::GEN_StringAttributeNode
         || node == NodeType::GEN_DoubleAttributeNode
         || node == NodeType::GEN_IntAttributeNode
         || node == NodeType::GEN_DateAttributeNode
         || node == NodeType::GEN_UriAttributeNode) {

        m_lastAttributeName = attributes.getAttribute("name");
        m_lastAttributeType = getAttributeType(node);
    } else if (attributesSet.count(node.typeID()) > 0 || node == NodeType::GEN_ValueNode) {
        return true;
    } else if (node == NodeType::BLDG_BoundedByNode
         || node == NodeType::BLDG_OuterBuildingInstallationNode
         || node == NodeType::BLDG_InteriorBuildingInstallationNode
         || node == NodeType::BLDG_InteriorFurnitureNode
         || node == NodeType::BLDG_RoomInstallationNode
         || node == NodeType::BLDG_InteriorRoomNode
         || node == NodeType::BLDG_OpeningNode
```

图 4-13　C++ 语言使用 CityGML 数据接口

采用上述方式对所有 CityGML 实体类型定义、判别和解析，最终形成由父节点向子节点逐级深入解译 xml 实例文件中信息的方式。并通过固定逻辑的条件判断，反映 CityGML 标准中实体类型间的存储关系。由于 CityGML 信息模型实例文件采用 xml 格式记录数据，使用简单易用的 xml 数据接口即可实现对其访问和读写处理操作。

4.1.2　数据交换思路

为了将铁路工程要素各类语义和属性信息关联到三维几何模型上构成铁路工程信息模型 RIM，同时兼顾铁路行业各部门对 RIM 的应用需要，铁路 BIM 联盟各理事单位研究制定了用于 RIM 存储和表达的多种解决方案，主要分为基于 BIM 的方式和基于 GIS 的方式两大类。

以 BIM 通用数据格式 IFC 及 Building Smart 为其制定的存储标准为基础，铁路 BIM 联盟在 IFCProduct、IFCCivilElement 等特征类型下扩展了多种铁路工程要素的语义和属性，并以扩展后的 IFC 作为 RIM 的标准存储和交换格式。因此，RIM 标准文件存储记录的是以 STEP 或 XML 语言描述的特征要素。从应用的角度，RIM 的存储方式依赖所使用的 BIM 软件平台，Autodesk 的 rvt、Dassoft 的 3dxml 以及 Bentley 的 dgn 是当前 RIM 在业务应用中的主要存储格式，一般方法是根据需求定义新的要素类型，或在模型上附加铁路工程要素的语义和属性。

铁路 BIM 联盟在广泛调研后指出，符合 GIS 存储标准的 RIM 模型存储和交换格式为 OGC 组织制定的 CityGML，借助该标准中提供的 ADE 扩展机制，同样可以实现对铁路工程要素语义和属性的扩展。然而，CityGML 在几何造型、语义逻辑关系、算量分析等方面所表现出的局限性决定了其作为 RIM 标准存储格式的适宜性比 IFC 低。与所采用的 GIS 三维平台相关，在实际铁路三维项目应用中用于 RIM 几何信息存储的格式主要有 Microsoft DirectX 多媒体编程接口的 x、Wavefront 的 obj、Skyline 的 3dml、OpenSceneGraph 的 osg，RIM 的语义和属性信息则以 xml、xls 等文本文件或数据库记录的形式进行存储和交换。

借鉴 BIM 理念和技术，以参数化建模、变更设计和算量分析为目标，铁路信息模型常采用 CSG。当需要借助 GIS 平台实现铁路信息模型快速渲染、浏览和展示时，边界表达法（Boundary Representation, Brep）取代 CSG 成为铁路信息模型采用的主要方式。

图 4-14 以剖面效果展示了某一特定铁路工程要素——桥梁分别采用两种表达方法时的区别，其中左侧 CSG 表达的桥体为实心结构，右侧 Brep 表达的桥体为表面包围的空壳结构。综上所述，应用环境和平台决定了铁路信息模型所应采用的存储格式和表达方式。当前，数据格式转换是解决 RIM 跨平台应用的最有效方法。

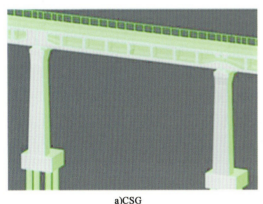
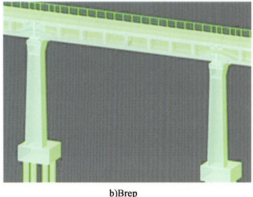

a) CSG 　　　　　　　　　　　　　　b) Brep

图 4-14　不同表达法剖面效果展示

当前许多研究仅关注于 BIM 与 GIS 两者之间数据格式转换的研究，还没有适用于铁路工程三维信息模型的数据交换方法。以 BIM 与 GIS 信息融合和数据共享为目标，国内外涌现出许多面向标准交换格式 IFC 与 CityGML 之间的转换方法研究。在实际项目生产中对 RIM 开展跨平台应用时，由于各软件厂商在 IFC 存储方式的理解上存在差异，在交换中信息错漏的情况时有发生，同时各类商业平台对 CityGML 的支持能力有限，以至于当前研究方法的适用性不高。当前，实现 RIM 跨平台应用的方法主要有以下两类：

①以软件平台自身数据格式直接或间接交换。例如 Autodesk Revit 等 BIM 系列软件以 fbx 作为内部数据交换格式，TerraExplorer 实现了将该格式导入到三维 GIS 场景下集成的间接数据交换。借助 Navisworks 平台，可以将大部分 BIM 模型导出为 kml 格式，实现在 Google Earth 等三维 GIS 平台下模型数据共享。

②以 CAD 通用标准格式为中转的信息独立交换。被广泛支持的三维几何信息存储格式包括 Autodesk 的 dwg，Microsoft 的 Direct X，Wavefront 的 obj，属性信息存储格式包括 Microsoft 的 xls，扩展标记语言 xml 等。跨平台集成时，根据目标 GIS 平台的支持能力，首先确定各类信息应采用的交换格式，继而将 RIM 所包含的几何、语义、属性信息分别独立转储在上述不同格

式的文件中,最终实现转储信息在三维 GIS 平台上的集成。FME 作为一款商业化可定制的格式转换平台,能够将 rvt、ifc 等 BIM 模型转换为几何信息以 x、obj 等格式存储,属性信息以 xls、txt 格式存储的形式,三维 GIS 平台可将其作为数据源导入,以满足跨平台应用的需要。

通常情况下,数据交换的意义远大于数据格式转换,这是因为 BIM 偏重于单体信息模型及其构造单元的精细建模,而 GIS 关注于大范围地表场景的快速制作和高效展示,为了打通两者之间信息共享的桥梁,仅采用数据格式转换的方法是不够的,还需要解决 RIM 信息模型与三维 GIS 场景无缝集成,同时兼顾简化模型并降低细节层次的问题,从而实现跨平台应用时 RIM 信息模型在数据层和逻辑层的信息共享和融合。为此,本项目提出一种面向 GIS 应用的铁路工程信息模型数据交换方法,以避免重复数据生产造成的资源耗用,进一步提高 BIM 与 GIS 平台间的互操作能力。

面向 RIM 信息模型在 GIS 平台集成的应用需求,项目提出一种基于多元信息分离和独立存储、支持简化层次细节和场景构建的模型数据交换方法,并将该方法命名为 RIMTrans。该方法能高效、精确地将 RIM 信息模型集成到三维 GIS 场景中,使成果满足铁路工程设计阶段和施工阶段的场景展示、进度管理、算量分析等业务需要。

图 4-15 所示为 RIMTrans 数据交换技术流程,在技术层面上 RIMTrans 从以下三个方面完成了整个数据交换过程。

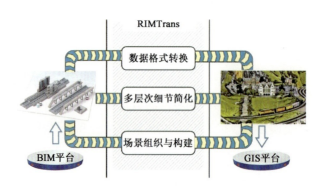

图 4-15　RIMTrans 数据交换技术流程

①数据格式转换。综合采用提取、离散、转义、关联、映射等数据处理技术,将 RIM 信息模型所附带的几何、语义和属性三类信息,分别存储为符合 GIS 系统数据输入接口标准的记录形式。

②多层次细节简化。利用合并、融合等手段,减少 RIM 模型附带的冗余信息,从几何和语义两个层面降低信息模型的复杂度,保留最基本、最有价值的信息,并使成果模型在三维 GIS 平台下高效表达与展示,降低系统运行负荷。

③场景组织与构建。将建模时各铁路工程要素的位置和姿态参数精确换算到真实的地理场景坐标系下,并逐一建立起相应的空间位置索引,以恢复它们彼此之间的空间关联和拓扑关系,与多层次细节简化相结合,重新组织铁路工程要素的层次逻辑关系。

4.2 基于标准格式的数据交换

CityGML(三维城市模型描述标记语言)是基于 XML 格式的用于存储及交换虚拟 3D 城市模型的开放数据模型,是开放地理空间信息联盟(Open Geospatial Consortium,OGC)和国际标准化组织地理信息技术委员会(ISO TC211)联合起草的可扩展空间信息交换国际标准,在 GIS 平台内得到了广泛的应用,而铁路信息模型普遍采用 IFC 标准,两者在结构和定义上存在很大差异。目前常用的方法是将铁路信息模型转换为三角面片的格式后导入 GIS 平台,信息严重损失。本项目提出基于 CityGML 的铁路工程实体扩展方法,开发满足语义映射和关系表达要求的 IFC 转换 CityGML 功能模块,为各专业设计 BIM 模型在 3D GIS 平台上集成奠定基础。

4.2.1 铁路工程要素 CityGML 语义扩展

从 GIS 视角对铁路工程要素语义进行扩展,采用 OGC 组织制定的 CityGML 三维模型数据存储标准架构,借助该架构提供的应用领域扩展(Application Domain Extension,ADE)扩展机制,以已有模块相关实体类型为泛型,扩展定义了各实体的类型和属性,描述了实体间的泛化、组合等关联关系,最终以 XML 语言实现 shema 和实例文件的具体内容。

作为一个"开放的"标准,CityGML 采用了自建和共享应用 Schema 的机制存储语义,与实例数据文件链接并解译其中记录。同时,它允许用户通过限制、扩展等机制来创建自己的应用 Schema,这种内建的底层扩展机制被称为 ADE,扩展结果可以用于满足用户应用需求的语义传递和数据共享。图 4-16 所示为 GML、CityGML 及 ADE 之间的逻辑层次关系。

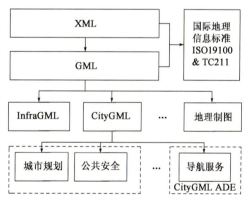

图 4-16 CityGML 及其扩展应用与 XML、GML 之间的层次关系

根据分析和应用需要,利用 CityGML 的 ADE 机制对自定义实体类型及属性进行扩展,涌现出许多诸如城市噪声模拟、室内导航、IFC 语义融合等案例。以这些 ADE 扩展应用实例为参考,可以定义铁路工程信息模型中各实体类型、属性及彼此间的逻辑关系。

(1)桥梁及其构件语义的扩展

在 CityGML 存储标准中,Bridge 桥梁模块包含了所有定义和描述桥梁语义的实体类型和属性，如图 4-17 所示。由_CityObject 派生得到_Site 场地实体，进一步派生得到_AbstractBridge 成为表达桥梁语义的核心实体类型。模块中所有其他的实体类型，包括 BridgeInstallation（桥梁安装件）、IntBridgeInstallation（桥梁内部安装件）、BridgeRoom（桥梁房间）、BridgeFurniture（桥梁基础设置）、BridgeConstructionElement（桥梁建造元素）等，均可以直接或间接组合成为_AbstractBridge。此外，由_AbstractBridge 进一步派生出 Bridge 和 BridgePart 两种实体类型，前者表达桥梁实例，后者表示整座桥分解后的桥梁段语义，体现空间结构的概念。

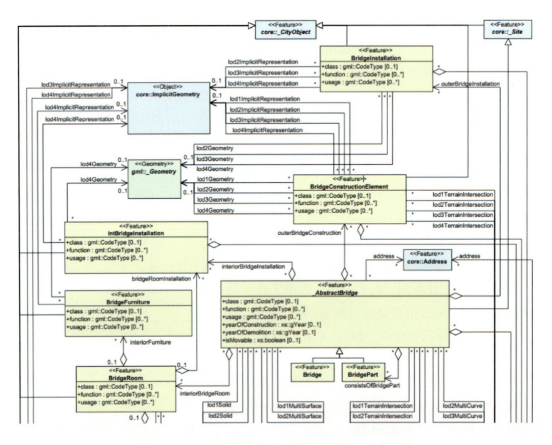

图 4-17　CityGML 标准中 Bridge（桥梁）模块的 UML 示意图

对比 CityGML 存储标准与铁路信息模型 IFD 对桥梁及其构件语义的定义和描述方法，IFD 中桥梁的空间结构单元和构件分别对应于 CityGML 中的 BridgePart 和 BridgeConstructionElement 实体类型。因此，不采用对 CityGML 既有实体类型派生或重新定义的方式扩展桥梁及其构件语义，而将所有 IFD 的分类语义分为结构类型、空间类型和构件类型三部分，分别利用 Bridge、BridgePart 和 BridgeConstructionElement 实体类型的 CodeType 枚举属性进行存储，并采用链接 CodeList 文本的方式实现语义扩展。

具体扩展方案为：Bridge 实体类型的 CodeType 属性可选取值为梁桥、拱桥、刚构桥、斜拉桥、悬索桥、框构桥以及涵洞；BridgePart 实体类型的 CodeType 属性可选取值为梁、桥台、桥墩、桥塔、斜拉索系统、拱、吊杆系统、基础、主缆系统、桥面系；BridgeConstructionElement 实体类型的 CodeType 属性可选取值为杆件、加劲肋、桥梁板件、梁段、锯齿块、支承垫石、桥墩节段、桥台节段、索塔段、拱肋段、拱脚、拱上立柱、吊杆、斜拉索、主缆、支座、伸缩装置、防护墙、框构节段、翼墙、涵洞节段、帽石、盖梁、预埋件基础、避车台以及 IFD 中定义的各类构件深层次语义。

（2）路基及其构件语义的扩展

由于路基及其构件不是 CityGML 标准所关注的实体类型，因此在其特征层领域中并没有为路基及其构件语义划分独立的专题模块。作为铁路工程要素中的关键组成部分，路基可看作是铁路的辅助土建工程设施。分析 CityGML 各专题模块所含实体类型的定义方法，发现 Transportation 模块将交通划分为交通区域（TrafficArea）和辅助交通区域（Auxillary TrafficArea），其中后者最接近对路基的概念描述，如图 4-18 所示。因此，研究确定采用该实体类型对路基及其构件语义进行扩展。

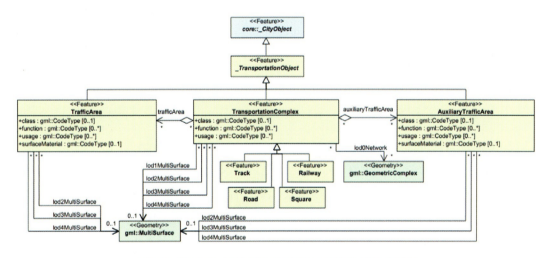

图 4-18　CityGML 标准中 Transportation 模块的 UML 示意图

图 4-19 展示了以路基对象及其构件为新增语义，以 Transportation 模块下 AuxillaryTrafficArea 实体为基础类型，对其进行扩展定义的 UML 示意图。其中，虚线框为原有实体类，实线框为扩展实体类。

扩展路基及其构件语义的方法是：在 Transportation 模块中的实体虚类_TransportationObject（交通对象）下派生出具有组合关系的 AuxillaryTrafficSegment（交通辅助工程设施区段）和 AuxillaryTrafficPart（交通辅助工程设施构件）两实体类，而后分别派生出子类 SubgradeSegment（路基区段）和 SubgradePart（路基构件），它们继承了父类间的组合关系，同时前者与派生自 AuxillaryTrafficArea 的实体类 Subgrade 也构成组合关系；进一步将 SubgradePart 作为泛型基础类，扩展出包括 RetainingElement（支挡结构单元）、SlopProtectionElement（边坡防护构件单元）、

FillingWorks（填筑体）等在内的各类路基构件实体类型，形成完整的语义描述架构。通过外部参照的方式，这些构件子类与几何要素类_BoundarySurface建立起关联关系，按照反映细节程度的1~4级LoD表达几何信息。利用在实体子类中定义的CodeType类型枚举属性，通过链接CodeList文本的方式，可以表示更丰富、更深层次的IFD分类语义。

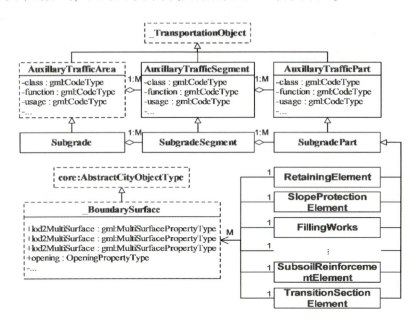

图4-19 采用CityGML的ADE机制扩展路基及其组成构件的UML示意图

（3）隧道及其构件语义的扩展

与桥梁语义的定义方式类似，CityGML为隧道的语义定义和表达也特别提供了Tunnel模块，如图4-20所示。Tunnel模块中的各实体类型间的派生方式与聚合关系基本与Bridge模块类似，同样的，其核心基础虚类型_AbustractTunnel由core（核心）模块的_Site实体类型派生而来，模块中所有其他的实体类型，包括TunnelInstallation（隧道安装件）、IntTunnelInstallation（隧道内部安装件）、HollowSpace（隧道洞室）、TunnelFurniture（隧道基础设置）等，均由_CityObject派生而来，并可以直接或间接组合成为_AbstractTunnel。此外，由_AbstractTunnel进一步派生出Tunnel和TunnelPart两种实体类型，前者表达隧道实例，后者表示整座隧道分解后的隧道段语义，体现空间结构的概念。

与Bridge模块对比后发现，Tunnel模块中缺少了对建造元素（ConstructionElement）实体类型的定义，可见CityGML标准的编制者并没有将隧道当成一项可以拆解为不同构件元素的工程。而在铁路工程中，隧道与桥梁均被看作是土木工程中的一类，需要建造元素来表示隧道各类构件对象的语义。因此，参考Bridge模块定义BridgeConstructionElement实体类型的方式，在Tunnel模块中新扩展定义名为TunnelConstructionElement的实体类型，如图4-21所示。其中，虚线框为原有实体类，实线框为扩展实体类。

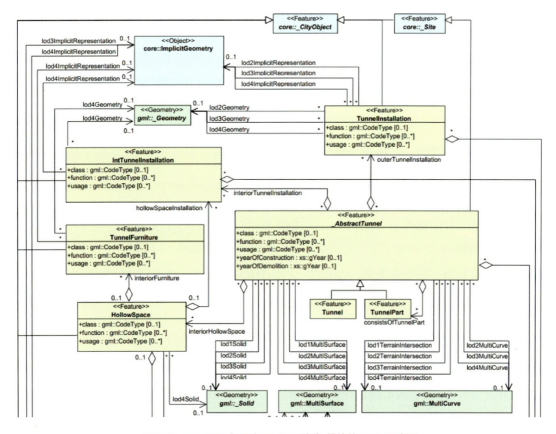

图 4-20　CityGML 标准中 Tunnel（隧道）模块的 UML 示意图

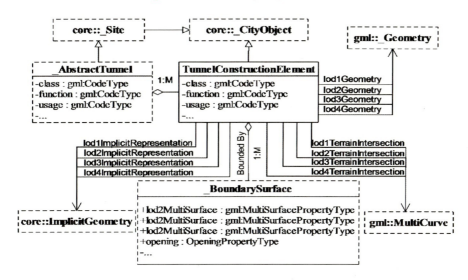

图 4-21　采用 CityGML 的 ADE 机制扩展 TunnelConstructionElement 的 UML 示意图

在新定义 TunnelConstructionElement 实体类型后的 Tunnel 模块中，对隧道及其构件语义扩展时，采用与桥梁相同方式，即将所有 IFD 的分类语义分为结构类型、空间类型和构件类型三部分,分别利用 Tunnel、TunnelPart 和 TunnelConstructionElement 实体类型的 CodeType 枚举属性进行存储,并采用链接 CodeList 文本的方式实现语义扩展。

具体扩展方案为,Tunnel 实体类型的 CodeType 属性可选取值为圆形隧道、曲墙拱形隧道、直墙拱形隧道、矩形隧道、棚洞隧道以及明洞隧道;TunnelPart 实体类型的 CodeType 属性可选取值为洞门、明洞、暗洞、洞室、棚洞;TunnelConstructionElement 实体类型的 CodeType 属性可选取值为超前支护、初期支护、系统锚杆、系统钢架、初期支护喷混、衬砌结构、洞门结构、仰拱填充、防水层、找平层、机构保护层、护拱、临时支护以及 IFD 中定义的各类构件深层次语义。

(4) 轨道及其构件语义的扩展

在 CityGML 存储标准中,Transportation 交通模块包含了所有定义和描述交通语义的实体类型和属性,如图 4-22 所示,由_CityObject 派生得到的_TansportationObject 成为交通模块中所有实体类型的基类。由该基类进一步派生,得到 TrafficArea、Auxillary TrafficArea 及 Transporation Complex 三个子类,其中 TrafficArea(实际行车区域)、Auxillary TrafficArea(绿化带等非行车区域),二者组合构成 TransporationComplex(交通区域),由该实体继续派生,得到 Track、Railway、Road 和 Square 四个子类,分别表示轨道交通、铁路、公路和广场。可以看出,CityGML 对铁路语义的定义粒度较粗,没有反应出轨道专业各构件的定义与逻辑关系,应进一步对既有实体进行分解和派生,以满足轨道模型各构件语义表达和存储的需要。

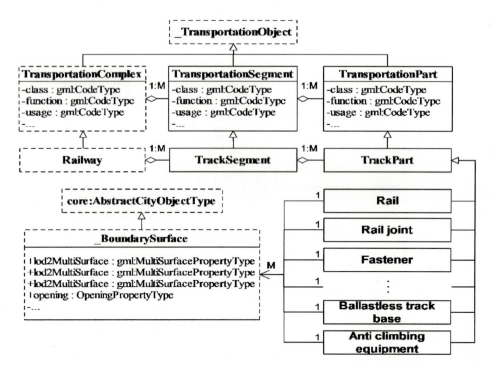

图 4-22　采用 CityGML 的 ADE 机制扩展轨道及其组成构件的 UML 示意图

图 4-22 展示了以轨道对象及其构件为新增语义,在 CityGML 中 Transportation(交通)模块下对其进行扩展定义的 UML 示意图。

扩展轨道及其构件语义的方法是:在 Transportation 模块中的实体虚类_TransportationObject(交通对象)下派生出具有组合关系的 TransportationSegment(交通区段)和 TransportationPart(交通构件)两实体类,而后分别派生出子类 TrackSegment(轨道区段)和 TrackPart(轨道构件),它们继承了父类间的组合关系,同时前者与原有实体类 Railway 也形成组合关系;进一步将 TrackPart 作为泛型基础类,扩展出包括 Rail(钢轨)、Railjoint(钢轨接头)、Fastener(扣件)等在内的各类轨道构件类型,形成完整的语义描述架构。通过外部参照的方式,这些构件子类与几何要素类_BoundarySurface 建立起关联关系,按照反映细节程度的 1-4 级 LoD 表达几何信息。利用在实体子类中定义的 CodeType 类型枚举属性,通过链接 CodeList 文本的方式,来表示更丰富、更深层次的 IFD 分类语义。

4.2.2 BIM 模型到 GIS 模型的语义转换

BIM 模型附带的语义信息主要是指铁路工程要素的特征类型定义和描述,由要素分类编码(Classification Id)和存储实体类型(ObjectType)两部分构成,如图 4-23 所示。要素分类编码应遵循既有《铁路工程信息模型分类和编码标准》(T/CRBIM 002—2014)中的有关规定,采用十位编码结构,当 ObjectType 为用户定义类型时,通过编码值索引其类型定义。在数据转换过程中,保持该编码值在信息交换前后不变,以确保要素类型语义在传递时的一致性。铁路信息模型与 IFD 编码体系类目的链接方法详见后续章节。

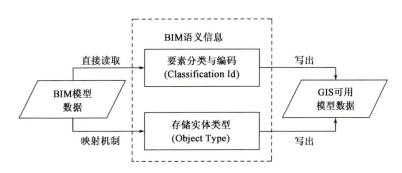

图 4-23 BIM 与 GIS 语义信息交换方式

存储实体类型(ObjectType)语义则严格参照《铁路工程信息模型数据存储标准》(CRBIM 1002—2015)中关于实体定义和类型定义的内容执行交换。通常情况下,作为 BIM 模型载体的数据格式本身不具有解析这类语义的能力,通过建立 CityGML 扩展实体类型定义与铁路工程信息模型要素类型之间的映射关系,实现 BIM 语义信息的转换。面向 3D GIS 平台数据存储和集成应用,建立铁路工程要素实体类型与 CityGML 实体类型间的映射关系,如表 4-1 所示。

铁路工程要素实体类型与 CityGML 实体类型的映射关系　　表 4-1

专业	铁路工程要素实体类型	CityGML 实体类型	CodeType 属性取值	语义描述
桥梁	IfcBridgeStructureElement	_AbstractBridge		桥梁结构
	IfcBridge	Bridge	梁桥、拱桥、刚构桥、斜拉桥、悬索桥、框架桥、涵洞	桥梁
	IfcBridgePart	BridgePart	梁、桥台、桥墩、桥塔、斜拉索系统、拱、吊杆系统、基础、主缆系统、桥面系	桥梁结构组成
	IfcBridgeElement	BridgeConstructionElement	桥梁构件	桥梁构件
	IfcBridgeMember		桥梁杆件	桥梁杆件
	IfcBridgeStiffeningRib		桥梁加劲肋	桥梁加劲肋
	IfcBridgeSlab		节点板、拼接板、桥面板、人行道板	桥梁板件
	IfcBridgeGirderSegment		梁段	梁段
	IfcBridgeGearBlock		锯齿块	锯齿块
	IfcBridgeBedstone		支承垫石	支承垫石
	IfcBridgePierSegment		顶帽、墩身、托盘	桥墩节段
	IfcBridgeAbutmentSegment		桥台节段	桥台节段
	IfcBridgePylonSegment		索塔段	索塔段
	IfcBridgeArchSegment		钢管混凝土拱肋、混凝土拱肋、钢箱拱肋	拱肋段
	IfcBridgeArchFoot		拱脚	拱脚
	IfcBridgeStandColumn		拱上立柱	拱上立柱
	IfcBridgeSuspender		吊杆	吊杆
	IfcBridgeCable		斜拉索	斜拉索
	IfcBridgeSuspendedTendon		主缆	主缆
	IfcBridgeBearing		盆式橡胶支座、板式橡胶支座、钢支座	支座
	IfcBridgeExpansionInstallation		伸缩装置	伸缩装置
	IfcBridgeProtectingWall		防护墙	防护墙
	IfcFrameSegment		框构节段	框构节段
	IfcBridgeWingWall		翼墙	翼墙
	IfcBridgeCulvertSegment		涵洞节段	涵洞节段
	IfcBridgeHatStone		帽石	帽石
	IfcBridgeCoping		盖梁	盖梁
	IfcBridgeEmbeddedPartsFoundation		预埋件基础	预埋件基础
	IfcBridgeRefugePlatform		避车台	避车台
	IfcBridgeElementAssembly		桥梁组合件	桥梁组合件
	IfcBridgeTruss		N 形桁架、三角形桁架	桁架
	IfcBridgeJoint		整体节点、散拼节点	节点
	IfcBeamFallingPreventionDevice		防落梁装置	防落梁装置
	IfcCrossBrace		一字撑、K 撑	横撑

续上表

专业	铁路工程要素实体类型	CityGML 实体类型	CodeType 属性取值	语义描述
路基	IfcSubgradeStructureElement	AuxillaryTrafficArea		路基结构
	IfcSubgrade	Subgrade	路堤、路堑、半填半挖路基	路基
	IfcSubgradeStructurePartElement	SubgradeSegment	路基本体	路基本体
	IfcSubgradeSlopeProtectionElement		边坡防护	边坡防护
	IfcSubgradeRetainingStructureElement		重力式挡土墙、衡重式挡土墙、悬壁式挡土墙、扶壁式挡土墙、钢筋混凝土桩板式挡土墙、锚杆挡土墙、加筋土挡土墙、预应力锚索加固、桩基托梁挡土墙、坞式挡土墙、短卸荷板式挡土墙、风沙地区挡风墙、土钉墙、锚定板挡土墙	支挡结构
	IfcSubgradeSubsoilTreatmentElement		地基处理	地基处理
	IfcSubgradeTransitionSectionStructureElement		路堤与桥台、路堤与横向结构物、路堤与路堑、路堑与桥台、路堑与隧道	过渡段
	IfcSubgradeElement	SubgradePart	路基构件	路基构件
	IfcSubgradeRetainingElement	RetainingElement	重力式挡土墙墙身、衡重式挡土墙墙身、悬壁式挡土墙墙身、扶壁式挡土墙墙身、锚固桩、挡土板、桩板式挡墙肋柱、面板、加筋土挡土墙墙身、挡墙基础、预应力区段墙身、桩基托梁、坞式挡土墙墙身、短卸荷板式挡土墙墙身、风沙地区挡风墙身、土钉墙墙身、锚定板、拉杆、墙面板、锚定板挡墙肋柱	支挡结构单元
	IfcSubgradeFillingWorks	FillingWorks	基床表层、基床底层、基床以下、基底换填	填筑体
	IfcSubgradeSlopeProtectionSectionElement	SlopeProtection-SectionElement	拱形骨架、孔窗式护墙、浆砌片石、锚杆框架梁、方格形骨架、菱形骨架、人字形骨架、空心砖护坡、混凝土板实体护坡	边坡防护构件单元
	IfcSubgradeSubsoilReinforcementPileElement	SubsoilReinforcementPileElement	桩帽、桩身	地基加固桩构件单元
	IfcOriginalSubgradeSubsoilReinforcement	OriginalSubsoilReinforcement	压实地基、夯实地基、注浆加固、袋装砂井、塑料排水板	原地基加固
	IfcSubgradeTransitionSectionElement	TransitionSectionElement	过渡锥体、基坑回填体、无砂混凝土渗水板、换填层	过渡段构件单元
	IfcSubgradeElementAssembly	ElementAssembly	路基组合件	路基组合件
	IfcSubgradeRetainingStructureSectionAssembly	RetainingStructure-SectionAssembly	重力式挡土墙段、衡重式挡土墙段、悬壁式挡土墙段、扶壁式挡土墙段、钢筋混凝土桩板式挡土墙段、锚杆挡土墙、加筋土挡土墙段、预应力锚索加固段、桩基托梁挡土墙段、坞式挡土墙墙段、短卸荷板式挡土墙段、风沙地区挡风墙段、土钉墙墙段、锚定板挡土墙段	路基支挡结构段
	IfcSubgradeSubsoilReinforcementPileAssembly	Subsoil-Reinforcement-PileAssembly	水泥土搅拌桩、灰土挤密桩、水泥粉煤灰碎石桩、旋喷桩、柱锤冲扩桩、水泥土挤密桩	地基加固桩

续上表

专业	铁路工程要素实体类型	CityGML 实体类型	CodeType 属性取值	语义描述
隧道	IfcTunnelStructureElement	_AbstractTunnel		隧道结构
	IfcTunnel	Tunnel	圆形隧道、曲墙拱形隧道、直墙拱形隧道、矩形隧道、棚洞隧道、明洞隧道	隧道
	IfcTunnelPart	TunnelPart	洞门、明洞、暗洞、洞室、棚洞	隧道组成
	IfcTunnelElement	Tunnel-Construction-Element	隧道构件	隧道构件
	IfcTunnelAdvanceSupport		超前管棚、超前导管、注浆	超前支护
	IfcTunnelPrimarySupport		初期支护	初期支护
	IfcSystemAncherBolt		系统锚杆	系统锚杆
	IfcSystemSteelFrame		系统钢架	系统钢架
	IfcPrimarySupportShotcrete		初期支护喷混凝土	初期支护喷混凝土
	IfcTunnelLiningStructure		拱墙衬砌、仰拱衬砌、管片、底板	衬砌结构
	IfcTunnelPortalStructure		帽檐式洞门结构、喇叭口式洞门结构、直切式洞门结构、倒斜切式洞门结构、缓冲式洞门结构、端墙式洞门结构	洞门结构
	IfcTunnelInvertFilling		仰拱填充	仰拱填充
	IfcWaterproofLayer		防水层	防水层
	IfcLevelingBlanket		找平层	找平层
	IfcProtectiveLayer		结构保护层	结构保护层
	IfcTemporarySupport		临时支护	临时支护
	IfcProtectiveArch		护拱	护拱
轨道	IfcTrack	Track	正线、联络线、动车走行线、疏解线、到发线、牵出线、安全线、货物线、调车线、机车走行线、避难线、迂回线、禁溜线、溜放线、机车整备线、机待线、存车线、修车线	轨道
	IfcTrackPart	TrackSegment	路基段、桥梁段、隧道段、过渡段、特殊基础轨道段	轨道段
	IfcTrackElement	TrackPart	轨道构件	轨道构件
	IfcTrackRail	Rail	重型、轻型	钢轨
	IfcTrackFastening	Fastening	弹性、刚性	扣件
	IfcTrackSleeper	Sleeper	普通混凝土枕、木枕、混凝土宽枕、混凝土弹性轨枕、电容枕、电气绝缘节枕、双块式轨枕、支承块	轨枕
	IfcTrackSlab	Slab	普通(非预应力)钢筋混凝土轨道板、单向预应力混凝土轨道板、双向预应力混凝土轨道板	轨道板
	IfcTrackConcreteSlab	ConcreteSlab	道床板	道床板

续上表

专业	铁路工程要素实体类型	CityGML 实体类型	CodeType 属性取值	语义描述
轨道	IfcTrackIsolationLayer	IsolationLayer	隔离层	隔离层
	IfcTrackElasticCushion	ElasticCushion	弹性垫层	弹性垫层
	IfcTrackAdjustmentLayer	AdjustmentLayer	调整层	调整层
	IfcTrackBase	Base	底座	底座
	IfcTrackTurnout	Turnout	单开,左向,对称,交分,交叉渡线,组合道岔	道岔
	IfcTrackBallastLayer	BallastLayer	面砟、底砟、注垄填砟	道砟层
	IfcTrackExpansionJoint	ExpansionJoint	单向、双向	钢轨伸缩调节器
	IfcRailwayAssembly	RailwayAssembly	铁路组合件	铁路组合件
	IfcBallastBed	BallastBed	有砟道床	有砟道床
	IfcTrackPanel	TrackPanel	轨排	轨排

由表 4-1 可知,建立的实体类型映射关系有时为多对一,为了将相同的 CityGML 实体类型与不同的铁路工程要素实体类型一一对应,需要通过设置实体类型的 CodeType 属性值进行区分,把 BIM 模型包含的各类实体对象类型语义完整、正确地传递到 CityGML 存储结构中。与铁路工程要素 CityGML 语义扩展内容相对应,表 4-1 列出了桥梁、路基、隧道和轨道四个专业工程要素实体类型的映射关系,铁路工程其他专业可参照上述映射方法和铁路工程要素 CityGML 语义扩展内容,实施各要素基于 CityGML 的语义扩展,以及从 BIM 向 GIS 的语义转换。

4.3 基于商业软件平台的数据格式转换

4.3.1 Revit 平台下数据格式转换方法

在 BIM 与 GIS 集成的过程中,数据模型的一致性转换成为当下亟需解决的问题,RVT 模型中包含了丰富的几何信息和语义信息,然而,在 GIS 中,不同的应用对数据模型的详细程度要求不一致,所以在数据转换的过程中,需要针对不同的应用需求进行相应的转换,涉及几何简化、语义映射及语义输出的问题。RVT2GIS 整体数据转换流程如图 4-24 所示。

首先,获取模型语义信息。RVT 模型中定义了从建筑、结构到暖通、机械、电气、管道等室内外建筑元素的语义类别信息。除此之外,每种建筑元素都包含有特定的属性信息,如建筑墙体会有是否为承重墙等标识属性。

其次,以这些类语义信息作为约束条件,构建过滤器,获取构件元素实体的几何信息和属性信息,并通过元素的 ID 标识将属性和几何信息关联。

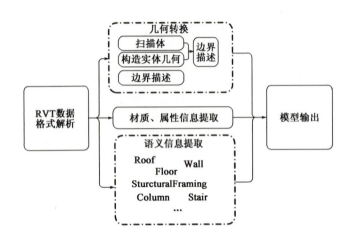

图 4-24　RVT2GIS 整体数据转换流程

最后,提取材质信息。RVT 模型单独定义了材质元素,可以通过构建材质过滤器的方式,获取实际模型中所用的所有材质信息,并通过材质的 ID 标识和几何信息中相应材质关联起来。

1）语义信息解析及映射

RVT 模型中包含了丰富的语义信息,涉及建筑设计、建筑结构工程设计和暖通、电气、给排水工程设计等众多建筑学领域。本文选取 Revit 中常用的建筑元素,按照建筑、结构、管道和卫浴、机械设备、暖通(HVAC)等进行分块,定义了从室外到室内各类型建筑构件,表 4-2 所示。可根据 GIS 中不同 LoD 的表达需要,做相应的语义信息映射。除此之外,RVT 模型中还包含了建筑元素的建造阶段、拆除阶段、防火等级、成本、功能、制造商、结构用途以及物理性能等属性信息。

RVT 模型中常用构件类型　　表 4-2

建筑功能	语义类别		建筑功能	语义类别
建筑	墙		结构	结构基础
	门			结构构架
	窗			结构柱
	柱			结构楼板
	屋顶			结构墙
	天花板			桁架
	楼板			钢筋
	幕墙		电气	线管及线管配件
	洞口			电缆桥架及配件
	楼梯坡道	栏杆扶手		电气设备
		坡道		照明设备
		楼梯		其他设备

续上表

建筑功能	语 义 类 别	建筑功能	语 义 类 别
暖通	风管	管道和卫浴	管道
	风管管件		管件
	风管附件		管道附件
	风管末端		卫浴设备
机械设备	机械设备		喷头

2）基于语义约束的几何信息转换

（1）Revit 坐标系解析

Revit 模型中存储的是各个对象间的相对位置关系，在涉及几何和位置关系的二次开发时，通常需要在族坐标系和模型坐标系间进行转换。Revit 里包含了四种坐标系：①模型坐标系，也称全局坐标系，是项目中所有组成单元的参照基准。②视图坐标系，其轴向和原点描述了相机的姿态和位置。③族坐标系，族的本体坐标系，在族设计过程中作为参照基准。当族插入到模型中时，利用它与模型坐标系的相对空间关系对族进行定位定姿。④链接模型坐标系，其轴向和原点描述了外部引入模型相对于主模型的姿态和位置，与模型坐标系间具有参照关系。

（2）几何信息转换

在 Revit 的二次开发接口中，项目文档（Document）所包含对象的类型都派生于 Element 类。因此，通过遍历 Element 对象可以获取整个 RVT 模型的几何信息，进而通过 Solid 类解析几何元素。几何信息的获取和转换流程如图 4-25 所示。

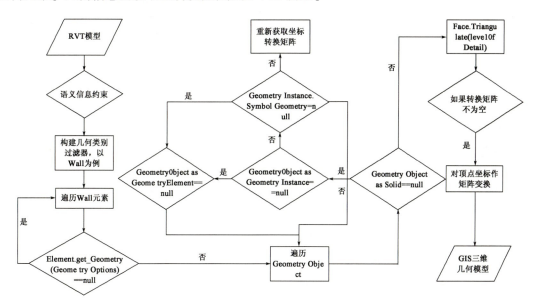

图 4-25 RVT2GIS 方法中的几何信息的提取和转换过程

①根据语义信息筛选 RVT 模型需要输出的构件类别。

②获取每个Element所包含的几何图元。方法是针对每个构件类别分别构建过滤器,遍历其所包含的所有Element对象,获取元素的几何表示。判断其是否为空,若为空,重新遍历下一个Element;若不为空,即得到表达该Element几何的所有几何图元GeometryObject。

③获取三角网顶点坐标。遍历GeometryObject,若几何图元为Solid类型,就可以对其作三角分割,并定义分割的精细程度,数值越大,分割越精细,数据量也相应越大。由此得到三角网的所有顶点坐标和顶点在当前Face中的索引列表。如果定义了坐标变换矩阵,在此需要进行坐标变换。若不为Solid类型,首先判断其是否为GeometryInstance类型,如是,获取该实例的几何表达SymbolGeometry,作为GeometryElement类型,若SymbolGeometry不为空,必须要进行族坐标系到模型坐标系的转换,再依次重复②、③中的判断和循环,直到将该GeometryInstance中几何图元所包含的信息读取完全;如果不为GeometryInstance类型,接着判断是否为GeometryElement类型,如果是,依次重复②、③中的判断和循环。

④对每个构件类别的所有Element重复②、③步骤,直到得到要输出的所有几何信息。

⑤三角面法线计算。通过计算向量(point[1]-point[0])与向量(point[2]-point[1])的叉积,得到该三角面法向量。

⑥几何信息与材质信息、属性信息的关联。在RVT模型中,每个Element都有唯一的ID标识,存储属性信息时将其作为关键字与几何信息关联起来。几何中每个Solid中包含的Face都有唯一的材质元素标识和Material元素的唯一标识ID相对应,因此,存储材质信息的时候,可以以材质ID作为关键字与几何信息关联。

基于上述研究思路和方案,采用Revit API二次开发接口,借助C#开发语言和环境,设计并开发了RVT模型导出和信息提取功能模块,在Revit中运行该功能模块,其界面如图4-26所示。

图4-26 RVT模型导出功能模块运行效果

功能模块的用户信息显示与参数配置界面如图4-27所示。左侧树型控件列出了模型包含的所有构件类型,按照两级分类的方式进行组织,其中第一级分类代表Revit构件的首级族类型,如门、墙、窗、柱,第二级分类则代表各族类型下的子类型,如图 4-27 所示,该模型实例的门族类型下包含 M1824、M1524 等细分子类型,各结点前的复选框允许用户选择是否输出该类型的构件。

图 4-27　RVT 模型导出功能模块界面

界面右侧自上而下首先是输出模型几何相关的参数配置,Mesh 离散精度规定了由 CSG 造型方式转换为 B-Rep 造型方式时的允许误差。同时用户可在列项有"米"和"毫米"的组合框中配置输出模型的长度单位。非几何参数的配置包括"导出属性数据""导出材质信息""导出坐标转换参数"三个复选框和一个导出构件组织方式组合框,勾选"导出属性数据"时,模型中的属性数据被输出并记录在格式为 csv 的文件中,勾选"导出材质信息"时,材质参数被输出并记录在格式为 mtl 的文件中,同时纹理贴图将以源格式输出到目标路径,勾选"导出坐标转换参数"时,用于三维空间坐标系间坐标变换的七参数被输出并记录在名为 GemetryTransform.txt 的文本文件中。

可供用户选择的导出方式包括两种:"按类别输出"和"按元素输出",前者是指按照构件的类别导出,即每个构件类型就有一个 obj、mtl、csv 格式文件(图 4-28);后者是指每种构件类型会包含很多个元素,比如说"墙"类型中有很多个子类型的构件,如图 4-29 所示,每一个构件实例单独输出成一个 obj、mtl 格式文件,整个构件类型的属性仍然生成一个 csv 格式文件(图 4-28)。

图 4-28　按类别输出文件组织形式

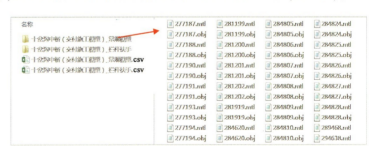

图 4-29　按元素输出文件组织形式

可供选择的导出格式为 obj 和 x,这两种格式都是常见的三维模型几何通用格式,可被大多数软件支持,易于在 3D GIS 平台中集成。"导出引用模型"和"导出主模型"两个按钮则分别代表对参考和引用的外部模型以及当前工程中打开的模型执行导出处理操作。执行过程和结果的信息提示则显示在右下侧的信息框中,如图 4-30 所示。

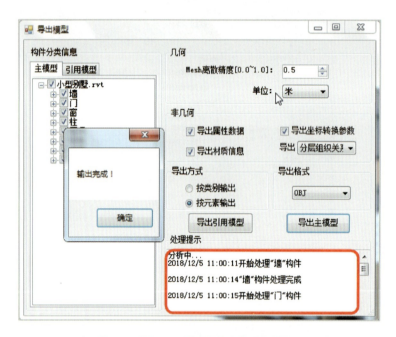

图 4-30　执行 RVT 模型导出后界面信息提示

基于语义信息,对构件类别进行选择性输出,包括几何信息、属性信息、材质信息,转换成 GIS 中的表面模型,集成到 3D GIS 平台中。其中,几何信息通过几何体的 MaterialID 和相应材质类别的 ID 相关联,属性信息通过元素的 ID 和几何信息相关联。图 4-31 中 a1 是转换前的 RVT 建筑模型,a2 是对建筑,包括墙体、门、窗、屋顶、楼板、天花顶、柱子、幕墙系统等的导出结果图;b1 和 b2 分别是桥梁的原 RVT 模型和导出结果图;c1 和 c2 分别是暖通设施的原 RVT 模型和导出结果图,包括管道及其附属设施、风管及其附属设施,以及软管和软风管等类别。图 4-32 所示为导入 3D GIS 场景中的显示效果。

4.3.2　Catia 平台下数据格式转换方法

1)几何特征提取与离散化

RIM 模型的几何表达方式可分为 CSG 和 Brep 两类,而 GIS 平台下的三维模型数据通常使用 Brep 表达。在二者格式转换过程中,几何特征提取与离散化是最为重要的一个环节,可以实现几何信息从 CSG 到 Brep 表达方式的变换。Cat2GIS 交换方法中几何信息转换流程如图 4-33 所示,按 RIM 模型的表达方式分为两个阶段共四个步骤。

第 4 章　铁路信息模型数据交换与轻量化

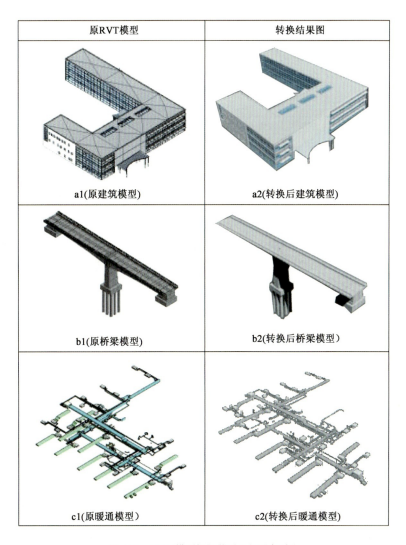

图 4-31　RVT 模型提取前后几何形象对比

a)

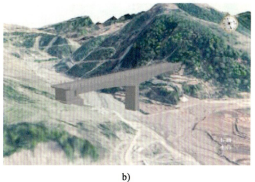
b)

图 4-32　3D GIS 平台下 RVT 导出三维模型集成效果

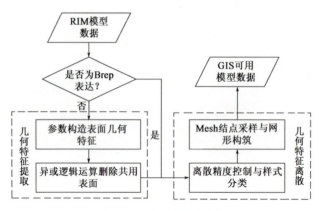

图 4-33　几何信息转换流程

（1）几何特征提取

当 RIM 模型的表达方式为 CSG 时，需要通过该阶段处理转换为 Brep 表达。即首先从构成 CSG 的各单元要素中获取得到描述几何特征的参数，如长、宽、圆心、半径等，重新生成包围三维体的外表面，构成集合 S_{Brep}；分析单元要素彼此之间的拓扑关系，对集合 S_{Brep} 中具有包含、重合等关系的面要素执行异或逻辑运算，删除共用、重叠的部分，该阶段最终得到构成 RIM 模型三维体外包围壳的面要素集 S'_{Brep}。

（2）几何特征离散

当 RIM 模型以 Brep 表达时，通过这一阶段的处理将其转换为满足 GIS 集成需要的 Mesh 数据。Mesh 是一种采用连续邻接的三角面近似替代原始光滑面的网形数据结构，作为各类 3D 图形引擎的主要输出方式，能够高效地表达几何信息。执行离散处理时，需要首先确定拟合精度和拟合样式，前者决定了以曲线作为边界的几何面 Mesh 转换前后的相似度，使用曲线上相邻采样点间的弧段到其直线段间的最大距离 D_{frag} 作为测度；后者则决定了 Mesh 格网的组织方式，任意网形的 Mesh 结构均可由扇形（Fan）、条带（Strip）、独立（Isolate）三类结构单元组合而成。拟合精度与拟合样式对几何特征 Mesh 转换结果的影响分别如图 4-34、图 4-35 所示。依照确定的拟合精度和拟合样式在几何面的边界线上采样结点，采用现有成熟的三角网构筑算法，输出为以 Mesh 结构表达的、可用于 GIS 平台展示与集成的三维几何模型数据。

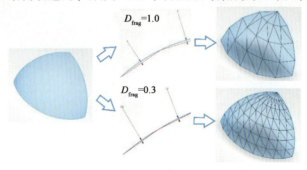

图 4-34　拟合精度 D_{frag} 对 Mesh 结果的影响

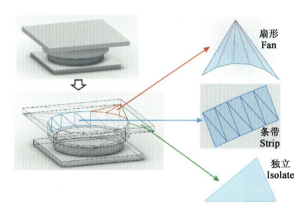

图 4-35 拟合样式（Fan、Strip、Isolate）组合为 Mesh 结构

2）语义关联与映射

①RIM 模型附带的语义信息主要是指铁路工程要素的特征类型定义和描述，由要素分类编码（Classification Id）和存储对象类型（ObjectType）两部分构成，如图 4-36 所示。要素分类编码应遵循既有铁路工程信息模型相关标准中的有关规定，采用十位编码结构，当 ObjectType 为用户定义类型时，通过编码值索引其类型定义。在 Cat2GIS 数据交换方法中，保持该编码值在信息交换前后不变，以确保要素类型语义在传递时的一致性。

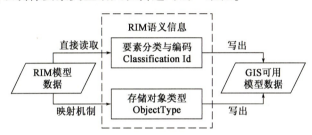

图 4-36 Cat2GIS 中 RIM 语义信息内容与交换方法

②存储对象类型（ObjectType）语义则严格参照有关标准中关于实体定义和类型定义的内容执行交换。通常情况下，作为 RIM 模型载体的数据格式本身不具有解析这类语义的能力，Cat2GIS 通过建立固有类型定义与 RIM 要素类型定义之间的映射关系，实现 RIM 语义信息的传递。例如，当 RIM 模型以 IFC 格式存储时，建立 IFC 实体类型与 RIM 桥梁单项工程涉及部分实体类型间的映射关系如表 4-3 所示。

IFC 实体类型与 RIM 桥梁部分实体类型的映射关系   表 4-3

IFC 实体类型	RIM 实体类型	语 义 描 述
IfcBuilding	IfcBridge	桥梁
IfcBuildingElementProxy	IfcBridgeBearing	支座
IfcBuildingElementProxy	IfcBridgeBedStone	支撑垫石
IfcBuildingElementProxy	IfcBridgeEmbeddedPartsFoundation	预埋件基础
IfcBuildingElementProxy	IfcBridgePierSegment	桥墩节段
IfcBuildingStorey	IfcBridgeElementAssembly	桥梁组合件
IfcBuildingStorey	IfcBridgePart	桥梁结构组成

由表 4-3 可知,建立的实体类型映射关系为一对多,为了将相同的 IFC 实体类型与不同的 RIM 实体类型相对应,需要在 IFC 数据中增加标示实体类型的自定义属性或枚举,把 RIM 模型包含的存储对象类型语义完整、正确地传递到 GIS 应用环境中。

3) 属性传递

作为描述实体要素特征的非几何信息,属性依附于实体对象而存在。不同数据格式对属性的命名、数据类型、约束条件等内容有不同的定义和规范方式。对 RIM 模型数据而言,属性信息一般包括属性(属性集)名称、关联关系、属性类型、属性值数据类型和内容五个部分。在格式转换方法中,直接引用 IFC 规定的属性定义和描述方式作为标准交换格式。当具体实施属性信息交换时,以文本记录所属实体对象 ID、属性(属性集)名称、属性值内容,属性类型和属性值数据类型则转换成以 IFC 定义的相应标准类型字段,建立属性元数据用以描述属性集和属性之间的关联关系。在 GIS 平台上集成应用时,上述属性信息通过实体对象 ID 与相应的几何特征关联,以数据库记录的形式进行存储。Cat2GIS 方法的属性信息交换及与几何特征的关联过程如图 4-37 所示。

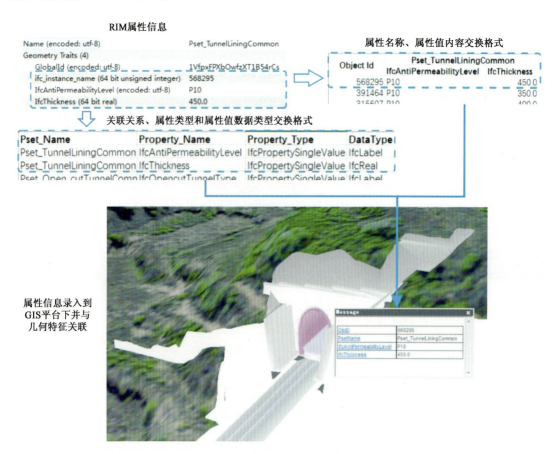

图 4-37 属性信息交换及与几何特征关联过程

4.4 模型轻量化

在三维GIS场景中,通常采用边界面表达Brep(Boundary-representation)作为模型的表达方式,而为了应对操作中场景视角和范围频繁变化的情况,降低系统运行负荷,动态地加载适宜体量的模型,几乎所有的三维GIS平台都支持对多层次细节信息模型的访问。由BIM软件制作生产的RIM信息模型具有最丰富的细节,当许多模型同时加载到同一个三维GIS场景时,系统将负担海量数据的缓冲,而其中大部分数据是冗余或不必要的,这就需要通过模型轻量化处理,丢弃次要内容,以生成较低层次细节的模型。

4.4.1 基于几何信息的模型轻量化

作为铁路工程信息模型的核心,几何信息模型为三维形象表达、空间分析、统计算量等许多应用提供了基础数据,是铁路工程三维地理信息平台操作和处理的主要对象。在不考虑非几何信息的情况下,对铁路工程信息模型进行简化时,一般借助三维建模领域模型轻量化的方法,即在模型几何精度满足基本应用需要的基础上,尽量减少构成Mesh三角网的网格单元,达到降低平台读写数据的压力和系统负载、提高加载海量模型能力的目的。

根据原始模型采用的几何信息表达方式,可将几何信息的模型轻量化方法分为两类:面向CSG表达模型的轻量化方法和面向边界面Brep表达模型的轻量化方法。其中,前者主要针对采用BIM技术构建的铁路工程信息模型,这类模型通常记录了自身组成基本要素(如圆弧、矩形等)及其造型过程(如拉伸、放样、布尔运算等),在转换为边界面表达模型的过程中,仅需要在控制Mesh构网规则的基础上加大网形节点的采样间距,就可以减少Mesh网格单元的数量,达到模型轻量化的目标。这类方法的基本原理已在本章4.3.2节介绍,这里不再赘述。目前大多数BIM商业软件简化导出模型的体量时都采用了这种方法,该方法对铁路工程信息模型的轻量化也同样适用。

面向边界面Brep表达模型的轻量化方法主要是针对由Mesh网构造的模型,以相邻网格单元的平顺性(夹角)、起伏剧烈程度等参数为依据,减少边界面顶点(网形节点)并重新构网形成新的、体量小的边界面模型。该方法忽略模型几何构造的参数信息,将所有构成Mesh面的三角形无差别对待,一般采用边折叠算法进行三角形的合并和删减,以Mesh面体积变化、角度变化量为代价值,按照代价从小到大依次进行边角的折叠,获得多分辨率简化模型,如图4-38所示。

该过程的重点是计算每一条边折叠的代价值,并根据代价值排序结果依次进行三角网简化。使用该方法对表示圆柱体的三角网进行简化,效果如图4-39所示。

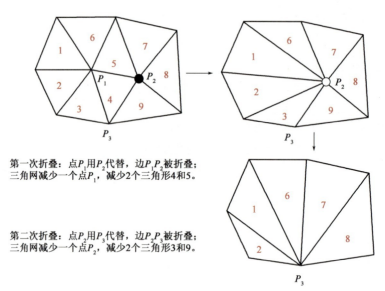

第一次折叠：点P_1用P_2代替，边P_1P_2被折叠；
三角网减少一个点P_1，减少2个三角形4和5。

第二次折叠：点P_2用P_3代替，边P_2P_3被折叠；
三角网减少一个点P_2，减少2个三角形3和9。

图 4-38 半边折叠三角网简化原理示意图

4.4.2 基于语义信息的模型轻量化

基于语义信息的模型轻量化不仅限于几何信息，而是与格式转换相同，还包括语义和属性信息，即以语义融合为主导，几何和属性随之简化。其中语义融合的依据为 RIM 建模过程中各要素的装配层级和逻辑组织关系。以铁路桥梁结构模型为例，图 4-40 所示为从三级装配简化到二级装配的处理过程，以组织关系树结构为核心，从桥墩和基础（三级装配）简化为下部结构（二级装配）。

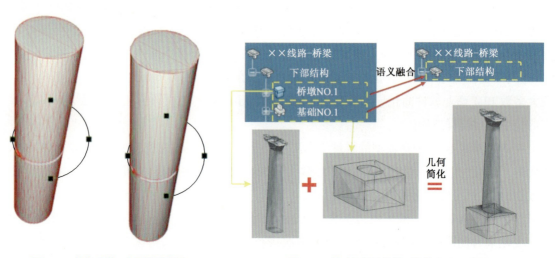

图 4-39 简化后的三角网模型效果　　　图 4-40 铁路桥梁结构模型的简化处理过程

在上述降低模型层次细节的示例中，以桥墩和基础为主的三级装配成为需要被简化处理的语义信息，依据建模时构成的上下层级组织关系，将二者语义融合为父结点语义——下部结构,相应的,两者几何信息则借助特征提取和离散化技术,将墩身底部和基础上部的共用面删除,构造出新的无缝连接的连续 Mesh 结构。在完成与下部结构语义关联后,将原始的桥墩和基础的几何、语义、属性三类信息删除,当所有三级装配内容完成上述处理后,模型的细节层次被简化到二级。类似地,可以实现铁路工程信息模型任意细节层次的简化处理。

通过合并处于不同细节层次的语义,在构成邻接关系的模型组成单元之间,重叠的几何要素被删除,在一定程度上减少了网格单元的数量。虽然这种方法在轻量化程度上不如基于几何信息的方法高,数据处理代价高,且具有特定的适用条件,但对于仅需要三维形象表达的铁路工程信息模型应用而言,是一项减少系统数据集成压力的推荐措施。

4.5 本章小结

铁路工程中部分特殊工点需要采用 BIM 建模方式生成精细模型,而 BIM 主要被用于单个工点的设计、管理与应用,对长大铁路工程项目中大范围海量 BIM 进行整合应用,需要研究 BIM 实体模型到 GIS 表面模型的转换关系,实现 BIM 与 GIS 的融合。

本章首先从总体上叙述了三维模型的存储与数据格式转换方法。其次,阐述了三维模型 I/O 数据接口,铁路工程要素的语义扩展,以及标准格式 IFC 与 CityGML 的数据格式转换方法。然后,鉴于工程实践中多采用商业软件平台,分别阐述了 Revit 和 Catia 平台下的数据格式转换方法。最后,分别基于几何信息和语义信息,介绍了铁路工程信息模型轻量化的基本原理和方法。

RAILWAY INFORMATION MODEL
AND ITS LIFE CYCLE APPLICATION

第 5 章

铁路工程系统分解与铁路信息模型构件编码

在铁路建设工程项目从规划、设计、施工、运营、维护的全生命周期中,存在着规模庞大的信息,这些信息可以按照不同的专业视角进行分类:按照专题可分为地理环境信息和工程管理信息;按照专业可分为站前信息和站后信息,站前信息包括路基信息、桥梁信息、隧道信息等,站后包括轨道信息、四电信息、站房信息等;按照阶段可分为勘察设计信息、建设管理信息、运营维护信息;其中,建设管理信息按照服务对象可分为建设管理信息、工程总承包管理信息、工程施工管理信息等。铁路信息模型作为信息载体,为工程管理信息的集成管理提供了解决方案,多源、多维的工程管理信息通过与铁路信息模型建立关联,在后台形成结构复杂、可追溯的信息网,实现了信息的一体化集成与三维表达,提高了信息的可视性和直观性,为信息的工程应用、大数据分析、智能管理奠定了数据基础。

工程管理信息与铁路信息模型关联包括两个前提条件,即工程系统分解与铁路信息模型构件编码。工程系统分解从铁路工程全生命周期管理出发,采用科学的工程分解方法将铁路工程细分为相互关联的工程单元,各工程单元按照工程周期、管理层级逐步、逐层推进,从而保证工程管理的质量、工期和安全;铁路信息模型构件编码首先赋予每个工程单元具有工程管理意义的属性编码,然后根据工程分解结果与铁路信息模型构造特点,对铁路信息模型进行构件分离,建立工程单元与铁路信息模型构件的关联。关联后的铁路信息模型构件可添加多个工程单元编码,从而以铁路信息模型构件为结点,构造复杂的工程信息网络。一方面以工程信息驱动铁路信息模型构件,实现工程信息的可视化表达,如设备设施定位查询、施工进度展示、虚拟施工、噪声分析等;另一方面以工程单元编码为依据,实现工程信息的统计分析、智能算量及决策分析,如工程量统计、材料统计、验工计价、设备维修统计、超前地质预报、工期及灾害预警等。

目前,工程系统分解没有统一的标准、规范,常用的工程分解包括基于建设管理的工程分解与基于设计的工程分解,前者从建设管理角度出发进行工程分解,已形成《铁路工程实体结构分解指南》,由中国铁路BIM联盟编制并于2014年发布;后者从设计角度出发进行工程分解,已形成《铁路工程信息模型分类和编码标准》(T/CRBIM 002—2014),由中国铁路BIM联盟编制并于2014年发布。

5.1 面向勘察设计的工程分解与编码

BIM肩负着支持建设项目所有参与方在从概念生产到设施拆除的整个生命周期内使用成百上千种软件优质高效完成各自业务目标的使命,IFC/IDM/IFD是这个过程成功实现不可或缺的三个支柱。国际字典框架(International Framework for Dictionaries,IFD),用于实现不同项目成员和不同软件之间BIM信息的交换,采用了概念和名称或描述分开的方法,引入类似人类身份证号码的全球唯一标识(Global Unique Identifier,GUID)给每个概念定义一个全球唯一标识码,保证信息交换所得到的信息的一致性。

《铁路工程信息模型分类和编码标准》(T/CRBIM 002—2014)是铁路 BIM 联盟理事会组织各成员单位根据铁路工程建设信息化总体方案的部署,及铁路总公司建设管理信息化要求,依照 ISO 12006-2 体系框架,引用国家标准和《地理信息分类与编码规则》(GB/T 25529—2010),参考有关国际标准和国外先进标准,制订的铁路行业 IFD 标准。标准由 5 部分组成,其内容包括总则、术语、信息模型分类、信息模型编码、附录。其中,信息模型编码采用全数字编码方式,长度不超过 15 位,分类表代码采用两位数字表示。表内分类对象代码由分类表代码和各层级代码组成,分类表代码与层级代码之间用"-"连接,可借助代码标记符号(+、/、>、<)联合使用。

《铁路工程信息模型分类和编码标准》(T/CRBIM 002—2014)中铁路工程构件按照功能特征分为地基基础、支挡、加固、防护、维修、检查及养护、地面防排水、管沟、标志标牌、绿化、通道、客货运设施、轨道、路基、桥梁、涵洞、隧道、四电、给排水、环保、机务车辆和用地。

EBS 分解主要针对工程施工,目的是保证工程施工时,每个阶段的每个施工项均有对应编码。对于无法以三维实体直观表达的叶子节点,如挖土方等,或与三维实体构件无法严格对应的叶子节点,需要通过解析建立实体构件与节点的对应关系。与 EBS 分解不同,《铁路工程信息模型分类和编码标准》(T/CRBIM 002—2014)中的铁路工程构件标准为针对构件的命名体系,可直接将 IFD 编码作为属性赋予铁路信息模型的构件。然而,受建模精度的影响,部分节点在铁路信息模型中未实体化,可直接忽略,无需将其链接到父节点。此外,一方面,由于 IFD 分解相对于 EBS 分解更粗,部分编码将赋予构件组合;另一方面,IFD 分解中存在大量 EBS 分解不涉及或忽略不计的构件,如轨距杆、轨撑。

5.1.1 桥梁信息模型的 IFD 分解与编码

如图 5-1 所示,桥梁分为上部结构、下部结构、支座和附属,部分节点(如调平层、桥台防水层等)未建立实体构件,连续梁的梁节点对应于梁块组合而成的父节点。

5.1.2 涵洞信息模型的 IFD 分解与编码

涵洞仅分为涵身和出入口,按照标准进行命名即可。

5.1.3 路基信息模型的 IFD 分解与编码

如图 5-2 所示,路基分为铁路路基和公道路路基,铁路路基仅包含基床表层、基床底层和基床以下路堤,地基基础、支挡、防护、排水等构件被划在其他类中。

5.1.4 隧道信息模型的 IFD 分解与编码

如图 5-3 所示,隧道分为洞身结构、洞门结构、防排水系统和附属结构,初期支护、暗洞衬砌结构、明洞结构、竖井等均对应各构件组合而成的父节点。

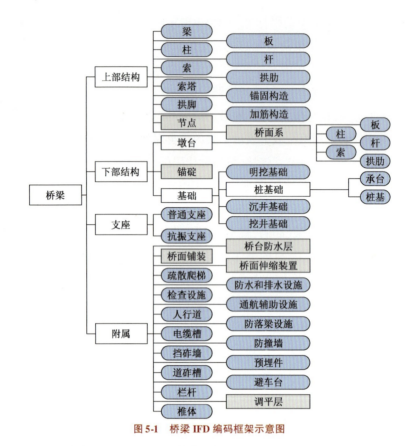

图 5-1 桥梁 IFD 编码框架示意图

5.1.5 轨道信息模型的 IFD 分解与编码

如图 5-4 所示,轨道包括钢轨、钢轨接头、扣件、轨枕、道岔、钢轨伸缩调节器、碎石道床、洼垄填砟、无砟道床、加强设备和附属设备。根据建模精度,部分构件(如钢轨接头、轨枕件密封条等)不建模,其余构件按照对应关系命名。

5.1.6 铁路信息模型与 IFD 编码体系类目链接

(1)3D GIS 平台中参数化模型与 IFD 链接

在铁路工程初步设计阶段,所有铁路工程信息模型的几何造型是通过二维设计成果表达的尺寸、位置和姿态参数,使用特定的三维造型软件自动建模生成的。以几何建模成果为中心,构件装配、语义和属性信息附加的工作在 3D GIS 平台中完成。如图 5-5 所示,当以 shapefile 或 excel 文件的某属性字段(如文件名)为索引导入参数化建模成果时,模型按照文件中点特征要素的空间位置进行装配和组织,同时与点特征要素的属性记录建立一一对应的联系。当在三维浏览视图中点击铁路工程要素的几何模型时,通过这种建立的联系可以查询并显示信息模型对应的属性及属性值。IFD 就是通过这种预编辑几何与属性关联的方式,作为指定属性的值与信息模型实现链接。

第 **5** 章 铁路工程系统分解与铁路信息模型构件编码

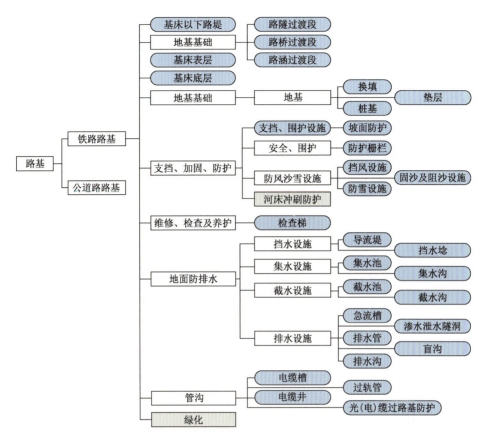

图 5-2 路基 IFD 编码框架示意图

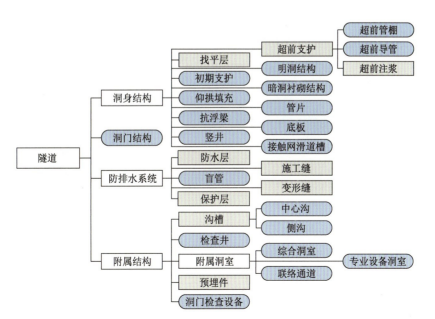

图 5-3 隧道 IFD 编码框架示意图

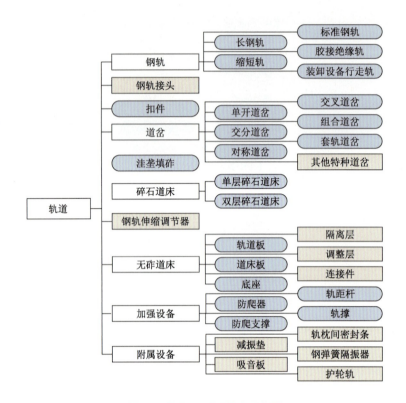

图 5-4 轨道 IFD 编码框架示意图

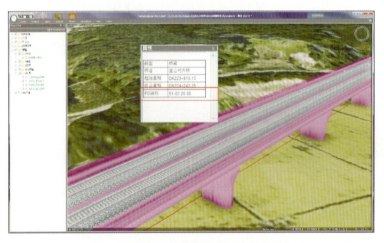

图 5-5 桥梁参数化模型导入及 IFD 编码链接

具体实施方案是首先编辑包含有模型文件名、定位信息和 IFD 编码的 shapefile 或 excel 文件,将对应模型所表达实体对象的 IFD 编码作为属性值录入到文件中,然后将编辑好的文件作为特征图层导入到 3D GIS 平台中,通过查询节点的属性表,可以预览文件中的属性字段及属性值,如图 5-6 所示。

第 5 章 铁路工程系统分解与铁路信息模型构件编码

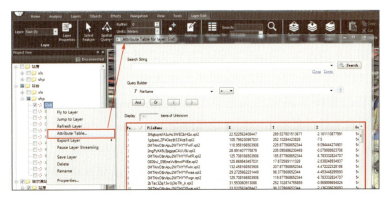

图 5-6 查询导入文件记录的信息

编辑导入文件对应图层节点的属性,如图 5-7 所示,将 Symbol 分组下 Type 修改为 3D Model,点击 Model 分组下 File Name 项末尾 Edit 后的按钮,弹出 Filed by Attibute 对话框,在 Use Attibute 处选择文件名记录的字段 File Name,并编辑路径的表达式 Expression 为模型文件的全路径名,确认后完成模型文件与该图层的关联,模型通过该文件记录位置被加载到三维场景中。点击模型的任意部分,即可查询如图 5-7 所示包含有 IFD 编码的所有属性。

图 5-7 将 FileName 字段与模型文件名关联

(2) Catia 平台中设计模型与 IFD 链接

目前,除建筑模型外,在设计阶段几乎所有铁路工程信息模型的几何造型、构件装配、语义和属性信息附加的工作都是在 Catia 平台中进行的。如图 5-8 所示,当完成对装配结构树上各节点的实例化后,通过选择节点右键弹出菜单的"属性"项,可以对属性值进行编辑、录入等操作。IFD 就是通过这种交互式编辑方式,作为指定属性的值与信息模型完成关联和链接的。

图 5-8 以 Catia 设计路基模型为例,为其中某构件附加属性信息

-119-

实现铁路信息模型与 IFD 的链接，首先需要在 Catia 平台中定义并创建新的属性字段。由于 IFD 是标识铁路信息模型分类语义的特殊属性字段，还需要创建与之对应的实体对象类型及属性集类型。图 5-9 所示为在 Catia 中创建自定义实体对象类型、属性集、属性字段并匹配导出 IFC 格式的过程，这一系列过程在 Catia 平台中体现为：①创建某一领域层（如路基专业）的容器 Package；②创建该领域中的各实体对象类型 type（如路基本体 IfcSubgradeStructurePartElement）；③创建实体对象类型所包含的属性集 Extension（如路基本体 IFD 属性集 IfcSSE_Pset_IFD）；④创建属性集中的各项属性字段 attribute（如 IFD 编码属性字段 IfcSSE_Pset_IFD_IFDCode）。如果新建实体对象类型的实例时需要包含缺省的属性集，则还需要配置自动添加的属性集。此外，还可以通过配置系统文件，使导出 IFC 文件中包含自定义的 type、Extension 和 attribute。

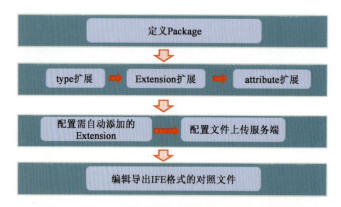

图 5-9　Catia 创建自定义实体对象类型并导出 ifc 格式文件

完成上述配置过程后，通过 Catia 新建对话框，可以使用自定义实体对象类型创建装配节点的实例如图 5-10a）所示。在配置 IFD 属性集 Extension 和属性字段 attribute 为缺省添加的状态下，可在节点右键菜单的"属性"对话框中，手工录入 IFD 的编码值，如图 5-10b）所示，最终实现铁路信息模型与 IFD 的链接。

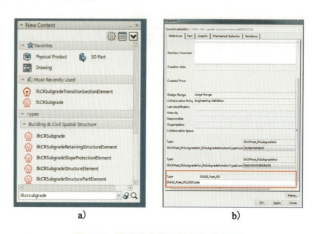

图 5-10　铁路信息模型与 IFD 的链接

当 IFD 属性集和属性字段在缺省状态下没有添加到相关联的实体类型中时,可以通过 Catia 的功能模块 Collaborative Lifecycle,在其 lifecycle 工具栏中点击 Customer Extension 按钮,调出 Extension 编辑对话框,通过添加配置可用的属性集 Extensions,完成 IFD 属性字段的添加和编码值的录入操作,如图 5-11 所示。

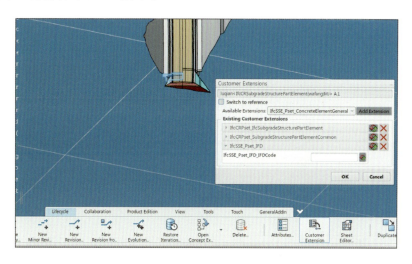

图 5-11　添加 IFD 属性集、属性字段与实体类型关联并设置分类编码值

（3）Revit 平台中设计模型与 IFD 链接

目前,在设计阶段铁路工程中建筑信息模型的几何造型、构件定位、语义和属性信息附加的工作都是在 Revit 平台中进行的。如图 5-12 所示,当完成对建筑构件的实例化后,通过选中构件激活编辑状态,在实例属性编辑界面中点击"编辑类型"按钮,可以在弹出的"类型属性"对话框中对实体对象类型相关的属性值进行编辑、录入等操作。IFD 就是通过这种交互式编辑方式,作为指定属性的值与信息模型完成关联和链接的。

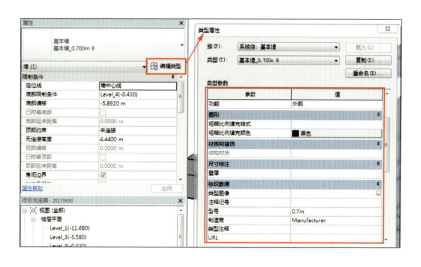

图 5-12　以 Revit 设计地铁站房为例,为其中某墙体构件录入属性信息

实现建筑模型与 IFD 的链接,首先需要在 Revit 平台中定义并创建新的属性字段。Revit 将实体对象类型称为族,只有自定义族可以创建并添加自定义的属性字段。进入某构件的族编辑器,选择工具栏中"属性"标签页下的族类型按钮[图 5-13a)],在弹出的族类型对话框中点击参数"添加…"按钮,弹出配置参数属性对话框[图 5-13b)],指定参数类型为"族参数"设置参数的"名称""规程""参数类型"和"参数分组方式"并确认后,新建的属性字段显示到族类型对话框的参数列表中[图 5-13c)]。

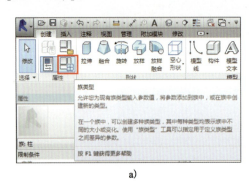

a)

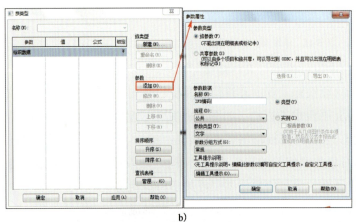

b)

c)

图 5-13 为自定义族添加名为"IFD 编码"的自定义属性字段

完成上述配置操作后保存族文件,并将该族构件载入到被包含的项目中替换原有族构件。使用新构件创建实例后,可在"类型属性"配置对话框中"IFD 编码"参数处手工录入该构件的分类编码值,如图 5-14 所示。

图 5-14 在类型属性对话框中实现 IFD 与信息模型的链接

5.2 面向建设管理的工程分解与编码

EBS 是对工程系统按照功能、专业进行分类和细化,形成结构树,实现工程实体的分类、检索、信息传递,从而便于项目管理。铁路 EBS 以《铁路工程工程量清单计价指南》为基础,结合相关施工质量验收标准,按照轨道、路基、桥涵、隧道、站场、环保、通信、信号、信息、自然灾害及异物侵限监测系统、电力、牵引变电、接触网、给排水、机务、动车、车辆、综合工务维修、大临及过渡、迁改等铁路专业工程分类,依照线分法原则,形成适合铁路项目管理的单元,满足工程设计、建设、施工、运维、管理的需求。

铁路 EBS 标准工点编码采用 12 位表示,前 6 位编码表示项目类型,将实体分为 20 个大类,中 2 位表示工点类型,后 4 位表示工点顺序;EBS 编码采用层次码,每层 2 位,长度为 2~24 位不等。以铁路 EBS 为基础,结合三维模型数据与建设管理需求进行数据库设计,按照内容可分为轨道数据、桥梁数据、路基数据、隧道数据,数据表设计采用单向继承、层层展开的方式,上一级表格提供下一级表格的索引,下一级表格对上一级表格进行信息的补充和细化。

铁路 EBS 标准是目前铁路工点施工管理的基本依据,工点施工信息按照 EBS 标准进行填报和数据录入。因此,为了将铁路信息模型应用于施工管理,使得施工管理更加直观、形象,必须根据铁路 EBS 标准对铁路信息模型进行构件级分解,建立 EBS 编码与三维构件模型之间的对应关系。已分解的构件为信息的最小载体,可与数据库中获取的信息相链接,通过三维形象表现,体现工点在查询日期的施工进度。

铁路信息模型的构件级分解包括以下两个步骤。

(1) 铁路 EBS 标准与构件可分离性分析

铁路 EBS 标准中,分解的基础是工点,每个工点有一个统一的工点编码,构造为项目编码—工点类型码—工点顺序号,项目编码为 6 位,一般取项目类别和项目简称首字母表示,可由使用单位自行编码,工点类型码为 2 位,按照轨道、路基、桥涵、站场等铁路专业统一编码,工点顺序号为 4 位,按照里程由小到大顺序排列,正常工点顺序号为 0001~8999,9001~9999 预留给工点调整时使用。

工点遵循从上而下、逐步细化的规则依次分解,分解后的每个工程单位对应一个 EBS 编码,该编码为属性码,根据 EBS 码值可反向推导出该工程所属的专业、工序、工程内容等信息。如图 5-15 所示为某项目的一座特大桥,在工点编码中加入线路和标段编号,则根据工点编码可以解析出该工点所属项目正线一标段第 10 个桥梁,根据构件的 EBS 码可解析出该构件为第三号墩台的第一根陆上钻孔桩。

图 5-15 EBS 编码示例

除铁路 EBS 标准以外,构件分离还受铁路信息模型本身的制约:其一,铁路信息模型建模的对象为可三维化的实体;其二,为了减少建模的工作量及模型数据量,通常会对外形相同的不同子类进行合并,并对某个对象的局部细节进行一定程度的精简。因此,EBS 分解码与铁路信息模型分解后的构件并不是严格的一一对应的。比如桥梁下部工程中地基及基础,包括基坑开挖、基坑回填、明挖基础、承台、钻孔桩等,其中,基坑开挖、基坑回填等通常没有可关联的实体构件,承台工程包括混凝土、钢筋、混凝土冷却管,受建模粒度的影响,当内部细节没有建模时,只关联到父节点,即承台级,将子节点作为父节点的属性进行链接。

(2) 构件分离与 EBS 编码

首先根据铁路 EBS 标准与铁路信息模型本身特性,总结归纳出构件的分离要求,然后通过分割三维模型的元素,实现构件的分离。理论上,采用工点编码加构件的 EBS 码可以实现每个构件的命名,然而,这种命名太过冗长,以墩台的桩基为例,完整的编码将会达到 26 位,且命名多为数字,不够直观,不利于模型的检索、管理和入库。一种可行的方案是首先建立一套简化的命名系统,然后建立构件与 EBS 编码的对应关系,将 EBS 码作为构件的属性码进行管理。

如图 5-16 所示,首先建立工点的铁路信息模型的简化编码,并与工点 EBS 编码一一关联,以便于施工信息的对接;然后根据 EBS 标准及模型属性进行构件分解;最后将对应的 EBS 编码作为分解后的构件的属性进行链接。受建模精度和表现粒度的局限,构件通常对应 EBS 结构中的中间节点,向上可回溯查询父节点信息,向下查询子节点信息。

图 5-16 模型分解与命名

5.2.1 桥涵信息模型的 EBS 分解与编码

(1) 桥涵信息模型工点编码

桥梁首位为类型编码"1";桥梁按照里程从小到大编码,如线路内第一座桥编码为"1",则工点完整编码为"11";将工点的 EBS 编码作为属性值与桥梁信息模型进行关联,点击桥梁任何构件均可查询;涵洞首位为类型编码"4";涵洞按照里程从小到大编码,如线路内第一个涵洞编码为"1",则工点完整编码为"41";将工点的 EBS 编码作为属性值与涵洞信息模型进行关联,点击涵洞任何构件均可查询。

(2) 桥涵信息模型构件分解

如图 5-17 所示,桥涵分为桥梁和涵洞,桥梁分解为梁、桥墩和附属结构,简支梁细分为多孔梁段,连续梁梁段细分梁块;桥墩细分为地基基础、墩身、垫石,墩身按照一定的间隔纵向切块以便于动态表现施工进度,地基基础细分为桩和承台,附属结构包括护栏和电缆槽,涵洞不做分解。每个构件附带的编号、位置、几何信息如下:

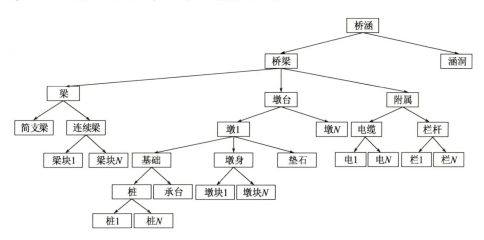

图 5-17 桥梁信息模型构件分解

梁段基本信息包括梁段的起始里程、终止里程、编号、类型;梁块基本信息包括梁块的起始里程、终止里程、编号;墩台基本信息包括中心里程、编号、类型、几何参数(宽、高等);桩父节点基本信息包括排布方式、个数;桩子节点基本信息包括桩编号、长度;承台子节点基本信息包括编号、长、宽和高;墩身基本信息包括墩身高度;电缆槽子节点包括起始里程、终止里程、编号、位置(左侧或者右侧);护栏子节点包括起始里程、终止里程、编号、位置(左侧或者右侧);涵洞基本信息包括涵洞的里程、编号、类型、与大里程方向右角、长度、孔径、净高。

(3)桥梁信息模型构件 EBS 编码

如图 5-18 所示,桥梁专业在 EBS 分解中分为特大桥、大桥、中桥、小桥和涵洞。特大桥分为复杂特大桥、一般特大桥、公铁两用特大桥;大桥首先分为新建和改建类,新建包括复杂大桥、一般梁式大桥、拱桥,改建包括梁式大桥、拱桥;中桥首先分为新建和改建类,新建包括梁式中桥、拱桥、框架式桥,改建包括梁式中桥、拱桥、框架式桥;小桥首先分为新建和改建类,新建包括梁式小桥、拱桥、框架式桥,改建包括梁式小桥、拱桥、框架式桥。图 5-18 中,椭圆形节点为有实体构件挂靠的节点,灰色方形节点为当前建模精度无法挂靠的节点,将其作为属性挂靠到上一级实体构件上,若上一级为构件组合,则通过组合内任意构件均可进行属性查询。

图 5-18 中,绝大多数桥在 EBS 分解中有类似的结构,如新建桥通常分为下部、上部、附属工程、沉降变形观测,改建桥分为下部、上部、附属工程、沉降变形观测和拆除砌体、圬工,根据工程类型(新建或改建)、桥梁类型(复杂特大桥、一般特大桥等)形成完整的 EBS 编码,因此,在桥梁的编码中,仅展开复杂特大桥的细部编码,其余编码与实体构件的对应关系均可类推获得。

图 5-19 为复杂特大桥的 EBS 编码框架示意图,根据桥梁信息模型的建模粒度进行适当展开,如椭圆形节点"N 号桩"可与桥梁信息模型构件分解中某一桩节点——对应,灰色方形节点"基坑开挖"经父节点"地基及基础"链接到节点"X 号墩(台)",则点击该墩台的任意构件(墩身、基座、桩、支座)均可查询"基坑开挖"的施工信息。椭圆形节点在 EBS 编码框架中的子节点均挂靠在该节点上,比如椭圆形节点"承台"在 EBS 编码体系中还包括"混凝土""钢筋""混凝土冷却管"这三个子节点,点击对应的三维构件可查看该承台下属各子节点的施工信息。

图 5-20 为涵洞的 EBS 编码框架示意图,分为新建和改建,新建包含圆涵、拱涵、盖板桥涵、矩形涵、框架涵、肋板涵、倒吸虹管和渡槽;改建包含延长、局部加固、拆除砌体、圬工、上下游铺砌及顺沟顺渠顺路,延长包含圆涵、拱涵、盖板桥涵、矩形涵、框架涵、肋板涵、倒吸虹管和渡槽。根据涵类型不同,新建的圆涵、矩形涵、框架涵包括明挖和顶进,明挖和顶进按照孔数分为单孔、双孔、三孔,明挖及顶进每孔下工程架构相同,因此,仅展开圆涵的工程架构,其余节点的 EBS 编码可通过类推获得。

5.2.2 隧道信息模型的 EBS 分解与编码

1)隧道信息模型工点编码

首位为类型编码"2";按照里程从小到大编码,如线路内第一个隧道为"1",则工点完整编码为"21";将工点的 EBS 编码作为属性值与隧道信息模型进行关联,点击隧道任何构件均可查询。

第 5 章 铁路工程系统分解与铁路信息模型构件编码

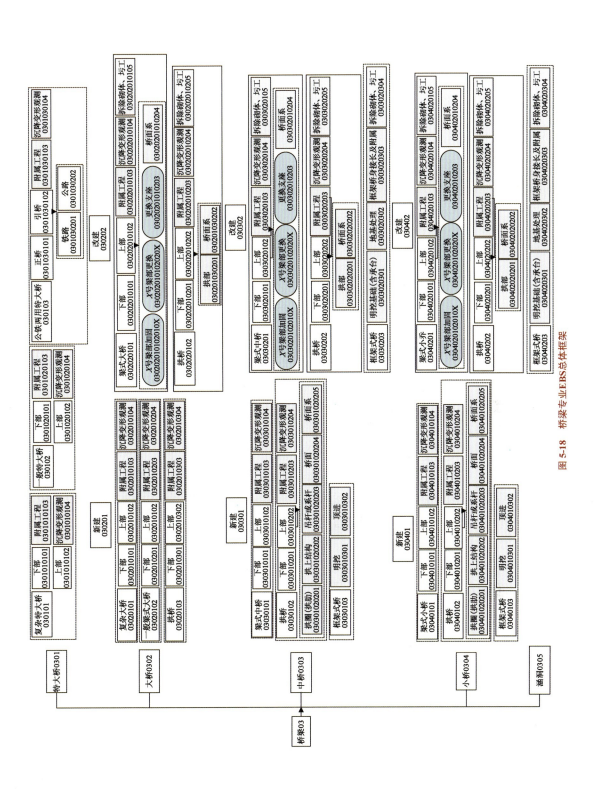

图 5-18 桥梁专业EBS总体框架

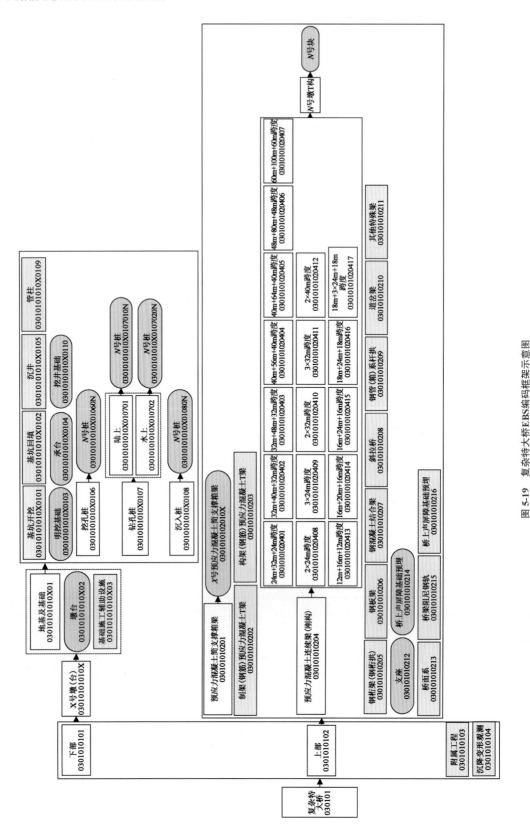

图 5-19 复杂特大桥EBS编码框架示意图

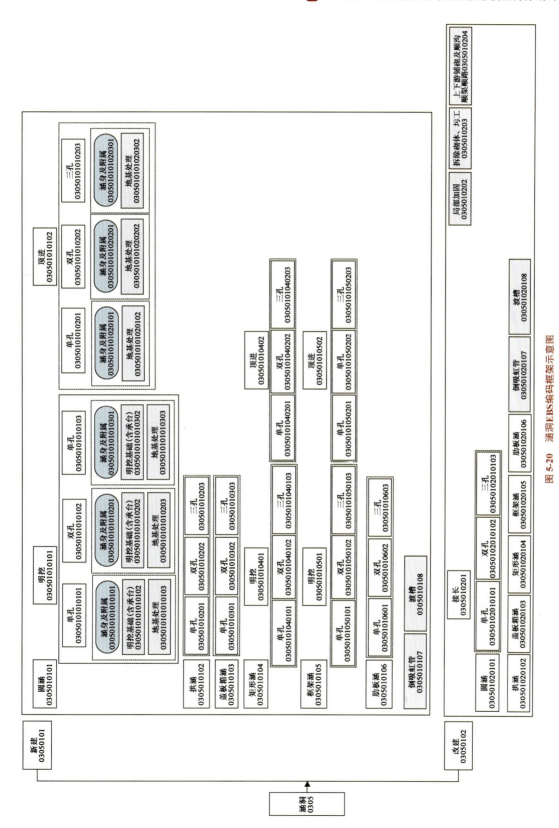

图 5-20 涵洞 BS 编码框架示意图

2)隧道信息模型构件分解

如图 5-21 所示,隧道分解为暗洞、明洞、斜井、洞室、洞门和附属结构,部分隧道含竖井和盾构环片结构。暗洞内部根据衬砌类型和围岩等级进一步细化以保证每个结构体具有唯一的衬砌类型和围岩等级,结构体内部按照采样间隔分段,段落内部再划分为初期支护、二次衬砌和仰拱,为表现施工工法,初期支护分为上、侧、下三个部分;明洞按照采样间隔分段;斜井与暗洞相似,根据衬砌类型和围岩等级进一步细化为结构体,结构体内部根据采样间隔进一步分段,附属结构包括电缆槽和底部填充,根据分段参数进一步细化。每个构件附带的编号、位置、几何信息如下:

暗洞基本信息包括起始里程、终止里程、编号、方向;暗洞内部每段结构体包括起始里程、终止里程、衬砌类型、围岩等级、施工工法、编号;暗洞内,结构体内部每个子段包括起始里程、终止里程、编号;明洞基本信息包括起始里程、终止里程、编号、方向、衬砌类型、围岩等级、编号;明洞每个段落包括起始里程、终止里程、编号;斜井基本信息包括里程、编号、与线路方向交角;斜井内部每段衬砌包括起始里程、终止里程、衬砌类型、围岩等级;斜井内,结构体内部每个子段包括起始里程、终止里程、编号;洞室基本信息包括里程、编号、位置(左侧或右侧)、围岩等级;洞门基本信息包括位置(前门或后门)、长度和类型;电缆槽子节点包括起始里程、终止里程、编号、位置(左侧或者右侧);底部填充(含中心排水)包括起始里程、终止里程、编号;竖井包括里程值、编号、长度、宽度、高度及细部结构等;盾构环片包括编号、半径、角度、附属结构。

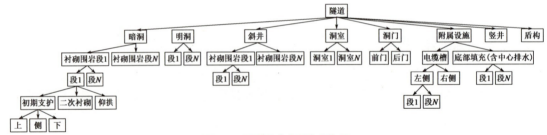

图 5-21 隧道信息模型构件分解

如图 5-22 所示,竖井分为围护和主体,围护包括冠梁、地下连续墙、旋喷桩、抗拔桩、混凝土支撑、倒撑和帷幕,主体包括每层结构和底板,每层结构包括梁、柱、墙和板,底板结构包括墙、加固梁、纵梁、横梁、底板,依次进行命名。

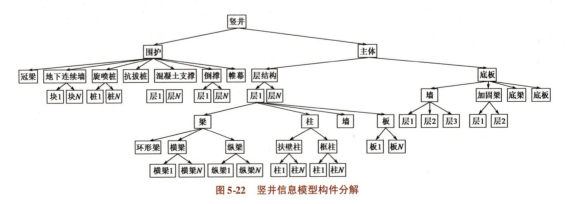

图 5-22 竖井信息模型构件分解

3）隧道信息模型构件 EBS 编码

如图 5-23 所示，隧道专业在 EBS 分解中分为隧道和明洞，每个子项均分为新建工程和改建工程。

图 5-23 隧道专业 EBS 总体框架

（1）新建隧道

如图 5-24 所示，新建隧道按照隧道长度不同分为 5 个子类，每个子类具有相同的 EBS 结构，仅以第一类为例展开。按照工程内容不同分为正洞、明洞及棚洞、辅助坑道、附属洞室、洞门及缓冲结构工程、防水和排水、加固处理、附属设施、不良地质处理 9 个子项。其中，正洞按照围岩等级分为 6 个子项，每个子项框架相同，仅展开Ⅰ级围岩；辅助坑道包括平行导坑、斜井、横洞和竖井，每个子项 EBS 框架相同，仅展开平行导坑，平行导坑按照设计开挖断面大小分为 3 个子项，每个子项 EBS 框架相同，仅展开第一类。

（2）改建隧道

改建隧道的各工程项目中，支护、拱墙、仰拱、仰拱填充、洞门及其子项可挂靠到相应的实体模型上，其余 EBS 编码可挂靠到隧道整体或相应的衬砌-围岩段实体模型上，如图 5-25 所示。

（3）明洞

明洞分为新建明洞和改建明洞，按照挂靠规则进行实体模型与 EBS 编码之间的关联，如图 5-26 所示。

5.2.3 路基信息模型的 EBS 分解与编码

（1）路基信息模型工点编码

首位为类型编码"3"；按照里程从小到大编码，如线路内第一段路基编码为"3"，则工点完整编码为"31"；将工点的 EBS 编码作为属性值与路基信息模型进行关联，点击路基任何构件均可查询。

（2）路基信息模型构件分解

图 5-27 所示为路基信息模型构件分解，将路基分解为桩、基床、填筑、支挡、防护和排水，支挡、防护和排水。首先根据分为路基左、右侧，然后每类结构内部按照里程从小到大编码，每个编码对象内部再根据分隔参数进行分段。桩、支挡、防护和排水均包含多种类型，通过类型码予以区分，支挡中的重力式挡土墙和桩板式挡土墙根据结构特点进一步分割为板（或墙）、平台（含帽石）和桩，悬臂式和扶壁式挡土墙则根据组成单元依次编号。每个构件附带的编号、位置、几何信息如下：

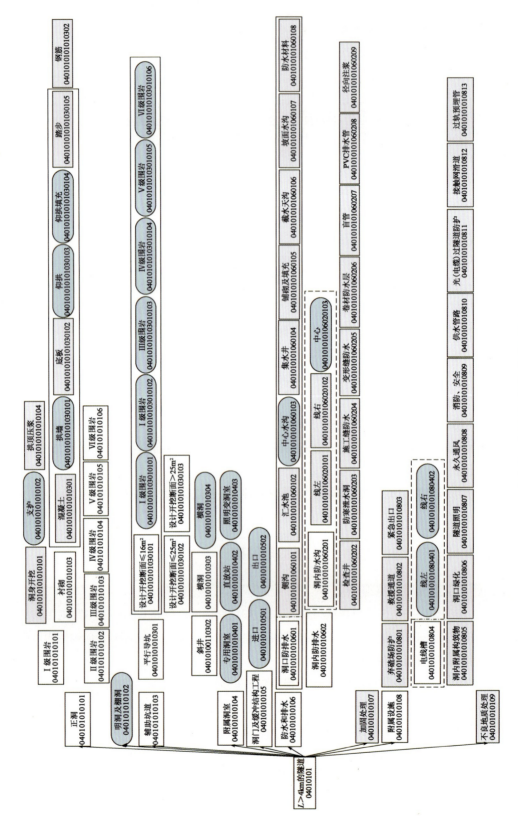

图 5-24 新建隧道 EBS 编码框架示意图

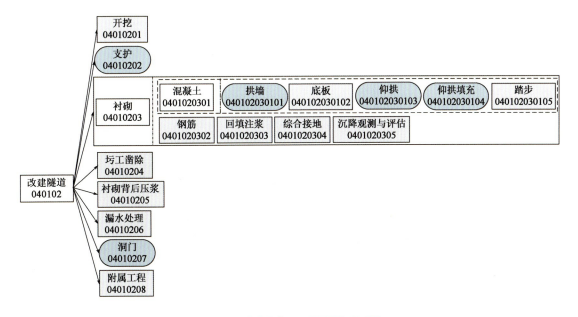

图 5-25　改建隧道 EBS 编码框架示意图

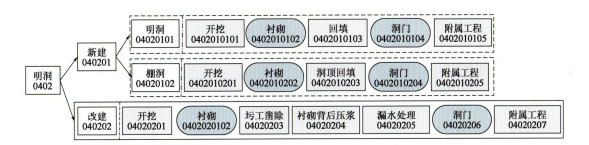

图 5-26　明洞 EBS 编码框架示意图

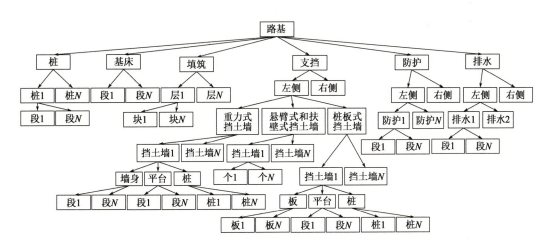

图 5-27　路基信息模型构件分解

桩、基床、填筑包括起始里程、终止里程、方向、编号、几何参数（厚度、长、宽、高、直径等），桩还需要包含类型信息；支挡、防护和排水包括起始里程、终止里程、方向、编号、位置（路基左侧或右侧）、几何参数和类型信息。

（3）路基信息模型构件 EBS 编码

如图 5-28 所示，路基专业在 EBS 分解中分为区间部分和站场部分，两部分的 EBS 结构相同，均分为路基土石方、地基处理、路基支挡、路基防护、既有建筑防护、路基地表排水、其他附属工程、路基监测工程、取土场和弃土场。路基支挡、路基防护和路基防水可进行三维表达的内容较多且 EBS 结构复杂，需进一步展开。

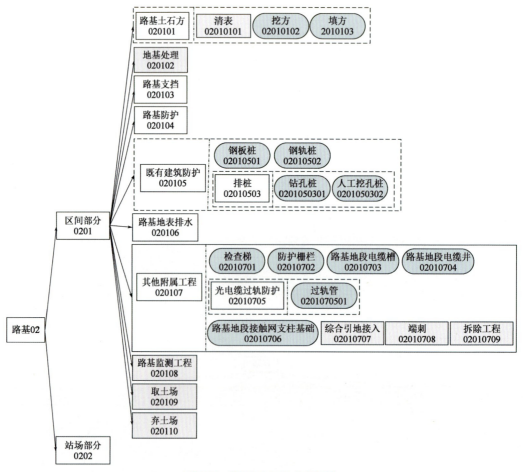

图 5-28　路基专业 EBS 总体框架

如图 5-29 所示，路基支挡分为挡土墙、锚固桩、锚索锚杆工程和新型支挡，挡土墙又包括重力式挡土墙、衡重式挡土墙、短卸荷板式挡土墙、悬臂式和扶壁式挡土墙、锚杆挡土墙、加筋挡土墙、锚定板挡土墙、桩基承台挡土墙、托盘式挡土墙和土钉墙。其中，重力挡土墙和衡重式挡土墙、短卸荷板式挡土墙结构相同，仅展开重力挡土墙；桩基承台挡土墙和托盘式挡土墙在 EBS 分解中没有展开节点。

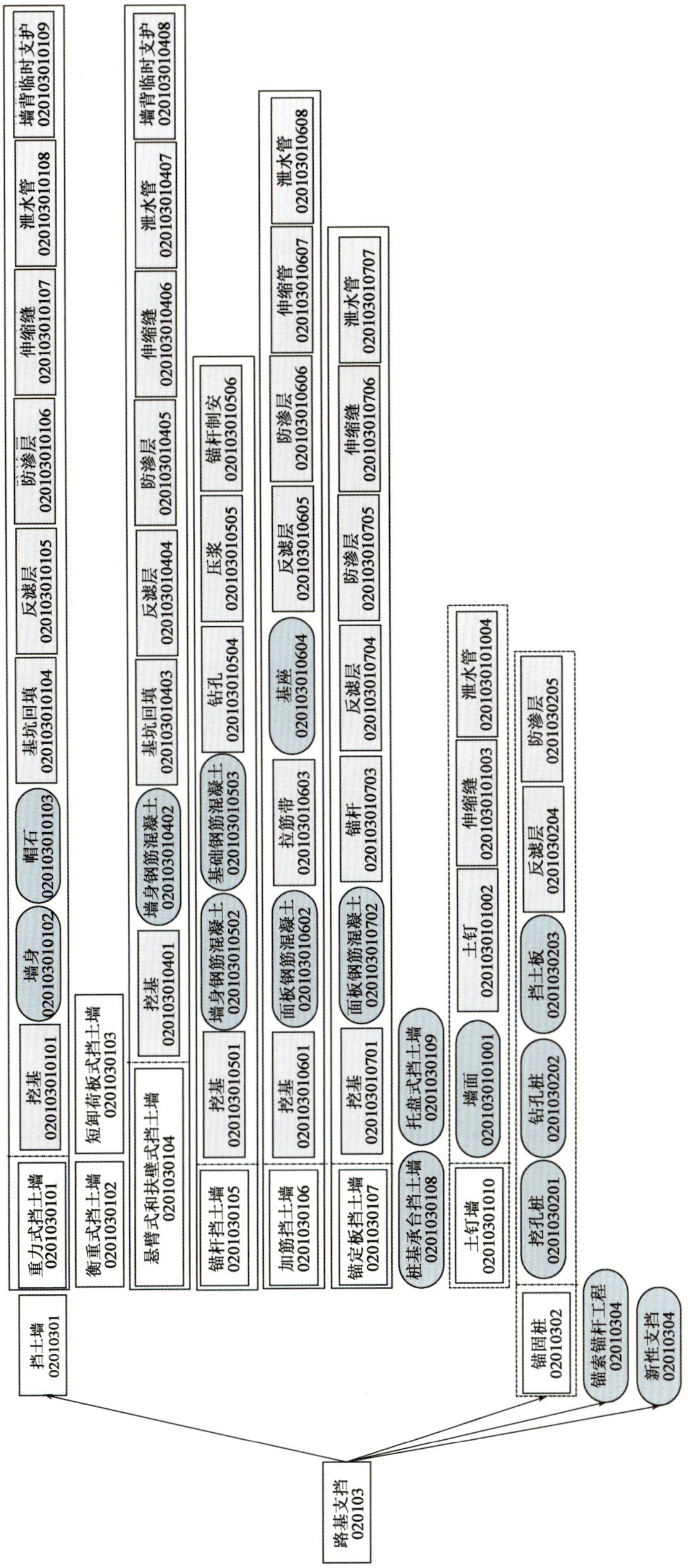

图 5-29　路基支挡EBS编码框架示意图

如图 5-30 所示，路基防水包括护坡基础、骨架护坡、空心护坡、其他护坡、护墙、边坡喷护、边坡加筋、边坡嵌体、绿色防护、防护网、基床加固与防护、危石处理、水害防治、防雪害设置、挡风墙、固沙及阻沙设施、地下防排水设施。

如图 5-31 所示，路基地表排水包括侧沟、线间沟、天沟和排水沟、急流槽、集水井、排水管、渗井、渗水泄水隧洞、河床开挖和河床冲刷防护，其中，线间沟和侧沟 EBS 结构一致，仅展开侧沟；集水井、排水管、渗井和渗水泄水隧洞在 EBS 分解中没有展开节点。

5.2.4 轨道信息模型的 EBS 分解与编码

（1）轨道信息模型工点编码

首位为类型编码"5"；按照里程从小到大编码，如线路内第一段轨道编码为"1"，则工点完整编码为"51"；将工点的 EBS 编码作为属性值与轨道信息模型进行关联，点击轨道任何构件均可查询。

（2）轨道信息模型构件分解

图 5-32 所示为轨道信息模型构件的分解，将轨道分解为线路、道床和道岔，线路区分左线和右线，左线分为有砟轨道和无砟轨道两类，有砟轨道包括轨枕和钢轨，轨枕可以按照间隔参数划分为多个段落或精确到每一根轨枕，钢轨按照预制长度分为多段；道床分为有砟道床和无砟道床两类，有砟道床按照间隔参数进行分段，无砟道床按照类型划分为 8 类，每个类别按照具体结构划分为轨道板、底座板、道床板、侧向挡块等；道岔分为板式和块式。每个构件附带的编号、位置、几何信息如下：

①轨枕段包括起始里程、终止里程、方向、编号和类型；
②单个轨枕包括中心里程、编号和类型；
③钢轨包括中心里程、编号、长度和类型；道床和道岔包括起始里程、终止里程、编号、类型（地段和型号）。

（3）轨道信息模型构件 EBS 编码

如图 5-33 所示，轨道专业在 EBS 分解中分为区间部分和站场部分，区间部分分为区间新建、区间改建、线路相关工程和施工监测网；站场部分分为站场新建、站线改建、线路相关工程和整体道床。区间新建和站场新建需进一步展开。

如图 5-34 所示，区间新建包括线路铺轨、有砟道床、无砟道床和道床轨道过渡段，线路铺轨分为左线和右线，两者结构相同，仅展开左线，左线分为铺新轨和铺旧轨，两者结构相同，仅展开铺新轨，铺新轨包括有砟轨道铺枕铺轨、无砟轨道铺轨、工地钢轨焊接等，有砟轨道铺枕铺轨分为木枕、钢筋混凝土枕等，每种又根据钢轨的类型细化；无砟轨道铺轨按照类型分为 8 种；有砟道床按照类型细化。无砟道床按照不同路段划分为路基地段、桥梁地段和隧道地段，每个地段根据轨道类型不同进一步细化，路基和桥梁地段结构相同，仅展开路基地段。道床轨道过渡段包括无砟部分、有砟部分和辅助轨，无砟部分按照地段和类型进一步细分。

第 5 章　铁路工程系统分解与铁路信息模型构件编码

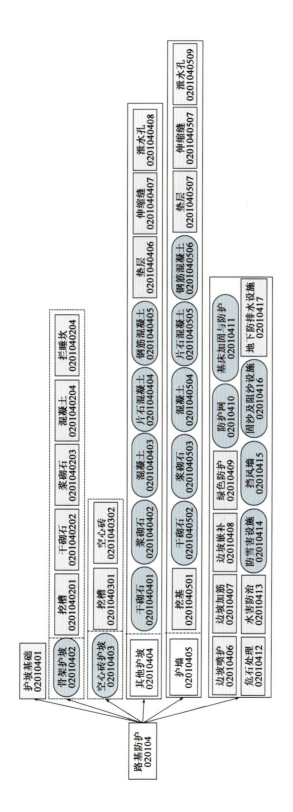

图 5-30　路基防水 EBS 编码框架示意图

-137-

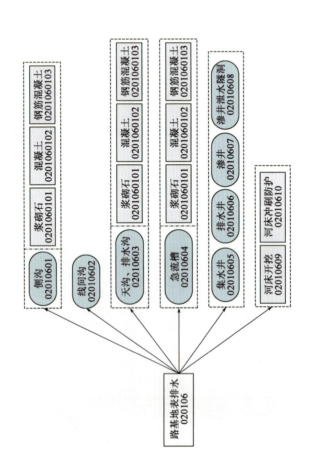

图 5-31 路基地表排水EBS编码框架示意图

第 5 章 铁路工程系统分解与铁路信息模型构件编码

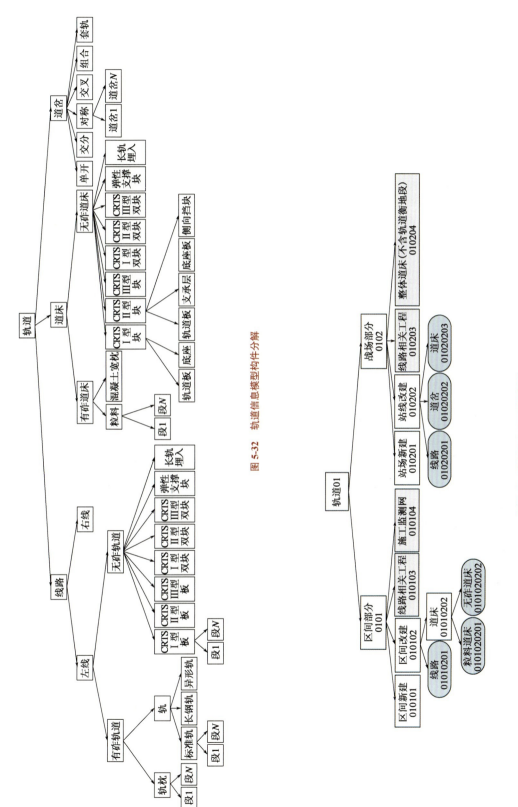

图 5-32 轨道信息模型构件分解

图 5-33 轨道专业EBS总体框架

-139-

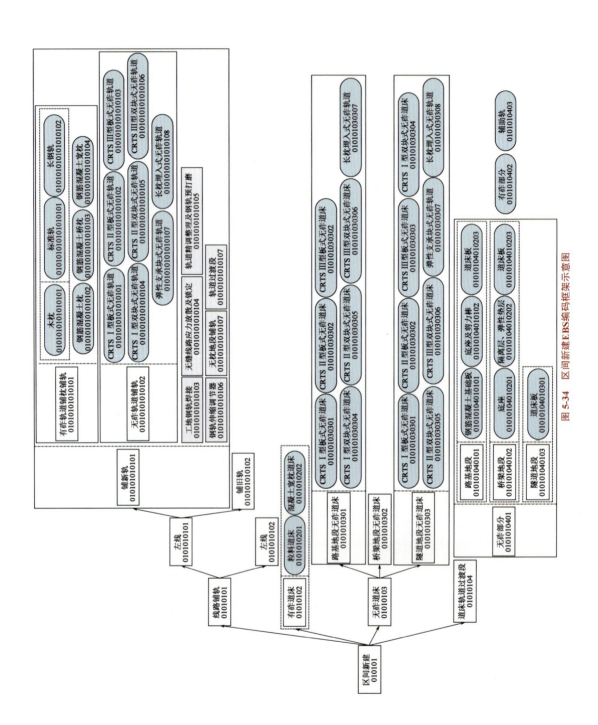

图 5-34 区间新建 EBS 编码框架示意图

如图 5-35 所示，站场新建包括站场铺轨、有砟道床、无砟道床、道岔区无砟道床及道岔、道床过渡段和有砟道岔，其中站场铺轨不区分左、右线，分为铺新轨和铺旧轨，与区间新建的 EBS 框架基本相同，有砟轨道铺枕铺轨增加了"异型轨"；有砟道床、无砟道床与区间新建的 EBS 框架相同；道岔区无砟道床及道岔分为枕式和板式，按照所处地段进一步细分。

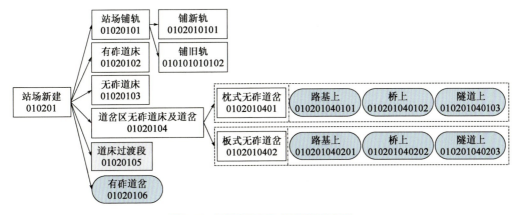

图 5-35 站场新建 EBS 编码框架示意图

5.3 本章小结

铁路工程庞大复杂，为了将工程管理信息与铁路信息模型关联，需要对铁路工程进行系统分解与铁路信息模型构件编码。本章分别从设计和建设管理的角度出发，阐述了铁路工程中 IFD 分解与编码及 EBS 分解与编码，并以常见的桥梁、涵洞、路基、隧道、轨道等模型为实例，给出了具体的模型分解和编码方法。本章内容为三维场景中模型与信息关联提供了基础和前提。四电设施设备、车站等站后工程由于编码标准尚未完善，本章暂不涉及。

第 6 章

铁路信息模型与工程管理数据库

铁路工程建设和运维管理阶段需要强大的数据管理和分析能力,不仅包含铁路信息模型,还包含海量异构的业务数据及工程管理的过程数据,数据类型覆盖传统数据库的结构化数据和视频、语音、图像等非结构化数据,具有明显的大数据特征。充分挖掘和利用大数据的价值,满足铁路工程建设相关方的特定需求,提高工程建设效率和质量,降低成本和资源消耗,具有广阔的发展和应用前景。因此,在铁路工程存储和管理数据库设计中,以工程实际需求为导向,充分考虑铁路工程建设全生命周期数据整合,覆盖抽取、清洗、加载、查询、分析全数据过程管理,能够为铁路工程建设管理、运营维护提供科学有效的信息支撑。

铁路信息模型不仅包含了三维实体模型,也包含了信息模型数据,如图 6-1 所示。其中,铁路信息模型通常由设计单位制作,铁路信息模型数据库对铁路信息模型所包含的设计单元的名称、造型、结构、设计参数等进行管理,通过与铁路信息模型三维实体构件关联,实现信息的可视化查询,并为后续工程管理传递必要的设计信息;铁路工程全生命周期内其他数据采用工程管理数据库进行统一、高效的管理,工程管理数据库设计以工程管理的实际需求为依据,具备数据可扩充、可承继的特点,保障了全生命周期管理中不同阶段、不同部门、不同层级信息的完备性与传递过程中的无损性,通过与铁路信息模型数据库关联,构造复杂的后台数据网络,为铁路工程全生命周期管理提供数据支持。

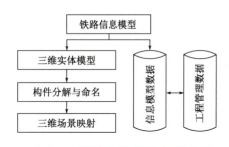

图 6-1 铁路信息模型与数据库的关系

6.1 铁路信息模型数据库设计

设计单位制作铁路信息模型时,根据勘察设计资料将全线工程划分为若干设计单元,不同专业设计单元的数据结构与内容不同。因此,首先设计通用设计单元数据表,然后分专业设计桥梁、路基、隧道等设计单元的数据表。数据表设计采用单向继承、层层展开的方式,上一级表格提供下一级表格的索引,下一级表格对上一级表格进行信息的补充和细化。

完成铁路信息模型数据库建设后,根据通用设计单元数据表及规范的构件命名规则,实现铁路信息模型信息与铁路信息模型三维实体构件的关联,再经过三维实体构件与虚拟现实环境中实体对象的映射,驱动虚拟环境中实体对象的表达方式,并实现三维平台内基于实体对象的多源信息查询。

6.1.1 通用设计单元数据表设计

通用设计单元数据表(又称工点表)用于记录设计单元的共性信息,包括工点名称、线路信息及设计信息(包括二维设计图纸、统计报表、设计说明等)。其中,工点名称与虚拟现实环境中三维模型构件名称及设计资料中工点名称相对应;同一工程通常包含多条线路,如正线、右线绕行、联络线等,该信息记录在线路信息表中,通过工点的线路 ID 进行关联;此外,工点表中预留类型编码、版本号等字段,便于设计单元分类查询及版本变更。图 6-2 所示为通用设计单元数据表。

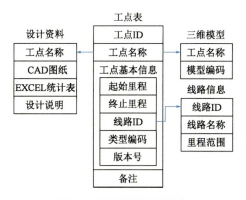

图 6-2　通用设计单元数据表

6.1.2　桥梁数据表设计

桥梁工点可细化为下部结构、上部结构和附属结构。其中,下部结构的总结点设置为每个桥墩,上部结构的总结点设置为梁段,采用工点 ID 与设计单元表关联;每个桥墩包含多层基础和多根桩,由于桩的一致性较高,为了节省数据量,简化数据结构,暂不对每根桩单独建记录,基础与桥墩通过桥墩 ID 关联;梁分为简支梁和连续梁,连续梁又被分为多个梁块,以梁段 ID 关联,此外,为满足二维填报的绘图要求,还需记录梁截面参数,采用梁段 ID 与梁段表关联。图 6-3 所示为桥梁数据表。

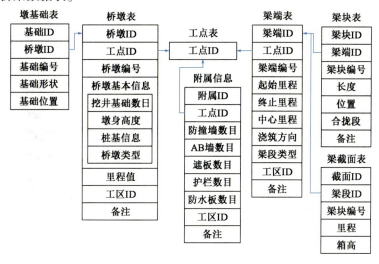

图 6-3　桥梁数据表

6.1.3 路基数据表设计

路基工点包含挖方、填方、地基处理、防护、加固等,填方分为填土方、填石方,填土方进一步细化为填 A 组土、填 AB 组土、填 C 组土等,逐一构建数据表不仅工作烦琐,且数据结构复杂,不易维护。经过归纳总结,按照数据构成不同,可统分为底部构件、侧面构件、挖方和填方,采用工点 ID 与工点表关联,每种细化部分配备类型表区分类型,如侧面构件类型表包括重力式挡墙、扶臂悬臂挡墙、U 形槽等 14 种不同构件,与三维模型对应,并支持种类添加。图 6-4 所示为路基数据表。

图 6-4 路基数据表

6.1.4 隧道数据表设计

隧道包括工作面(暗洞)、明洞、斜井、洞室、洞门、底部填充、电缆槽等,底部填充、电缆槽可以划分为任意多段施工,所有子项通过工点 ID 与工点表关联。图 6-5 所示为隧道数据表。

除基本构件信息以外,隧道还需要录入施工工法、围岩信息、衬砌信息、风险源、超前地质预报信息,其中,施工工法、围岩信息、衬砌信息通过段落 ID,结合段落类型与工作面、斜井或洞室关联;风险信息和超前地质预报信息通常只针对暗洞,通过围岩 ID 直接与暗洞围岩关联,并配备类型表和等级表进行属性说明,如图 6-6 所示。

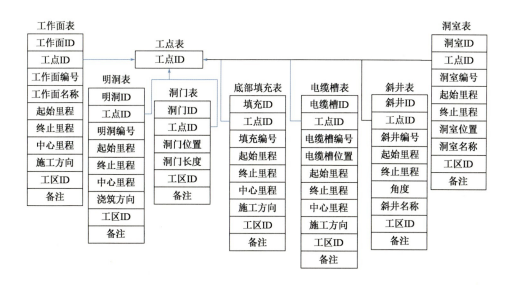

图 6-5 隧道数据表

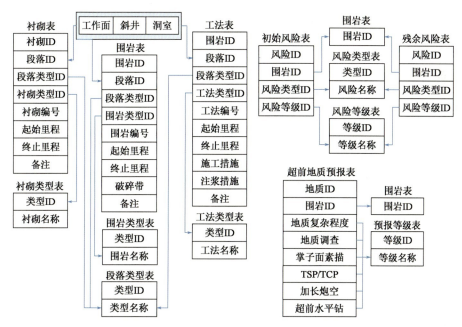

图 6-6 隧道其他信息表

6.1.5 其他数据表设计

铁路工程施工还包括铺轨、涵洞、拌和站、梁场等信息。其中,铺轨表记录每段轨道的轨道类型、起始里程、终止里程、线路类型、轨道类型等;涵洞表记录涵洞孔径和长度,通过工点 ID 与工点表关联;拌和站表记录拌和站编号、里程等;梁场表记录梁场名称和梁数目。

6.2 铁路建设管理数据库设计

建设数据按用途可分为铁路信息模型数据、组织机构数据、建设过程工程分解数据、施工过程信息、施工计划信息等。其中，铁路信息模型数据在前文已详述，只需进行数据关联即可在施工过程中可随时进行查询、分析与辅助决策；组织机构数据包括建设单位层级与功能部门、建设段落划分等信息；建设过程工程分解数据与前文工程系统分解（EBS 分解）相关，体现了工程单元的属性及工程单元之间的关联；施工过程信息为反映工程进度的实时信息，以日志的形式由施工单位定时填报，施工日志按照一定时段汇总可获得工程的项目的周报、月报、季报和年报，同时，结合铁路信息模型数据和施工组织计划可计算或预测某一时段的工程量，辅助验工计价、备料配送、工程延期分析等，或结合地质、环境信息提供预警信息；施工计划为建设单位、施工单位提供保证工程周期逐层细化的工程计划，包括总计划、年计划、季度计划、月计划、周计划和日计划，施工计划应与施工过程信息关联，从而对施工过程进行检校，辅助验工计价与投资拨款，保障经费使用合理、工程能够如期完工。此外，建设管理过程还包含工程材料、投资合同、物资设备、问题库、生产流程等信息，本章节仅以工程材料、投资合同为例，设计数据库，并以施工过程数据驱动统计分析。

6.2.1 建设管理数据组织结构

建设管理机构按照职能分为建设单位、监理单位、施工单位等，施工单位针对标段内工点分布及自身施工条件等因素，将辖区标段分为若干个工区，以工区为单位进行铁路工程施工。由于同一工点可能被划分为多个工区，隶属多个标段，工点与工区之间为一对多的关系，采用工点工区表将工点和工区进行关联，再通过工区信息表和标段信息表查找相应的标段进行算量和统计。图 6-7 所示为建设管理数据组织结构。

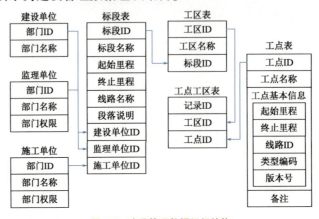

图 6-7　建设管理数据组织结构

6.2.2 建设管理工程分解数据库设计

EBS 分解标准制定的目的是为了规范施工过程,项目施工之前,首先根据 EBS 标准对每个工点进行工程分解,然后根据施工进度填写每个工点 EBS 对应项的工程量,完成日志填报。因此,EBS 数据库也分为两部分:编码库和日志库,前者可以按照 EBS 分解编码方法与铁路信息模型构件链接,再根据编码和日志的关系查询工程量和施工进度。

(1) EBS 编码数据库设计

EBS 编码结构如图 6-8a)所示,除桥墩为 3 位以外,其余均为 2 位,根据层级关系形成编码并在名称中加入一定数目的字符"-"构造层级。数据检查如图 6-8b)所示,首先按照层级关系检查编码、名称是否正确;然后设计 EBS 编码表用于存储 EBS 编码结构,EBS 编码表包括层级、EBS 名称、EBS 编码和单位;批量录入如图 6-8c)所示,采用批量录入功能导入轨道、路基、桥梁、隧道专业编码。节点查询如图 6-8d)所示,输入任意 EBS 编码,可查询该节点的层级及该节点后续节点树。

图 6-8 EBS 编码结构入库

(2) 工点 EBS 结构分解数据库设计

根据工程总造价和分解原则对每个工点进行工程量分解。以桥梁为例,首先,如图 6-9a)所示按照工点整理不同标段的工程量,并为每个构件加入对应的 EBS 编码;然后,从数据库中读取铁路信息模型构件信息,并根据分解原则进行工程量划分,如承台总量按照每个桥墩承台的体积划分、钻孔桩按照每个桥墩钻孔桩体积与个数划分、连续梁梁块按照梁块长度划分等,各工程项名称、单位等信息从 EBS 编码表中解析，无需填写。分解结果如图 6-9b)所示，点击目录树任意节点可追溯其结构并查询分解工程量。

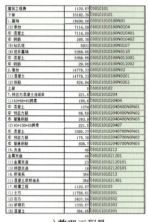

a) 整理工程量

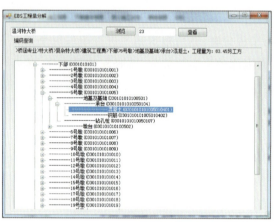

b) 分解结果

图 6-9 工点 EBS 分解

6.2.3 建设管理施工过程数据库设计

建设管理施工过程数据可以根据建设管理工程分解方式组织，即与 EBS 节点相关联，根据 EBS 分解组织填报，也可以根据铁路信息模型的数据结构组织，即与铁路信息模型构件关联。前者优势在于符合工程施工过程，且 EBS 分解本身基于工程量清单，工程量统计、验工计价、投资估算等更加便捷；后者优势在于直接与铁路信息模型三维实体构件关联，进度三维展示更加便捷。目前，通常采用两套体系并存的建设管理施工过程数据库设计，在 EBS 施工日志入库时，自动推送铁路信息模型施工日志，从而减少进度展示时后台运算量，提高系统查询与三维显示的效率。

1）基于 EBS 的施工过程数据库设计

EBS 日志表通过 ID 与工点 EBS 结构分解的项目相关联，录入当前的施工状态、工程数量、施工说明、日期。输入工程 ID 和日期，查询所有查询日期前的施工项，并对工程量、施工状态、施工说明进行汇总。

如图 6-10 所示，可在左侧结构树中选择"构件"或在二维填报系统、三维场景中选择"相应构件"，读取构件附着的 EBS 编码，并构造该编码的 EBS 结构树。选择 EBS 结构树中任意节点，可查看该节点的层级信息及 EBS 日志汇总信息。在本日进度栏中填写并上传相关的施工内容，即可完成该节点工程项目的 EBS 日志填报。

2）基于铁路信息模型的施工过程数据库设计

（1）工点日志表设计

为方便数据查询，设置工点变化表，记录每个工点工程进度变化的时间点，工点历史记录查询时,首先查询该表格,列出待查询工点的所有变化点,然后依次查询每个变化点的工程状态,进行三维展示或进度对比。

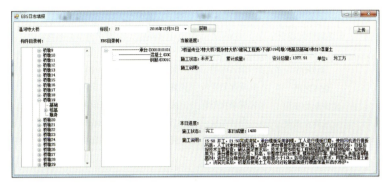

图 6-10　构件 EBS 编码及工程量填报

(2)桥梁日志表设计

桥梁日志分为桥墩日志、梁段日志和附属信息日志,通过各自的构件 ID 及工点 ID 相关联。图 6-11 所示为桥梁日志表。

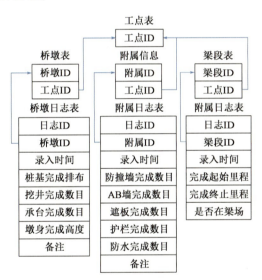

图 6-11　桥梁日志表

(3)路基日志表设计

路基日志分为底部构件日志、侧面构件日志、挖方日志和填方日志,其中,底部构件和侧面构件日志与路基基本信息表相关联,由于挖方表和填方表根据设计资料建立,是实际情况的简化,只作为二维日志填报时的参考。为提高灵活性和准确性,挖方日志和填方日志采用分段线的方式,录入当前施工的起始里程、终止里程、距离本体标高的高度及完成土方或石方量,统计算量时,将根据路基两侧路堤及路堑状况,对各时段线进行归总,获得两侧各分段的实际标高与工程量;三维形象进度展示时,将结合实际标高、路基模型的外轮廓、实际地形,表现当前地形开挖及填筑状态。图 6-12 所示为路基日志表。

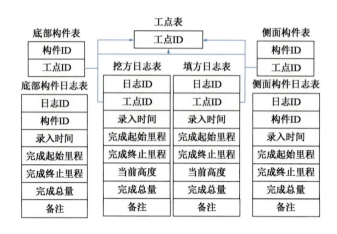

图 6-12 路基日志表

(4) 隧道日志表设计

隧道日志分为工作面日志、明洞日志、洞门日志、底部填充日志电缆槽日志、斜井日志和洞室日志，通过各自的构件 ID 及工点 ID 相关联，隧道日志表如图 6-13 所示。其中，为提高管理精度，工作面支护细化为上部、两侧和底部，若当前所在地段工法不区分支护各部位，则填报时将三部分数值设置为相同的里程范围。此外，由于隧道施工的特殊性，还需设置以下阶段表：

①围岩阶段表

初始录入的围岩信息根据设计资料建立，随着施工建设的推进，通常需要对原始信息进行更正。为保证初始信息的完整性，建立预报阶段和施工阶段的围岩表，表结构及初始数据与围岩表相同，允许施工过程中针对不同阶段进行信息修改。

②超前地质预报阶段表

与围岩阶段表原理相同，建立预报阶段和施工阶段的超前地质预报表，表结构及初始数据与原表相同，允许施工过程中针对不同阶段进行信息修改。

③隧道停工表

隧道施工过程中，有时会由于各种原因造成工程暂停，因此，需设置停工表记录某工作面的停工里程、停工日期、开工日期、停工类型和停工原因。

(5) 其他日志表设计

铺轨日志表通过轨道 ID 与轨道表关联；涵洞日志表记录录入时间、是否开工、完成总长度、基础完成长度、涵身完成长度、附属完成长度、回填完成长度，通过涵洞 ID 与涵洞表关联；拌和站表记录录入时间、拌和站状态（已进场、施工中、已完工），通过拌和站 ID 与拌和站表关联；梁场日志表记录录入时间、是否刚进场、完成数目，通过梁场 ID 与梁场表关联。

此外，施工单位日志表记录每个工区在录入时间点的完成的工程总额；人员设备表记录每个标段在录入时间点进场的管理人员数目、施工人员数目和设备数目。

图 6-13 隧道日志表

6.2.4 建设管理计划数据库设计

计划进度数据库表用于记录施工的计划信息。从计划类型上来看计划信息包括总体计划、年度计划、季度计划、月计划和周计划。从工点类型上看计划信息包括桥梁计划、隧道计划和路基计划。

计划进度数据库的设计既考虑独立性需要,在一定上也考虑了与 EBS 分解信息的关联需要。在独立性上的考虑,主要目的方便计划模块的独立分离使用与移植。基于此,在计划进度数据库内建立了工点表、工点类型表、隧道进出口和工作面的相关信息表。在关联上的考虑,主要目的是与 EBS 分解对象进来关联,便于在平台上计划信息与进度信息的联合查询分析等。计划进度数据库主要通过工点表的工点名称与 EBS 分解信息、日志填报信息进行关联。

计划进度数据库的表单主要从三个方面进行设计:第一个方面是来自 EBS 分解对象。记录工点对象信息(如名称、类型、EBSID 等)、隧道等工点对象的 EBS 分解信息(如进出口、工作面等),主要包括工点表、隧道进出口表、隧道工作面表等。此方面信息用于计划信息与工点对象信息的关联关系的建立、以及计划任务信息的分解制定。第二个方面是计划数据库的主要存储表,包括计划表和任务表,主要记录各种类型计划的详细信息(如计划名称、创建时间、计划类型等)以及其详细任务信息(如任务名称、开始时间、结束时间等)的表单。第三个方面

-153-

是各种类型信息的字典表,包括计划类型表、审核状态类型表、工程类型表、工点类型表,主要记录了计划类型信息、审核状态类型信息、工程类型信息等的 ID 和名称。

计划进度数据库中包含工点表、隧道进出口表、隧道工作面表、计划表、任务表、计划类型表、工程类型表、工点类型表、审核状态表,如图 6-14 所示。

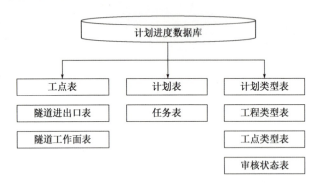

图 6-14　计划进度数据库中所包含的表单

计划进度数据库中各个表单的详细设计及关联关系如图 6-15 所示。

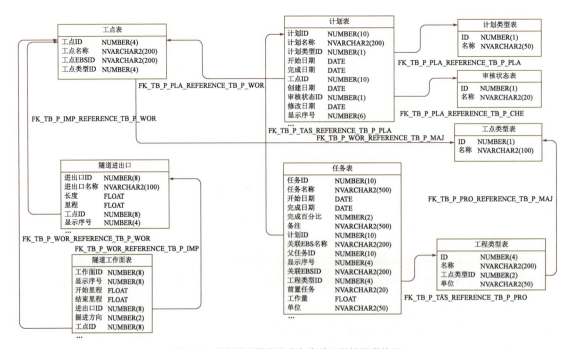

图 6-15　计划进度数据库中各表单之间的关联关系

调度报表包含月报表和周报表,用于对铁路工程进展进行监督和管理,并作为下阶段施工计划编制参考,目前没有统一格式,通常包括工点概述(包括工点开工情况、施工准备状况等)、生产资源变化情况(包括人员、设备等)、施工产值完成情况、征地及临建情况(包括征迁徙状况、进场状况、林地砍伐、梁场、拌和站、级配碎石拌和站、便道等)、工程施工进度(包括路基工程、桥梁工程、隧道工程等)、存在问题及对应措施等,如图 6-16 所示。

标段	工程项目名称一级	工程项目名称二级	单位	总量	年累数量	年累详情	季累数量	季累详情	月累数量	月累详情	周累数量	周累详情	开累数量	开累详情
第三标	基础	承台	个	35	8	0#桥墩承台完...	5	0#桥墩承台完...	0		0		8	0#桥墩承台完...
第三标	基础	桩基	个	239	43	0#桥墩桩基完...	23	0#桥墩桩基完...	0		0		43	0#桥墩桩基完...
第三标	基础	挖井基础	个	30	5	0#桥墩挖井基...	3	0#桥墩挖井基...	0		0		5	0#桥墩挖井基...
第三标	墩台		个	30	3	0#桥墩完成:1...	3	0#桥墩完成:1...	0		0		3	0#桥墩完成:1...
第三标	梁	40+58+40		137.5	0		0		0		0		0	
第三标	梁	60+100+60		221.6	79.5	60+100+60梁...	42.5	60+100+60梁...	0		0		79.5	60+100+60梁...
第三标	梁	32m简支箱梁	个	25	1	1#简支箱梁:2个	1	1#简支箱梁:2个	0		0		1	1#简支箱梁:2个

工点名称	起始里程	终止里程	长度(m)	工程项目名称	单位	总量	年累量	季累量	月累量	周累量	开累量	剩余量
DK3+090.00~...	3090.00	3883.90	793.90	挖方	立方米	25470.14	2061.86	2061.86	.00	.00	2061.86	23408.29
DK3+090.00~...	3090.00	3883.90	793.90	填方	立方米	2465.37	424.30	424.30	.00	.00	424.30	2041.07
DK3+090.00~...	3090.00	3883.90	793.90	基床	米	793.90	.00	.00	.00	.00	.00	793.90
DK3+090.00~...	3090.00	3883.90	793.90	防护	米	2618.80	.00	.00	.00	.00	.00	2618.80

工作面	洞口里程	设计规模	计划工期(个月)	计划建设工时	实际开工时间	是否完工	掌子面里程	开挖计划进尺	开挖日平均进尺	开挖当日进尺	开挖本周计划完成	开挖本累计完成	开挖本累计完成
进口	39115.00	2250.00	21.43	2017-8-21	2016-1-1	否	39265.00	156.17	5.21	.00	.00	.00	50.00
1#斜井辅助正...	42820.00	1445.00	13.43	2017-5-23	未开工	否	42820.00	39.47	1.32	.00	.00	.00	
1#斜井辅助正...	42820.00	2135.00	16.70	2017-9-17	未开工	否	42820.00	140.37	4.68	.00	.00	.00	
2#斜井辅助正...	47100.00	2145.00	14.97	2017-9-23	未开工	否	47100.00	159.95	5.33	.00	.00	.00	
出口	49125.00	2025.00	14.53	2017-2-19	未开工	否	49125.00	103.88	3.46	.00	.00	.00	
青阳隧道1号斜井	42820.00	500.00	3.97	2016-4-5	未开工	否	100.00			.00	.00	.00	
青阳隧道2号斜井	47100.00	875.00	2.77	2018-4-4	未开工	否	120.00			.00	.00	20.00	

图 6-16 调度报表

其中,由于已录入较为完整的基础数据、施工变更数据和进度日志,工程施工进度可通过数据统计直接获取。桥梁可统计某时间节点时,单个工点在某个标段内已完成的桥墩、正在施工的桥墩的墩身高度、已完工承台、挖井基础、桩基、简支梁、连续梁梁块等;路基可统计某时间节点时,某工点已完成的挖方数量、填方数量、基床工程量、防护工程量、挡墙工程量等;隧道可统计某时间节点时,某工点各工作面、斜井掌子面里程、开挖、支护、衬砌、仰拱进尺、掌子面围岩、衬砌、工法、风险源状况、停工状况等。两个时间点之间施工状态对比即可获得某个时间跨度内完成的工程量。对标段内所有工点进行累计,则可获得标段总工程量。

6.2.5 工程材料与投资合同数据库设计

1)工程材料算量

工程量计算是编制工程造价的基础工作,同时也是监督和指导施工的重要依据,具有工作量大、烦琐、容易出错的特点。根据施工日志自动计算已完成的工程量并估算下一阶段所需要的材料,能够实现施工过程的定量监督,并为下一级段施工提供参考。

以隧道工程量和材料计算为例,部件表存储各施工构件的层级关系,是一个自相关表,子节点和父节点通过上级部件的 ID 关联;材料类型表存储材料大类,材料表为其子类,混凝土配比表、钢筋细量表等补充材料表中各别项的属性;隧道施工材料与围岩等级相关,按照围岩等级折算为工程量/米,区分非后浇带与后浇带数量,记录在隧道工程量表内;止水带工程量表与隧道工程量表大致相同,施工类型表用于区分隧道施工、斜井施工等,施工缝类型表用于区分变形缝和施工缝。图 6-17 以隧道工程为例,示出了工程量计算中各数据表之间的关联关系。

2)路基、隧道、桥梁投资合同

《工程量清单计价指南》将工程分为土建部分和五电部分,土建部分包括铁路基本建设项目的拆迁、路基、桥涵、隧道及明洞、轨道、房屋、给排水、机务、车辆、动车、站场、工务、大型临时设置和过渡工程等的建筑、安装工程机承包人有关的其他费;五电部分包括铁路基本建设项目的拆迁、通信、信号、信息、电力、电力牵引供电、大型临时设施和过渡工程等的建筑、安装工程及与承包人有关的其他费用。工程量清单为工程项目造价在各节点的具体细化,是施工招标文件的组成部分,也是工程分期核算的重要依据。由于侧重点不同,铁路 EBS 分解标准与《工程量清单计价指南》不完全一致,为便于管理和维护,需要设计独立的数据模块。此外,《工程量清单计价指南》内容涵盖面广,过于庞大,实际铁路工程只涉及其中的部分内容,为便于填报和管理,在实际工程中沿用指南的架构和编码,并对具体节点进行筛减,同时,对实际工程中超出指南内容的工程项目节点按规则添加。

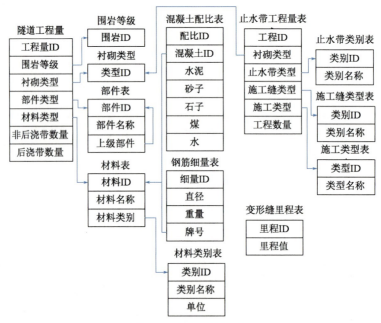

图 6-17 隧道工程量示例

(1)录入验工计价项目树

以各标段的合同为依据,对总工程内所有标段工程项目汇总,并以《工程量清单计价指南》为依据编码,形成分专业目录树,按照标段文件中的顺序依次录入目录树(通常为拆迁、路基、桥梁、隧道和涵洞、轨道、电力、房屋、运营、大临、其他)。工程项目表为自相关层级表,项目的类型、规则、内容为指南中相应说明,新增节点可不填写。图 6-18 所示为验工计价数据设计。

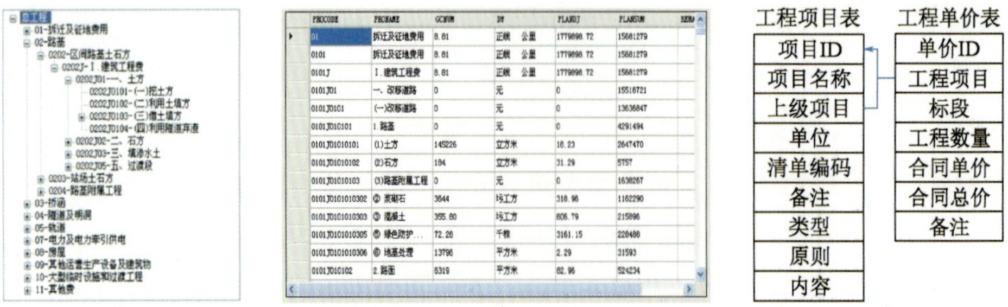

图 6-18 验工计价数据设计

(2) 录入各标段工程总量、计划单价、计划总金额

选择标段和标段合同文件，解析合同层级关系，自动录入并提示录入行数及未成功录入的行。未成功录入的原因有以下几点。

①不一致：标段合同文件该项名称与项目树不相同（同一工程项在不同标段的合同文件中命名不相同），需与施工单位协同进行局部调整。

②缺项或错项：项目树中找不到对应工程或标段合同文件与项目树中层级不一致，如确定为必须录入项，需要修正项目树，再重新录入。

(3) 录入桥梁、路基、隧道各工点工程量

根据设计资料，将各标段合同的工程量和造价细分至每个工点，以便后续根据工程日志进行某时期内工程量及完成造价的核算。由于路基解析比较烦琐，设计工程量单独存放在路基设计工程量表中。图 6-19 所示为工点工程量数据设计，图中 GCSUM 表示当前工点在当前标段下各工程项目的工程数量，GCSUM1 为当前标段下该工程项目的工程量总量。

图 6-19　工点工程量数据设计

考虑到填报工作量，施工日志填报时通常无法达到验工计价统计的细度，比如桥梁承台下子工程节点包括混凝土和钢筋数量，而施工日志填报只达到整承台的精度，因此，需要根据一

定的准则对细部进行概略估算。此外,录入的工点基本信息也存在一定程度的简化,比如同一桥墩的桩基没有进行工程量的区分,通常按照总桩数与已完成桩数计算百分比,以此为依据估算桩基的完成量。以统计的工程量乘以计划单价,可获得当期的工程造价。对标段内工点造价累计,即可获得当期标段内各工程项目的总造价。图 6-20 所示为验工计价表。

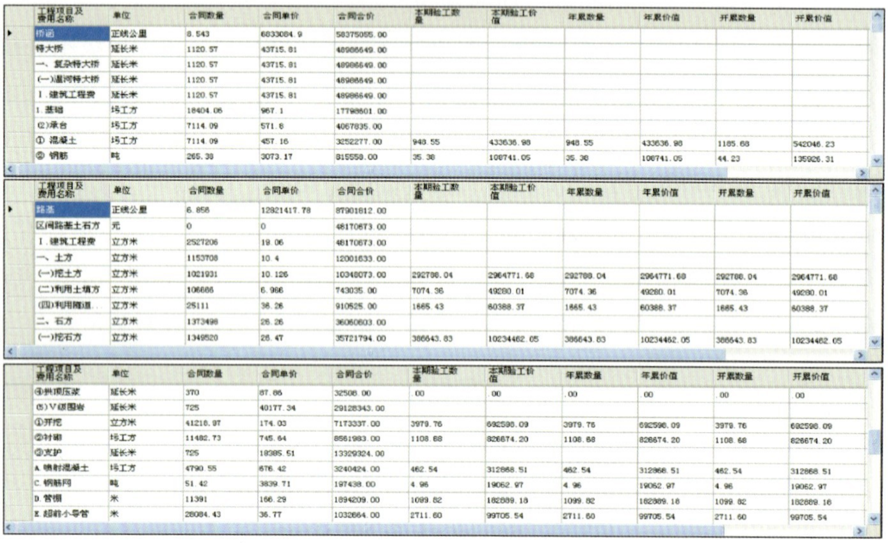

工程项目及费用名称	单位	合同数量	合同单价	合同合价	本期验工数量	本期验工价值	年累数量	年累价值	开累数量	开累价值
桥涵	正线公里	8.543	6833084.9	58375055.00						
特大桥	延长米	1120.57	43715.81	48986649.00						
一、复杂特大桥	延长米	1120.57	43715.81	48986649.00						
(一)温河特大桥	延长米	1120.57	43715.81	48986649.00						
Ⅰ.建筑工程费	延长米	1120.57	43715.81	48986649.00						
1.基础	圬工方	18404.06	967.1	17798801.00						
(2)承台	圬工方	7114.09	571.8	4067835.00						
① 混凝土	圬工方	7114.09	457.16	3252277.00	948.55	433636.98	948.55	433636.98	1185.68	542046.23
② 钢筋	吨	265.38	3073.17	815558.00	35.38	108741.05	35.38	108741.05	44.23	135926.31

工程项目及费用名称	单位	合同数量	合同单价	合同合价	本期验工数量	本期验工价值	年累数量	年累价值	开累数量	开累价值
路基	正线公里	6.858	12821417.78	87901812.00						
区间路基土石方	元	0	0	48170673.00						
Ⅰ.建筑工程费	立方米	2527206	19.06	48170673.00						
一、土方	立方米	1153708	10.4	12001633.00						
(一)挖土方	立方米	1021931	10.126	10348073.00	292788.04	2964771.68	292788.04	2964771.68	292788.04	2964771.68
(二)利用土填方	立方米	106686	6.966	743035.00	7074.36	49280.01	7074.36	49280.01	7074.36	49280.01
(四)利用隧道...	立方米	25111	36.26	910525.00	1665.43	60388.37	1665.43	60388.37	1665.43	60388.37
二、石方	立方米	1373498	26.26	36060603.00						
(一)挖石方	立方米	1349520	26.47	35721794.00	386643.83	10234462.05	386643.83	10234462.05	386643.83	10234462.05

工程项目及费用名称	单位	合同数量	合同单价	合同合价	本期验工数量	本期验工价值	年累数量	年累价值	开累数量	开累价值
④拱顶压浆	延长米	370	87.86	32508.00	.00	.00	.00	.00	.00	.00
(5)Ⅴ级围岩	延长米	725	40177.34	29128343.00						
①开挖	立方米	41216.97	174.03	7173337.00	3979.76	692598.09	3979.76	692598.09	3979.76	692598.09
②衬砌	圬工方	11482.73	745.64	8561983.00	1108.68	826674.20	1108.68	826674.20	1108.68	826674.20
③支护	延长米	725	18385.51	13329324.00						
A.喷射混凝土	圬工方	4790.55	676.42	3240424.00	462.54	312868.51	462.54	312868.51	462.54	312868.51
C.钢筋网	吨	51.42	3839.71	197438.00	4.96	19062.97	4.96	19062.97	4.96	19062.97
D.管棚	米	11391	166.29	1894209.00	1099.82	182889.16	1099.82	182889.16	1099.82	182889.16
E.超前小导管	米	28084.43	36.77	1032664.00	2711.60	99705.54	2711.60	99705.54	2711.60	99705.54

图 6-20　验工计价表

6.2.6　建设管理数据库定时更新

根据数据架构不同,存在两种更新模式:下载更新与手工更新。下载更新的前提为已存在二维施工进度数据库,只需根据约定的规则,定期从二维施工进度数据库中获取数据并转换即可;手工更新适用于无任何数据库的情况,通过开发相应的软件,为用户提供数据录入的接口。更新步骤如下:

①连接施工进度数据库,根据工点编号下载各工点当前进度;或接收用户输入的进度信息。

②顺次取每条工点进度,依据接口规则,对进度内容进行解析,包括数据有效性检测与数据转换。

③查询该工点对应的最邻近进度记录,若当前进度与查询记录不同,进入步骤④;否则进入步骤②。

④与查询进度相比,若当前进度滞后,认为当前进度输入错误,输出错误日志;否则,在日进度表中添加记录,并在进度更新表中添加相应记录,转到步骤②。

⑤所有工点更新完毕,填写更新日志。

6.3 铁路运营管理数据库设计

6.3.1 数据规范化要求

铁路运营与养护维修设计的业务数据征,主要包括台账数据、检测数据、评价标准三个部分。台账数据包括车站、曲线、坡度、道岔、股道、设备安装地点等,按照数据类型可分为表数据、图像、文档等,其中,表数据采用导入已有的 Excel 表格入库,由于表和记录的数量多,为减少数据解析的工作量,对表格完备性和公有数据项(如车站名称、起始里程、终止里程、线路、行别、侧别等)进行规则化,具体如下所述。

①表格完备性:所有数据表必须具备表名注释和列名注释,显示查询结果时,不再对每个表进行解析,直接按照表名注释和列名注释显示台账。

②列名注释规范化:公有数据项采用统一的列名注释,如地震监控安装地点表、工务维修分中心涵洞设备表、路基资料表中均包括设备的里程信息,要求列名注释包含"里程",数据分析时,只需要解析列名注释,便可以该列数据值为依据进行定位。

③数据格式规范化:公有数据项采用统一、规范的数据值,如同一车站在不同的数据表中名称应一致,数据表之间可通过公有数据直接关联,而不需要逐一建立链接;里程列中,里程值的书写应符合一定的规范(如 DK×××+×××),便于解析并转换为三维场景中的坐标。

铁路资产管理系统涉及工务、通信、信号、信息、牵引变电、电力、接触网、房建等专业,每个专业又进一步细分,从而导致数据表繁多、数据表之间的关系复杂,无论是信息录入还是数据管理,工作量都十分繁重。为了提高效率,除了沿用完备性和规范化以外,还需要提高表格录入的自动化程度,通过高度归纳来简化数据结构。

6.3.2 数据录入

(1)表格的批量创建

开发有两种创建表格的方法:一是根据 Excel 表自动创建表的 FROM EXCEL 功能;二是批量创建功能,如图 6-21 所示。

①FROM EXCEL 功能:用于根据 Excel 表自动创建表,选择 Excel 表,第一行写表注释和表名,第二行写列名,之下为表格内容,自动创建列、主键并填写表内容。

②批量创建功能:资产管理数据表中存在大量形式相似的表格,如房建专业的控制主机实物明细表,每个车站配备一个明细表,表格形式相同,为节省工作量,可批量创建。首先按照 FROM EXCEL 功能编辑每张表格,若不输入批量表名称,则默认名称为 TB_AUTOTBL;然后将

需要录入的表格放入一个文件夹中,并按照录入顺序编号;选择文件夹后,顺序读取 Excel 文件并创建表格,表格名称为"批量表格名称×",×为文件夹中该表格的编号。

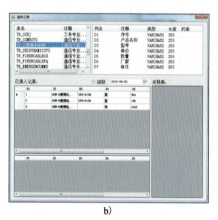

a)   b)

图 6-21　创建表格

(2)批量录入与批量编辑

在创建完表格之后,需要批量录入数据,以及对录入的数据进行修改和批量修改,如图 6-22 所示。

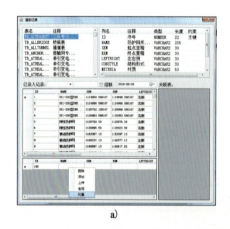

a)   b)

图 6-22　批量录入与批量编辑

①批量录入:创建表格时,将自动录入 Excel 表中内容,也可以选择对应的 Excel 文件进行批量记录添加。若输入类型为图像、文档等(录入数据流),Excel 表中输入该文件的路径,若输入字段不足,缺失字段将用默认数值补充,外键字段缺失或输入不正确,则该条记录不能被读取。读取成功的数据将加载在添加列表里,可以修改或者选择后上传。

②批量编辑:如违反公有数据一致性时,需要对多条记录的某一个字段进行批量修改,首先在下拉框中选该字段,然后在后面的文本框中填写修改值,如果是日期,在日期栏里选择,右键选"批量修改字段",则该字段项被修改为输入值,修改之后,右键选择修改项上传即可;受 Excel 表格的格式影响,部分列缺失某一项数据值,可采用拷贝前字段功能,在已录入记录的下

拉框中选择需要拷贝的字段,若该字段数值为空白,则拷贝前一非空白值。

6.3.3 数据结构设计

(1) 名称关联

采用松散的分级连接方式,建立名称检索表和名称对应表,其中,名称检索表中的表名称用于存储汇总表的表名,如车站对应的表名为车站表,车站表中存储线路中所有车站的名称;名称对应表中列出所有包含当前内容的子表名称及相应的字段名称,如图6-23中的房建专业结构材料、附属设施表及其站区字段。添加新的表关系,只需在名称检索表、名称对应表中增加汇总信息,并添加相应的名称表即可。如图6-23所示,选择"方法"之后,相应列别在"类名称"中列出,选择"类名称"的某个对象,列出所有关联表,包括独立表(整个表只与当前对象相关)以及部分表(表中的某一字段数值包含选定对象),双击表格可查看内容。

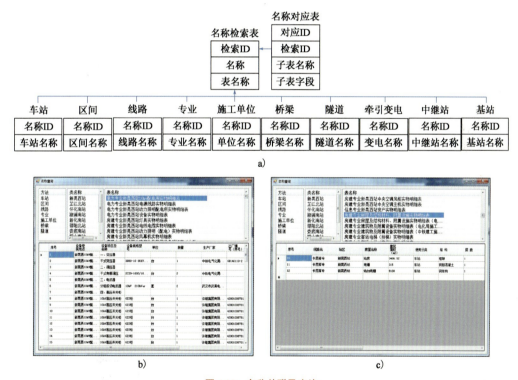

图 6-23 名称关联及查询

(2) 里程关联

里程关联与名称关联类似,首先建立第一层级的里程关联方法表,如里程点关联、区间段关联等,然后建立相应的里程对应表,由于第一层检索表中涉及的内容相对简单,不再以单独表格罗列。此外,由于不同方法所需要的字段数不同,每种方法需设置一个里程对应表,如图6-24中所示的里程表和区间表。选择"方法"后,列出该方法适用的对象;输入任意里程,若为里程点查询,计算里程字段与输入里程的差值,按照差值从小到大排列;若为区间段查询,列出输入里程位于区间段内的记录。里程字段支持"挡1""挡2"等非数字类数据入库,但由于特殊字段无法转换为数值,将不参与查询。

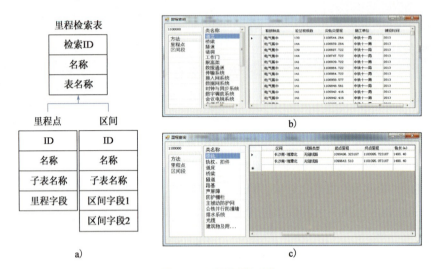

图 6-24 里程关联与查询

6.4 本章小结

铁路工程涉及专业众多,信息复杂繁多,使用数据库对众多专业的数据信息进行统一管理,不仅有助于将非结构化的数据进行结构化管理,而且还便于多专业之间的数据共享和协同分析。本章在对铁路工程进行系统分解与构件编码的基础之上,从设计、建造、运营三个阶段出发,分别阐述了铁路工程的数据库设计方法。其中,在设计阶段,数据库的设计主要考虑各工点模型的设计信息;而在建设阶段,数据库的设计则要考虑组织机构、工程分解、施工过程、管理计划、材料与投资等信息;在运营与养护维修阶段,数据库的设计需要考虑台账数据、检测数据、评价标准等信息。

第 7 章

铁路三维场景数据组织与优化

上述章节为铁路三维场景中的生成提供理论与方法基础。其中,第2章介绍常用的坐标系,为多源数据的融合提供统一的基准,并介绍基础地理数据的获取和处理方法,为三维场景提供基础底图。第3章介绍铁路信息模型三维建模方法,阐述参数化建模、手工建模生成模型库、精细化BIM建模三种方式,并分别叙述其应用情况。第4章针对第3章中的模型,讲述模型之间的互操作方法,确保不同格式的模型能够相互转换、相互融合。第5章阐述模型的分解与编码,分别阐述设计阶段与建设管理阶段,不同视角对模型的分解与编码模式,以便不同阶段的应用。第6章阐述数据库的设计方法,分别阐述设计、建设、运营三个阶段数据库的设计模式,为三维场景中属性信息的存储与检索提供保障。

本章首先阐述地理信息符号化表达的方法,将多源异构数据进行可视化展示。将地理信息符号分为二维符号和三维符号两大类,并将二维符号和三维符号进行融合,划分为线路走向、主要工点、三维模型三种尺度,实现多尺度下地理信息符号的自适应表达。

然后,阐述多源异构数据的组织方式。针对三维模型数据,主要基于语义信息、组成关系,确定三维场景中三维模型的组织方式。并叙述三维模型与其他地理信息数据之间的融合方法,主要包括地形、影像、矢量、参数化模型、BIM模型。针对模型与地形无法实现无缝融合的情况,阐述地形数据的处理方法。

最后,针对三维场景中海量的地理信息数据阐述三维场景数据优化方法,以提高场景操作和浏览的流畅度。分别从地形影像数据、倾斜摄影数据、矢量数据、三维模型数据几个方面,叙述不同数据的优化策略。

7.1 地理信息符号化表达

数据是地理信息系统的基础,也是其表达的主要内容。因此,要实现三维GIS描述和表达,首先要解决描述内容的问题,即确定三维要描述的地理要素和非地理要素的种类。在这个过程中,主要参照《地理信息分类与编码规则》(GB/T 25529—2010)、《铁路地理信息分类与编码》(Q/CR 520—2016)。其次,要将内容通过符号化手段表达出来,实现三维场景的可视化表达。

7.1.1 三维模型点符号表达

三维地理信息符号是在地图符号的基础上,结合虚拟现实技术发展起来的。地图符号是地图上用来表示实地物体与现象的特定图解记号,是以约定关系为基础的与客观事物具有指代关系的物质对象(图形、图解)。三维地理信息符号不仅能够指出目标种类及数量和质量特征,而且能确定对象的空间位置和现象分布。

根据《基础地理信息要素分类与代码》(GB/T 13923—2006)、《三维地理信息模型数据产品规范》(CH/T 9015—2012)等相关规范,将三维中的地理要素按所属类别分为建筑要素、交通要素、水系要素、植被要素、管线及地下空间设施要素、其他公共基础设施要素。结合不同的铁路工程项目经验,将地理要素中可以通过符号化表达的要素提取出来,分别采用点状、线状、面状三维符号表达。

(1) 三维点符号

点状地理要素是分布最广、应用最频繁、形式最复杂的地理要素,点状地理要素三维符号化表达是搭建三维场景的首要任务和基础内容。三维点符号主要包含各种地理要素中可以符号化的离散点分布的地理要素,铁路三维场景中的三维点符号主要包括线路周边居民地等简单三维模型、铁路主体工程参数化模型、BIM 模型、模型库。

居民地及设施包括居民地、工矿及其设施、农业及其设施、公共服务及其设施、其他建筑及其设施。其中建筑物信息以矢量多边形方式表达,根据高程信息,建立简单模型,再辅以贴图纹理。根据房屋类型不同,建立不同材质纹理贴图库。居民地附属设施的表达则根据其类型不同,选择 3D 模型表达、注记符号表达。像水塔、烟囱、通信塔、路灯、广告牌等大型附属设施或者市政设施,根据其地物特点,选择 3D 模型表达。图 7-1 所示为简单模型的三维点符号表达效果。

a)

b)

c)

图 7-1 简单模型的三维点符号表达

由于三维渲染平台采用图层管理方式对模型点位数据进行管理,因此每一类模型空间点位与属性信息均存储在相应的一个图层中。每一个三维点中包含了模型名称、空间坐标、空间姿态、缩放尺寸等属性。可以将所有的点位信息读入至三维引擎中,通过点位的语义信息匹配相应的基元模型,即可进行点位符号实例化,从而采用基元模型自动组合的方式生成三维场景。此外,建模系统根据线路中心线一并输出漫游路径文件。通过读入该路径漫游文件,即可实现高速列车的自动漫游功能。三维点符号实例化过程如图 7-2 所示。

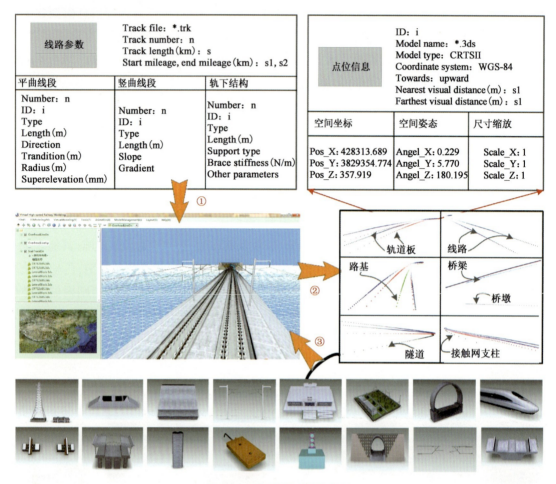

图 7-2 三维点符号实例化过程

由于在三维渲染平台中，各类模型点位信息是以图层的形式进行存储，因此，需要先根据模型的属性信息，设计模型图层的属性表，以便存储模型的属性信息。表 7-1 为设计的模型属性表，主要包括模型的 ID、语义、长、宽、高、空间坐标、空间姿态、缩放比例等参数。通过模型的属性表可以确定基元模型的空间位置与空间姿态，从而完成三维点符号实例化。

模型属性表设计　　　　　　　　　　表 7-1

列　名	数据类型	长度	列　名	数据类型	长度
ID	varchar	18	ViewRange_N	numeric	9
Semantic	char	50	ViewRange_F	numeric	9
Pos_X	numeric	9	Length	numeric	9
Pos_Y	numeric	9	Width	numeric	9
Pos_Z	numeric	9	Height	numeric	9
Angle_Y	numeric	9	Scale_X	numeric	9
Angle_Y	numeric	9	Scale_Y	numeric	9
Angle_Y	numeric	9	Scale_Z	numeric	9

(2)三维线符号

线状地理要素是指呈线性、连续分布的地理要素,线状地理要素的符号化表达主要是指对河流、管道等通过三维符号进行可视化的过程,线状符号库中符号的实现多采用要素放样的方式。

在城市轨道交通项目中,管线数据(如输电线以及附属设施、城市管线)常常采用三维线符号的形式进行表达。输电线及附属设施主要以 3D 模型方式表达。管线模型包括地上管线模型和地下管线模型。管线模型类型,宜采用给水、排水、燃气、工业、热力、电力、电信、不明管线 8 个分类,采用程序建模方式表达,同时辅以不同贴图纹理,表达不同管线类型。对于消防栓、压力表、阀门等管线点附属设施则主要以 3D 模型表现。图 7-3 所示为三维管线符号化表达效果。

图 7-3 三维管线符号化表达

(3)三维点符号实例化

场景映射与实例化是指通过一定的数学模型去描述现实世界中地物模型的过程。高速铁路场景映射与实例化过程可分为概念模型设计、坐标转换、逻辑模型设计、物理模型设计、三维场景构建等几个步骤,如图 7-4 所示。

其中,概念模型表示对现实世界的抽象规则,用以明确哪些内容应该被包括在模型中,诸如对象类型、属性、相互关系、语义等信息。由于现实世界的复杂性,概念模型需要定义确切的抽象方法和描述规则,概念设计的目标就是提供描述现实现象的工具。多层次空间语义约束规则建模的输出结果,即为高速铁路的概念模型。在确定待描述的现实特征后,还需要根据特定图形引擎的数据特征,选择地理坐标系或者投影坐标系,对输出的概念模型结果进行坐标转换。为能够有效的组织、管理、分析这些特征信息,需要定义逻辑模型。逻辑模型的设计目标在于确定现实世界地物模型的逻辑组织方案,即在概念模型的基础上解决现实现象的管理问题。高速铁路场景的逻辑模型主要由线与点构成,包括各类单位模型的底面中心线,以及各个基元模型的底面中心点。物理模型的作用是实现逻辑模型和计算机硬件之间的沟通,亦即确定信息的存储方式、存储结构、索引方式等。存储结果既可以是一系列数据文件,也可以是若干个彼此联系的数据库。在此基础之上,通过逻辑模型和物理模型的准确匹配,构建高速铁路三维场景。

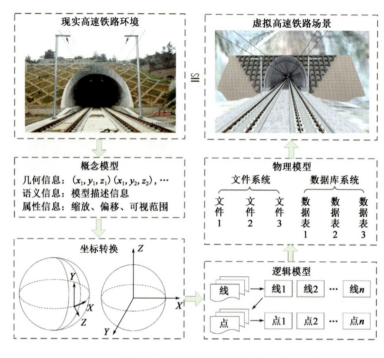

图 7-4　场景映射与实例化方法

支持三维场景渲染以及交互操作的可视化引擎多种多样,包括 ArcGlobe、OSG(Open SceneGraph)以及 Skyline 等平台。这些渲染引擎虽然种类不同、数据组织方式不同,但操作方式类似,均支持大范围地形和影像数据的读取,支持大场景的交互操作与可视化分析。

在进行场景描述与映射的过程中,所有三维模型可以被看作一系列具有空间坐标和空间姿态的离散点。这些离散点的空间坐标用来确定基元模型的空间位置,而空间姿态则用来调整基元模型的三轴姿态角度。通过读入三维点符号并进行实例化操作,即可将模型安放在相应的位置。

此外,三维引擎还支持对三维点符号的旋转,包括 X、Y、Z 三根轴的旋转,三个方向的角度值主要记录在点位符号的属性中,模型外包围盒可以随着角度值变化而进行转动与更新。同时,属性中还可以记录模型在三个方向上的缩放,从而对基元模型外包围盒的几何尺寸加以调整。

图 7-5 所示为多平台下三维点符号实例化和场景生成过程。首先生成了单位模型的底面中心线数据,然后,根据基元模型组合成单位模型的方式,生成基元模型的底面中心点数据。每一个离散点即关联一个相应的基元模型,其属性值包括基元模型名称、空间位置、空间姿态、尺寸缩放等信息。通过导入这些离散点,并利用相关的应用程序编程接口(Application Programming Interface,API)进行点位符号实例化,从而将模型导入三维场景中。在姿态语义约束条件下,对基元模型在三根轴向上加以旋转,从而生成高速铁路三维场景。

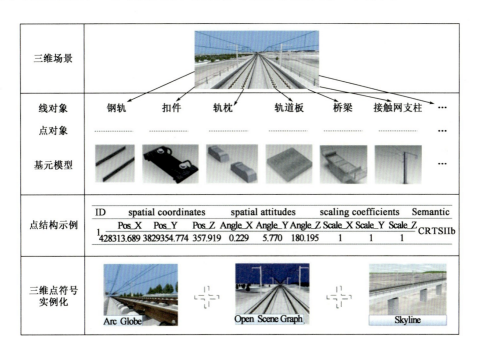

图 7-5　多平台下三维点符号实例化和场景生成过程

7.1.2　多尺度下地理信息符号自适应表达

二维地图使用二维地理信息符号对现实世界进行抽象描述,在小比例尺下能够更好地反映宏观上的地理位置,以及地理元素之间的相对位置关系。三维场景使用三维地理信息符号对现实世界进行具体化表达,在大比例尺下能够更加清晰地在微观上展示局部细节。如何结合二维和三维的优势,将二维符号和三维符号进行混合展示与自适应表达,就显得尤为重要。

二、三维符号融合有以下两种思路。

①将二维点、线、面矢量符号直接叠加到三维场景,并统一坐标系,根据视点的高度设置不同的可视范围,从而控制每种符号的显示与隐藏情况。

②将二维点、线、面符号生成二维电子地图,设置不同比例尺下每种符号的显示与隐藏,将二维地图叠加到三维场景,并将地图比例尺转换为三维场景中视点的高度信息,最终在三维场景中控制每种符号的显示与隐藏情况。

图 7-6 所示为二、三维符号融合的效果。其中,图 7-6a)是将二维符号制作成电子地图之后,以电子地图的方式叠加到三维场景。图 7-6b)是将二维矢量直接叠加到三维场景,每个图斑矢量面代表一种类型的用地,图斑的 ID、编码、类型、说明等信息则存储在属性表中。从而便于铁路设计选线时,对用地红线、耕地占用等信息的考虑。

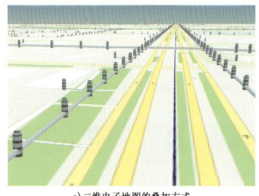
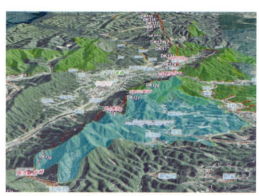

a)二维电子地图的叠加方式　　　　　　　　b)二维矢量的叠加方式

图 7-6　二、三维符号的融合

针对多尺度下二、三维符号自适应表达,将场景分为以下三个尺度。

①线路尺度。在这个尺度上,主要通过二维符号展示国界、省界、线路(正线和联络线)的走向信息,能够从宏观上对线路在全国的位置、对线路在各个省区市之间的跨越和走向有个整体把握。

②主要工点尺度。在这个尺度上,主要通过二维符号展示线路上主要的工点信息,如车站、路基、桥梁、隧道。而路桥隧由于均使用线符号表达,因此可以通过使用不同的颜色,对路桥隧的分段信息进行表达。对于大型临时设施,如梁场、板厂,也可以通过二维面符号展示大型临时设施的位置和范围。

③模型尺度。在这个尺度上,主要通过三维符号对局部细节进行展示。对于三维点符号,可以是 GIS 表面模型,也可以是 BIM 实体模型。

图 7-7 所示为多尺度下地理信息符号自适应表达的效果。在线路尺度下,通过二维线符号、文字注记展示了北京市、天津市、河北省、线路走向等信息。在主要工点尺度下,则通过不同颜色的二维线符号,展示了路基、桥梁、隧道的分段落信息;通过点符号和注记符号,展示了车站信息;通过不同颜色的面符号、注记符号、点符号,展示了大型临时设施的位置和范围。在模型尺度下,则展示了三维模型的细节信息。

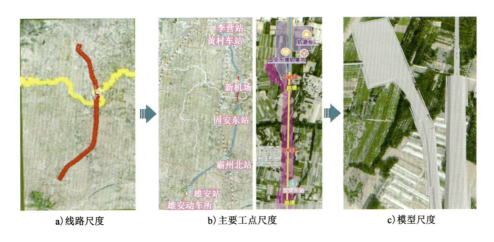

a) 线路尺度　　　　b) 主要工点尺度　　　　c) 模型尺度

图 7-7　多尺度下地理信息符号自适应表达

7.2　三维场景数据组织

7.2.1　顾及语义信息的三维模型组织

铁路设施三维模型数据的高效组织管理包括以下几个步骤。

①对模型三维空间位置与姿态的计算。铁路工程领域模型种类繁多、空间关系复杂，获取每一类模型的位置与姿态信息，从而正确展示大范围长线路带状铁路的空间形态，就显得非常重要。其中，模型的位置计算主要根据模型的几何尺寸与建模间隔，将线路中心线进行等距划分，从而获得模型的空间位置信息。而模型的姿态计算则主要根据相邻模型之间的空间关系获得。

②顾及三维模型的语义信息进行高效组织。大范围长线路带状铁路工程三维模型种类繁多、语义信息丰富，因此，可以在顾及三维模型语义信息的基础之上对其进行高效的组织与优化，如图 7-8 所示。根据铁路工程领域中模型的分类方式（铁路工程信息模型分类与编码标准草案），完成顾及语义信息的三维模型高效组织与管理方法，主要包括钢轨、道岔、桥梁、栅栏、站房、涵洞、接触网支柱等模型。根据工点里程信息和中线来生成设施模型的导入表。导入表记录每一个工点的基本信息、模型在三维场景中的定位信息，用于工点三维模型的批量导入。

7.2.2　多源数据融合

多源数据融合是为了实现不同格式、不同类型的数据与 3D GIS 的无缝集成，实现基于 3D

GIS 的多源数据展示与管理。针对铁路场景数据种类多样、数量大，以及多专业协同应用需求，研究制订高效的数据组织管理模式和存取机制。铁路三维地理信息主要包含地形模型、建筑模型、铁路工程要素模型与其他模型四类。通过分析不同类别的铁路三维模型数据的数据特点，利用特定的组织方法对不同类型的三维模型数据进行组织。铁路地理信息三维模型数据组织主要有分层、分区、分类三种方式。分层类似地形图中比例尺的概念，将不同细节层次（Level of Detail，LOD）的三维模型划分为不同的层，不同的层表现不同的细节；分区类似地形图中的分幅，是指将建模区域按照一定的规则分为小区域，以小区域为数据组织的单位；分类类似地形图中的图层，是指根据地物所属类型将之划分到不同的分类。这三种方式既可单独使用也可同时使用；分别从铁路模型数据组织、铁路属性数据组织、铁路元数据组织三个数据组织类别进行铁路地理信息三维模型数据的组织。同时在铁路模型数据组织中，又分类为铁路地形模型组织、铁路工程要素模型组织、铁路建筑模型组织与其他模型组织四种组织类型，针对不同数据类型的模型可按照各自的特点进行组织方式的分配。

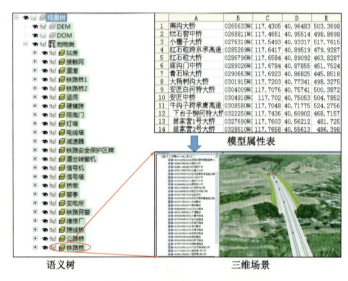

图 7-8　顾及语义信息的三维模型高效组织与管理

①铁路地形模型的融合，包括山地、丘陵、平原、河流和湖泊等模型内容，地形模型的组织应当充分考虑地形起伏的特点，以方便数据管理、调度与数据加载为准来进行地形模型的组织；通过规则三维模型与地形交线自动计算方法及 TINs 与 Grids 集成的多分辨率表面结构，设计多细节层次的全局 Grid 联合局部嵌入式 TIN 集成表示的混合多分辨率表面模型，实现铁路三维模型与地形之间的无缝融合。通过地形整平与地形融合的方法来解决由于获取的数字高程模型（DEM）时间和手段的限制所导致的 DEM 局部反映地形情况和三维设计后的地形不一致的问题。

②地理矢量数据的融合，包括道路、河流、行政区划矢量数据以及省区市、县、村等文字注记，地理矢量数据与三维场景融合后的效果如图 7-9 所示。

图7-9 地理矢量数据与三维场景融合后效果

③参数化模型的融合,包括轨道、路基、桥涵、隧道与明洞、接触网、给排水、自然灾害及异物监测、电力、环保、改移道路临时工程等内容,铁路工程要素模型的数据组织应当充分考虑模型的形态。以铁路线路设计参数为基础,快速批量构建道、桥、隧概念模型,实现大范围长线路带状铁路三维场景自动化生成。根据模型线路里程信息,经过坐标转换处理,导入3D GIS场景的准确地理位置,在空间位置、属性信息、地形套合等方面进行处理后,实现参数化模型与GIS的较好融合。图7-10所示为参数化桥梁模型与三维场景的融合效果。

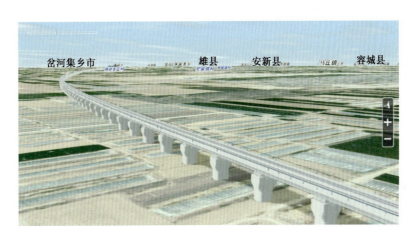

图7-10 参数化桥梁模型与三维场景的融合效果

④BIM精细化模型的融合,包括场站段所、牵引变电站、站房综合楼、货运用房、运转房屋、机务用房、车辆用房、动车用房、给排水用房、电力房屋、通信房屋、信息信号房屋等模型内容,铁路建筑模型要在满足视觉效果的情况下尽量减少模型的几何面数和降低纹理的分辨率。BIM模型融合需要从数据格式转换、多层次细节简化、场景组织与构建三个方面进行数据转换,实现与GIS的无缝融合。图7-11所示为站房BIM模型与三维场景的融合效果。

图 7-11　站房 BIM 模型与三维场景融合效果

7.2.3　局部地形编辑

（1）三角网地形格式局部更新

基础地形数据采用 3D Tile 格式存储,该格式数据对有所 DEM 和数字正射影像图(DOM)数据进行融合处理,当局部 DEM 有变动需更新底层数据时,需重新生成模型文件,不利于高频率的地形修改。

可采用将局部地形数据当作一个地形图层来管理,通过实时加载局部地形图层替换原始地形的方式,实现地形的局部快速更新。推荐采用三角网地形模型格式(tri)来表达局部的地形更新数据。其方法是由多个多边形来表达新的地形,然后将新的地形表面转换成连续三角网保存为 tri 格式,然后导入 3D GIS 平台中自动完成向规则格网的实时转换,替换局部地形。使用 tri 格式的局部地形更新效果如图 7-12 所示。

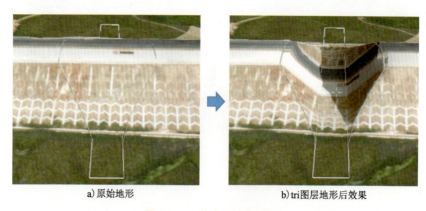

a) 原始地形　　　　　　　　　b) tri 图层地形后效果

图 7-12　tri 格式局部地形更新

（2）地形编辑

三维地理场景反映的是工程开建之前的地形地貌,这样必然存在路堑等模型导入三维场景之后,与地形不匹配的情况。为了模拟工程建成后效果,还需重新计算工程完工后的地形,对原有地形进行替换。

在路堑建模时,通过地形运算已经删除了用于拟合路堑地形的三个面,将这三个面导入三维场景中,生成地形编辑对象即可对地形进行自动编辑。在此基础之上,通过手工编辑便可使路堑模型与地形进一步融合,如图7-13所示。

a) 原始地形　　　　　　　　　　　　b) 路堑与地形匹配后效果

图7-13　路堑与地形匹配

(3) DEM 修改

在三维场景中管理地形编辑对象,会增加内存及渲染负担。因此,这只是地形编辑工作的第一步,还需由地形编辑结果得到建成后的 DEM,根据新的 DEM 重新生成三维场景,如图7-14所示。

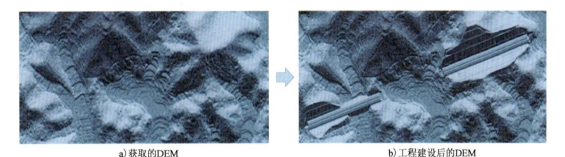

a) 获取的DEM　　　　　　　　　　　　b) 工程建设后的DEM

图7-14　建成后的 DEM 模拟结果

(4) 地形挖洞

当铁路线路穿越山体时,需要将隧道洞口的地形数据进行挖洞处理,既能够显示进入山体内部的隧道模型,还需要顾及隧道口模型与山体相交的部分,进行边坡处理,实现模型与地形的无缝融合,如图7-15所示。

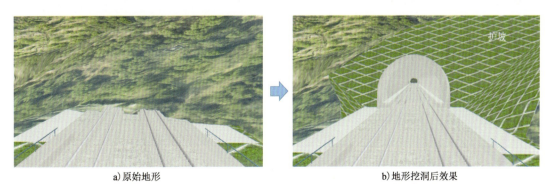

a) 原始地形　　　　　　　　　　　　b) 地形挖洞后效果

图7-15　隧道口地形挖洞效果

7.3 三维场景数据优化

7.3.1 地形与影像数据优化

基础三维场景数据量大,需要进行合理地组织和优化才能实现三维场景的浏览、查询和分析。在基础三维场景数据生成前对各种数据进行优化设置,可有效提高数据的访问效率。

(1) 图层属性设置优化

对不同分辨率的 DEM、DOM 进行分组管理,根据分辨率设置最大可见距离或高度,实现根据视点距离自动切换显示不同分辨率的影像。

(2) 数据量优化

在网络上访问海量的基础场景数据,需要保证良好的网络带宽,同时为了减小用户访问的数据量,可设置影像的压缩比,对影像文件进行压缩,调整文件的大小。

(3) 局部地形更新的数据组织

在项目建设过程中,在碰到局部地形变化的情况时,系统可通过人工绘制地形编辑区域或加载更新后的 DEM 和 DOM 的方式来改变地形起伏情况,无需对整个地形数据进行重新渲染,可避免用户重复生成三维场景的困扰。

7.3.2 实景三维模型数据优化

高分辨率实景三维模型的文件数据量大,对系统会产生较大的负荷。在加载三维实景模型前,一般会适当降低贴图的分辨率以减小模型数据量,从而减小数据访问负荷。同时在平台内部设置三维实景模型的可视距离,使模型数据在靠近目标区域后再加载该段的模型数据,能有效地优化模型显示效率。图 7-16 所示分别为 15cm、3cm、1.5cm 分辨率的倾斜影像。

a) 15cm 分辨率

b) 3cm 分辨率

图 7-16

c) 1.5cm分辨率

图 7-16　不同分辨率的倾斜影像

7.3.3　矢量数据优化

矢量数据多为点、线、面形式。由于计算机内存有限,在三维显示过程中,需要对数据进行重新组织。矢量数据往往是其显示与表达量大于其数据物理空间存储量,海量矢量数据和实体模型的表达对计算机内存、显示性能及调度策略有较高要求。对于矢量数据可采用基于空间索引的切片方式,实现分块和分级管理。即事先生成不同简化级别的绘制结果分块数据文件,根据当前视距和视场范围,动态读取和绘制矢量数据,以替代直接读取矢量数据文件进行整理解析和绘制。矢量数据组织优化主要从以下几个方面考虑。

(1) 加载模式

由于整个 GIS 需要加载的矢量文件较多,不可能全部加载到内存中进行显示,所以选择流行的流模式进行加载。流模式加载的优势是内存只加载程序视角所在窗口附近的部分矢量文件数据。这样不用加载整个矢量文件就可以实现矢量数据的调度,可以大大减少内存中矢量数据的加载量。

(2) 分块策略

由于矢量数据覆盖范围广,采用流模式加载则必然涉及加载哪个部分矢量数据的问题。确定哪部分加载的问题就需要对矢量数据预先设置分块大小,将矢量数据按照分块大小进行分割。分块大小的策略制订可以根据矢量的密度、优先级等因素综合考虑,应保证分块后系统调度多个矢量时能流畅显示为宜。

(3) 可视距离

可视距离是矢量优化的重要内容。通过可视距离的设置,可以将不同层次的数据合理组织,让它们根据视点距离分批显示加载,可有效节省显示资源。矢量图层通过设置默认可视距离和最大可视距离,可有效控制系统资源的使用,优化系统显示效率。

7.3.4 三维模型数据优化

在 3D GIS 平台中加载三维模型数据有三种方式：一是单体模型加载；二是模型图层加载；三是多层级三维瓦片图层方式加载。单体模型加载时，模型按照模型中心加载到三维场景，用户可通过改变模型的位置、旋转角度、模型比例等参数实现模型的控制显示。模型图层加载方式是利用模型图层来加载一系列模型，模型图层的属性包括模型名、模型位置、模型旋转角度、模型比例等，通过对模型图层属性的设置可以实现模型的装配。同时通过对模型图层分块大小、流模式、模型可视距离的设置，实现模型显示的优化控制。多层级三维瓦片图层方式加载是模型图层加载方式的优化显示模式。错误的设置模型图层的分块大小、可视距离等属性，会导致模型加载大量数据，造成模型图层加载超负荷，从而导致模型图层的部分模型无法显示。为了解决这一问题，特别设置了 3DMI 方式。多层级三维瓦片图层方式将模型图层加载的模型转换成统一的平台格式，其数据的组织方式类似于 OSGB 模型瓦片结构，转换后的数据系统会自动优化其加载问题，保证数据加载的最优解。

模型图层加载方式的优点是对于同一模型在不同位置加载时，在调用数据方面只调用该模型数据一次，其他的位置都是该模型的副本，采用该方式可以节省调用模型数据的资源，避免重复调用同一模型数据。对于大量重复模型的情况，多层级三维瓦片图层方式将重复模型无差别地转换成三角网产生大量数据，故在模型访问方面需要访问巨大的模型文件，降低了模型的访问效率。所以在需要重复加载同一模型的情况下，选择模型图层加载方式，可大大减少访问的读取量和传输量，在线部署情况下可减少数据缓冲时间进而提高模型显示的整体效率。

三维模型的优化除了在数据组织方面做工作外，还需要对模型本身进行简化。轨道交通的很多部件模型都是通过放样生成的，在部件建模过程中，合理删减放样线的节点，尤其是弧线部分的过密节点，可有效减小模型的数据量。

在实际工程中，城市建筑模型和铁路工点模型等数量众多，数据量少则为若干吉字节（GB）多则达到太字节（TB）级。海量模型数据的调度与现实目前常用的方式之一是即时加载的方式，即根据视场范围实时计算获取需绘制的模型，然后通过模型索引目录即时读取模型文件，然后绘制显示。该方法可解决海量模型数据的显示问题，但绘制的流畅性并不好，从获取绘制指令到完成绘制需耗费较长时间去传输、解析多个模型文件。为了提高显示的流畅性，采用细节层次模型的方式来组织模型文件，这样绘制和传输解析工作同时进行，可大大提高模型显示的流畅性。根据视点的位置、姿态和视线方向等信息，自动调度与装载多细节层次（LOD）的铁路设施三维模型，实现视点相关的大范围场景自适应可视化，如图 7-17 所示。

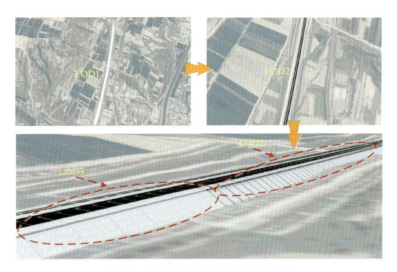

图7-17 多细节层次的铁路设施三维模型

7.4 本章小结

本章阐述了铁路三维场景的数据组织与优化方法,本章所生成的铁路三维场景能够为后续章节的应用提供"数字底座"。

①阐述地理信息符号化表达方法,包括二维点、线符号,以及三维点、线符号,并阐述三维场景中场景映射与点符号实例化的过程,从而生成三维场景。

②对三维场景中的多源异构数据进行组织,包括顾及语义信息的三维模型数据组织、模型与地形影像等多源数据的融合、为保证地形与地物无缝融合而进行的局部地形编辑。

③对三维场景中的海量数据进行优化,包括地形影像数据的优化、三维实景模型的优化、矢量数据优化、三维模型数据的优化,场景的优化能够让三维场景更加流畅。

第 8 章

铁路信息模型技术开发与应用平台建设

铁路信息模型技术开发与应用平台(简称 CRDC_RIM 平台)是由中国铁路设计集团有限公司(简称"中国铁设")自主开发,集高精度航测遥感数据采集与处理、海量三维地形建模、铁路参数化快速建模、GIS 数据集成管理、铁路三维设计、虚拟施工、铁路建设管理信息化等于一体的综合性、开放性应用平台,是铁路行业首个实现 BIM + GIS 融合并大规模应用的自主创新平台。平台包括客户服务器(Client/Server,C/S)端、浏览服务器(Brower/Server,B/S)端和移动端,C/S 端主要开发数据加工、数据处理、数据组织和复杂计算方面的功能;B/S 端开发满足工程建设和工程运维管理的全生命周期的解决方案;移动端用于野外调查和现场数据的采集。

在铁路勘察设计阶段,平台可应用于虚拟踏勘、设计方案比选、四电选址、大临工程与便道选址等,可降低沟通成本、缩短工期、提高设计和选址质量。在铁路建设管理阶段,通过 CRDC_RIM 平台建立的数字孪生铁路,实现勘察设计成果无缝地向工程建设阶段传递,为建设管理方及施工单位提供低成本的、快捷的三维可视化协同工作场景,并与工程进度、质量、投资、安全等信息化管理有机融合,以真实、精确、统一的地理坐标和铁路信息模型为载体,实现过程数据与传感器数据的记录和关联,改变基于二维数据和视图的传统管理模式,消除信息孤岛,提高信息集成与融合水平,为铁路智能化管理提供有力支持。在铁路运维管理阶段,能够建立数字铁路资产,并将运维信息以台账形式进行管理,支撑综合养护维修、安全风险、应急救援等管理。

8.1 平台总体框架

8.1.1 平台架构

CRDC_RIM 平台是以三维地理信息系统平台为基础,以铁路信息模型为核心,以铁路工程设计、建设、运营全生命周期管理为目标,建立开放创新的铁路工程信息化管理应用平台。平台融合了铁路线路周边基础地理信息、构筑物及附属设施模型信息、业务数据信息等,结合铁路工程勘察设计、建设管理、运营维护不同阶段管理应用需求,开发相应业务功能,满足不同阶段信息化、规范化管理需要,同时以工程 BIM 模型为载体,实现信息从勘察—设计—建设—运维的自动传递,从而实现基于 BIM 模型的全生命周期管理。平台包含了数据采集层、传输层、数据资源层、服务层、应用层、访问层。平台总体框架如图 8-1 所示。

(1)数据采集层

数据采集层通过物联网、卫星遥感、导航定位等新一代感知技术,通过视频监控、射频识别(Radio-frequency identification,RFID)设备、GPS 定位设备、温湿度传感器、压力传感器、光电传感器、磁性传感器、机电传感器、加速传感器、条形码等终端设备,实时、动态、智能化地识别、感知、定位、跟踪、采集、监控、管理铁路工程现场信息,为平台提供及时、准确的数据来源。

(2)传输层

传输层通过通信网、互联网、物联网等技术,保障数据采集信息传递的及时性、稳定性和安全性。将现场视频、传感器等终端设备采集的数据、声音、视频和报警信息等,安全、快速地传输到数据中心的通道。它是铁路信息化平台的信息传输高速公路,是实时获取现场信息,进行监控管理的纽带。

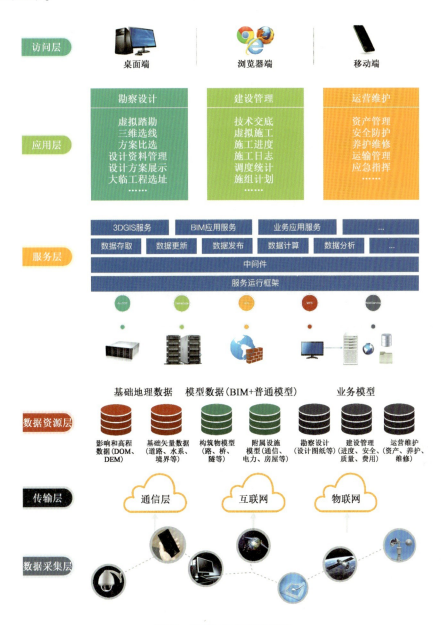

图 8-1　CRDC_RIM 平台架构

（3）数据资源层

数据资源层是铁路信息化平台的中枢，包括数据和基础设施。铁路信息化平台数据主要包括基础地理数据、模型数据和业务数据，基础地理数据主要是影像数据、高程数据和矢量数据，是构建三维地理信息平台的基础数据；模型数据主要是构筑物模型和附属设施模型，是进行 BIM 显示和管理应用的基础；业务数据是指勘察设计、建设管理和运营维护期间相关的资料和数据。基础设施主要是用于数据存储、计算和分析的计算机硬件设施，同时保障数据安全。

（4）服务层

服务层主要为用户提供 GIS 服务、BIM 应用服务和业务应用服务等，利用数据资源层存储的基础地理数据、模型数据和业务数据，采用大数据技术对数据进行深入的挖掘、加工和处理，实现对数据的存储、更新、发布、计算与分析等。

（5）应用层

应用层针对勘察设计、建设管理、运营维护不同阶段的管理应用需求，开发每个阶段的业务功能模块，实现业务功能组件式开发，供访问层进行应用调用。勘察设计阶段封装有虚拟踏勘、三维选线、方案比选、设计资料管理、设计方案展示、大临工程选址等模块；建设管理阶段封装有技术交底、虚拟施工、施工进度、施工日志、调度统计、施组计划等模块；运营维护阶段封装有资产管理、安全防护、养护维修、运输管理、应急指挥等模块。

（6）访问层

平台的访问层通过 SSL、VPN、WEB、移动互联等技术，实现桌面端、浏览器端、移动端等不同方式的平台访问。平台的访问层设计以提高用户体验为目标，同时减少用户投入，方便维护、部署和推广使用。其中，桌面端主要侧重数据加工、数据处理、数据组织和复杂计算方面的功能；浏览器端提供满足工程设计、建设和运维管理的全生命周期解决方案；移动端用于满足施工现场数据采集等野外作业需求。

8.1.2　网络架构

图 8-2 展示了 CRDC_RIM 系统的网络方案，用于支撑指挥部、参建单位项目部以及施工现场数据采集、信息交互需求。为确保数据安全，基于互联网的数据传输过程应采用 https 协议。

①CRDC_RIM 应用系统部署于中国铁设外网服务器，同时，由于 CRDC_RIM 平台具有互联网服务及现场终端数据接入需求，需要在内、外服网同时部署，并通过安全平台进行隔离。外网主要用于实现与各参建单位项目部、施工现场的信息互通与协同，内网主要用于系统的调试、升级与维护。

②项目指挥部接入互联网使用中国铁设外网服务器相关应用服务，同时实现与各参建单位项目部、施工现场的信息互通与传递，通过配置防火墙、路由器、交换机等网络设备，实现各业务应用系统的应用。

③施工现场根据实际情况接入互联网，实现现场生产数据、业务数据向中国铁设外网服务

器的传递。对于手机 App 等移动端设备采集的数据,可借助移动网络接入互联网,实现向中国铁设外网服务器的传递。

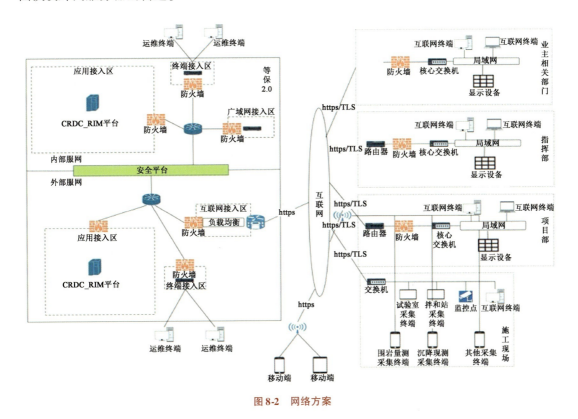

图 8-2 网络方案

8.2 平台技术路线及功能特点

8.2.1 技术路线

平台建设主要包括三维场景数据处理和业务应用研发两部分,技术路线如图 8-3 所示。三维场景数据处理用于对基础地理场景的制作与发布,包括基础地理数据获取、数据处理、数据渲染与发布。通过将基础地理场景与业务数据关联,开展相关的业务应用,主要包括基础模型建立、业务数据获取、数据集成与应用开发。

8.2.2 数据采集方案

系统主要通过现场终端系统、用户手动输入等手段进行数据采集,数据采集架构如图 8-4 所示。通过视频终端、手机、相机采集工程影像数据与材料过磅影像数据。通过桩基检测设备、全站仪采集桩基检测数据与沉降观测数据,通过蓝牙连接手机后将检测数据上传至平台,确保质量、安全等数据通过互联网上传到平台服务器。通过人工录入方式采集进度数据、人员签认与审核数据、设计图纸与电子文件、设计变更、重大风险分级与分类、安全方案、隐患排查数据、人员和仪器设备、电子施工日志、合同、技术管理资料、调度管理、物资管理、监理规划、监理日志和竣工验收等数据,将录入数据通过互联网上传到平台服务器供参建各方查询使用。

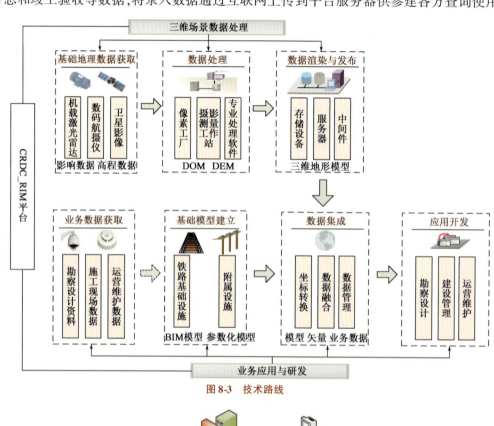

图8-3 技术路线

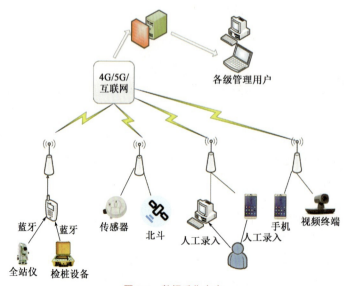

图8-4 数据采集方案

8.2.3 功能特点

CRDC_RIM 平台围绕 EPC 总包项目安全、质量、进度、投资、环境、创新六位一体管理,开发一个门户、三种客户端、五个系统、四十九个模块。图 8-5 展示了平台的主要功能特点,具体阐述如下:

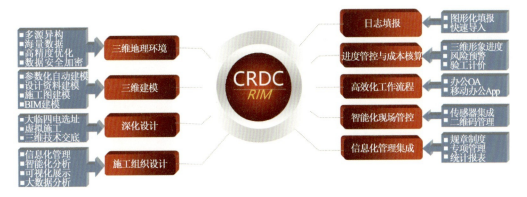

图 8-5 功能特点

①三维地理环境。集成管理高精度地形、铁路工点信息模型、行政规划范围、环保敏感区、倾斜摄影模型、地质模型等多源异构数据,高精度优化显示三维场景,底层加密算法、SSL VPN 等技术手段保障数据安全。

②三维建模。基于设计资料或施工图的参数化建模技术、BIM 建模技术,高效、快速地构建不同粒度的三维模型,并实现在 GIS 环境下的集成管理。

③深化设计。综合利用高精度三维场景进行虚拟踏勘,实现施工便道、大临工程和四电选址设计;利用施工过程可视化模拟等技术,预演施工过程,辅助施工方案比选和优化;实现设计、施工、安全三维技术交底,形成施工工艺工法库。

④施工组织设计。综合考虑工期、施工工序之间的逻辑关系,自动编排施工组织计划,实现斜率图、横道图、形象进度图可视化表达,并可与实际进度进行对比分析,辅助施工计划实时调整更新。

⑤日志填报。利用二维图形化的方式,实现工点工程实际进度的快速填报与审核,并可从电子施工日志中自动提取进度数据,解决了与铁路工程平台的数据接口问题,避免施工单位人员二次填报。

⑥进度管控与成本核算。根据施工单位填写的日常进度数据,自动生成工程日报、周报、月报;依据进度数据驱动工点模型,展示三维形象进度,并实现安全风险管理;基于电子签名和电子签章,实现验工计价流程的线上审批,包括施工单位计价、总包单位计价和监理单位计价,同时将计价清单与工程实体关联,可查询分部分项工程的计价情况。

⑦高效化工作流程。利用 OA 办公流程,实现 EPC 项目部、施工单位、业主等各参与方公文的快速流转、传递与处理;移动端 OA 办公系统方便在外人员及时进行公文处理,提高办公效率。

⑧智能化现场管控。通过移动端实时记录现场检查中发现的各种问题,生成整改通知单,并添加至问题库;利用二维码的方式,对装配式构件进行跟踪管理;多种传感器集成管理,实现视频监控、沉降监测、噪声监测、盾构施工监控、拌和站试验室监测等功能。

⑨信息化管理集成。实现统计报表、综合看板等信息统计功能,实时把控工程进度现状;实现文档管理、综合考评、安全培训等标准化管理,以及风险管理、合同管理、财务管理、物资设备、特种设备等专项管理功能。

8.3 平台建设原则和目标

8.3.1 平台建设原则

CRDC_RIM 平台建设以 3D GIS、BIM、物联网等技术为支撑,以满足铁路勘察设计、建设管理、运营维护不同阶段应用管理需求为目标,为铁路相关方提供丰富的数据、信息、功能和服务,提升现有管理方式和管理水平,构建先进的铁路信息化管理平台和技术创新平台,形成铁路全生命周期管理流程和解决方案。通过 CRDC_RIM 平台,能够建立铁路信息基础设施,实现勘察、设计、建设、竣工验收、运营维护等信息的收集和规范化,实现数据、信息从勘察设计至建设管理至运营维护的传递,为智慧铁路建设奠定基础。平台建设方面,综合考虑到系统的实用性、安全性、可扩充性等各方面的因素,并始终坚持技术先进、性能可靠、功能完善、节省投资的原则,具体如下所述。

(1)实用性原则

以满足铁路勘察设计、建设管理、运营维护全生命周期管理为目标,围绕不同阶段的应用管理需求和特点,以 GIS 和 BIM 技术为支撑,进行业务功能开发,并在应用过程中,不断完善、持续开发,丰富平台功能,提高工程管理效率和水平。

(2)经济性原则

系统建设要求在实用的基础上做到最经济,以最小的投入获得最大的产出。在硬件和软件配置、系统开发和数据库设计上应充分考虑在实现系统全部功能基础上尽量节约经济成本。系统开发要求系统技术方案可操作性强,选择市场上比较成熟的软件,能缩短开发周期,节约开发成本。系统维护成本低,系统的数据更新容易实现,软件升级成本低廉,系统升级扩展容易实现,系统管理方便。

(3)安全性原则

系统基础地理数据是保密数据,勘察设计资料、施工进度数据、检测监测数据、运营维护数据等关系到整个工程质量、进度,都特别重要,必须保证数据安全。数据不被非法访问和破坏:本系统安全性首要的是数据的安全性,系统必须具备足够的安全权限,保证数据不被非法访问、窃取和破坏。系统操作安全可靠:系统同时应具备安全权限,不让非法用户操作系统;同时要具备足够容错能力,以保证合法用户操作时不至于引起系统出错,充分保证系统数据的逻辑准确性。

(4)先进性原则

平台通过利用 GIS、BIM、物联网等先进技术,实现工程全生命周期管理,确保系统具有强大生命力。

(5)可扩展性原则

系统建设需充分考虑未来用户的潜在需求,具有良好的可扩展性,在不需要改变系统架构和平台的基础上,增加系统功能和扩充子系统,各子系统之间具有相对独立性,能自由拆分和装载。

8.3.2 平台建设目标

采用 BIM 与 GIS 相融合的技术,建设一个开放共享的信息生态系统,开发精细化的数字孪生铁路平台,打造全面服务于铁路建设质量、安全、投资、进度和环境的创新型平台,提供智能分析、智慧决策的云端服务平台,将平台打造为"三端、五库、九系统"的智能平台。

其中,"三端"是指用户可根据具体情况采取多种方式接入系统,包括客户端、Web 端、手机端及大屏调度系统等。"五库"是通过项目的不断积累,打造模型库、机械库、工法库、问题库和知识库。模型库提高系统的建模效率,实现标准化;机械库和工法库配合使用可动态模拟各种典型工艺工法,在不同条件下可快速复用,模拟施工场景,检查存在的施工质量或安全问题,及时消除隐患;问题库和知识库则可以记录现场发现的问题和提供解决问题的方法,一方面实现问题的及时整改,闭环管理,另一方面,不断优化解决方案,提高施工管理水平。"九系统"重点围绕施工的质量、安全、进度、投资和环境展开具体的管理功能解决方案,具体目标分述如下:

①以 GIS+BIM 为基础,平台以高精度的三维地理信息模型为基础,集成和管理空天地一体化勘察设计数据,可为铁路工程各单位、各部门、各专业提供高精度的三维地理位置服务。

②集成和管理铁路勘察设计、建设管理等资料,实现数据化运维的移交,打破信息孤岛,实现资料的有效传递和信息的高度共享。

③采用统一的综合性平台进行工程管理,服务于设计单位、建设单位、施工单位、监理单位

等,充分发挥协同作业的优势,提高公文流转效率,控制投资、保障工期。

④以高精度三维地理模型为基础,采用施工过程多维度可视化模拟技术,精准地对重点工程的工序和工法、困难地段施工方案等进行预演和可视化分析,节省成本,保障施工安全。

⑤通过海量工程数据的挖掘和智能分析,优化工程施工建设及资源配置方案等,实现灾害评估、风险预警、灾害快速定位、安全应急方案模拟、快速抢修等,保障工程建设安全和施工质量。

8.4 本章小结

结合上述章节的理论知识,本章介绍了 CRDC_RIM 平台的建设内容。首先,阐述了平台的总体架构;其次,讲述了平台的技术路线及功能特点;最后,阐述了平台的建设原则和建设目标。本章对 CRDC_RIM 平台进行整体介绍,为后续在勘察设计、工程施工、运营维护中的应用奠定基础。

第 9 章

CRDC_RIM 平台在勘察设计阶段的应用

铁路勘察设计是一个从宏观到微观的过程，一开始要确定线路的基本走向，然后再根据城市位置、资源分布、工农业布局和自然条件等情况确定线路走向，即选线设计。在选线设计过程中，地理信息是作为设计的主要参考内容，GIS能为设计提供数据支持和决策分析。在线路确定之后，整个铁路工程被划分为多个工点和区段进行工点设计。工点设计过程中，采用高精度、高分辨率影像和DEM资料作为基础资料，能够直观展示现场复杂的地形地貌，在此基础上开展工点设计、场坪设计和大型临时工程选址等深化设计工作，可以充分利用现场详细的基础地形资料，使得设计方案更加合理。此外，设计成果以三维参数化模型、BIM模型的方式进行展示，能够基于一个整体的地理空间将各工点进行三维表达和设计成果管理。

基于三维可视化的方式进行铁路勘察设计成果管理、三维深化设计，不仅使得设计成果更直观、设计内容更合理，而且为勘察设计成果移交到施工、运营、维修等阶段打下了良好的基础，并为铁路信息化、现代化和"数字孪生铁路"的建设做了铺垫。

9.1 野外调查

9.1.1 野外调查功能结构

野外调查数据采集的内容包括空间定位信息，大量的文字描述信息以及表示调查内容的点、线、面图形信息，所涉及的信息种类多、内容复杂、信息量大。在进行野外实地调查时，GIS是一个必不可少的工具，制作一幅清晰易读的、富有实际价值的地图有利于在野外辨别方位及寻找目标，还可以根据具体的考察在地图上实时地标注一些辅助信息，以便重新修改图斑等。

移动客户端野外调查系统是以移动终端作为基础平台，利用机载激光雷达（Lidar）和数字航摄仪（DMC）获取高精度的DEM和DOM数据，渲染生成三维场景，并叠加行政注记、线位、交通、水系等矢量注记。基于三维可视化技术，在手机、平板等移动终端设备上实现三维调查底图浏览与显示，利用开发的专业调查工具，实现各专业调查信息的快速绘制、标注、编辑、存储与管理，以及GPS与数码相机等传感器信息的集成，实现数字化的野外调查作业，提高专业野外调查效率和质量。图9-1所示为野外调查系统的作业流程图。

野外调查系统包括用户登录、三维显示与操作、调查作业、图层管理及量测分析模块，软件功能结构如图9-2所示。

①用户登录。用于进行用户登录和注销。用户选择项目、专业类型、输入用户名和密码后登录移动客户端野外调查系统，系统自动跳转到用户上次退出系统时保存的视点。

②三维显示与操作。包括三维调查底图加载、三维漫游、二维和三维模式显示、系统定位等功能。三维调查底图加载为在移动客户端野外调查系统中加载、显示项目指定的三维场景文件；三维漫游为在移动客户端野外调查系统中对调查区域进行多角度浏览；二维和三维模式显示为

系统提供二维和三维两种浏览模式;系统定位为在三维场景中显示当前位置,实时记录调查路线。

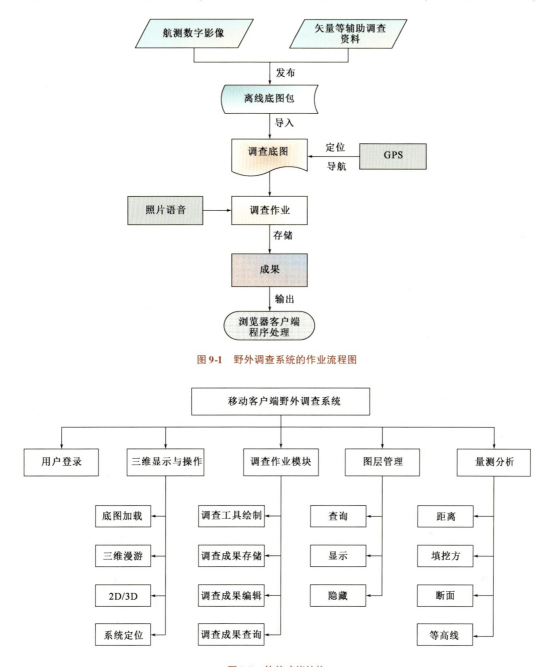

图9-1 野外调查系统的作业流程图

图9-2 软件功能结构

③调查作业模块。包括调查工具绘制、调查成果存储、调查成果编辑、调查成果查询等功能。调查工具绘制:选择调查工具,从数据库中获取调查工具配置信息,根据配置的符号信息在三维场景中绘制,根据配置的属性信息完成属性值的填写,利用系统的录音和照相功能,快速对调查地物对象进行描述。调查成果存储:将绘制的调查地物几何信息和属性信息存储在

shp格式文件中,每种地物类型创建一个shp格式文件。调查成果编辑:在三维场景中选择已绘制的地物进行编辑,包括删除地物、修改几何位置信息和属性信息。调查成果查询:对调查成果进行查询,包括空间查询和属性查询。

④图层管理模块。用于对调查成果图层进行查询、显示与隐藏操作。

⑤量测分析模块。能够实现距离量测、断面和等高线的相关分析,以及基于地形数据开展填挖方量分析。

9.1.2 基础数据组织与底图加载

由于移动客户端的计算处理能力有限,不能依靠简单的提升硬件设备来解决不断增长的海量数据实时处理需求,需要找到显示处理海量数据的优化处理算法和策略。由于使用了高分辨率的航测数字影像和其他辅助资料作为调查底图,并且铁路线路调查区域大,因此需要研究基础底图的快速读取与显示技术,能够在移动客户端上实现对底图数据的实时读取、漫游、缩放和管理,便于野外作业人员能够随时查看浏览某调查区域的数字影像和其他相关信息。

铁路三维地理信息数据常按照分层、分区、分类进行组织,这三种组织方式可以单独使用也可以同时使用。分层组织方式是将不同细节层次(LOD)的三维模型划分为不同的层,根据视点距离的远近表现不同的细节层次;分区组织方式类似地形图中的分幅,是指将建模区域按照一定的规则分为小区域,以小区域为数据组织的单位;分类组织方式是指根据地物所属类型进行划分,分别从铁路模型数据组织、铁路属性数据组织、铁路元数据组织三个数据组织类别进行铁路地理信息三维模型数据的组织。同时,在铁路模型数据组织中,又分为地形模型组织、工程要素模型组织、建筑模型组织和其他模型组织,针对不同数据类型的模型需要按照各自的特点使用相应的组织方式。

①地形模型组织。应当充分考虑地形起伏的特点,通过规则三维模型与地形交线自动计算方法以及TINs与Grids集成的多分辨率表面结构,设计多细节层次的全局Grid,联合局部嵌入式TIN集成表示的混合多分辨率表面模型,实现铁路三维模型与地形之间的无缝融合。

②工程要素模型组织。包括轨道、路基、桥涵、隧道、接触网、给排水、自然灾害及异物监测、电力、环保、改移道路临时工程等内容。工程要素模型的数据组织应当充分考虑模型的形态,以铁路线路设计参数为基础,快速批量构建道、桥、隧概念模型,实现大范围长线路带状铁路三维场景自动化生成。

③建筑模型组织。内容包括场站段所、牵引变电、站房综合楼、货运用房、运转房屋、机务用房、车辆用房、动车用房、给排水用房、电力房屋、通信房屋、信息信号房屋等模型内容。铁路建筑模型在满足视觉效果的情况下应尽量减少模型的几何面数和降低纹理的分辨率。

基于上述基础数据的组织方式,在移动客户端加载底图的效果如图9-3所示。

图 9-3　底图数据加载

9.1.3　各专业调查工具的开发

在铁路勘察设计单位,线路、桥梁、地路、机环、测绘等专业都需要进行野外调查,而各专业野外调查的内容不同,标记地物的方法和属性也不同。通过对相关专业的野外作业流程、作业方法、表现形式及内业处理等进行充分调研,设计各专业的调查地物符号线型库和属性库,开发专业调查绘制工具,如图 9-4 所示。

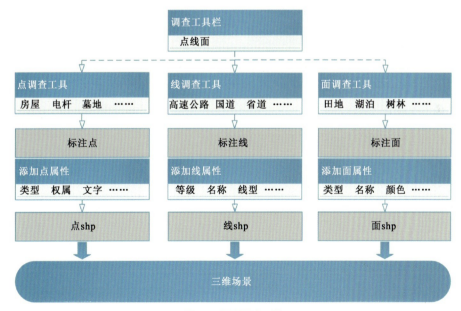

图 9-4　野外调查工具

利用桌面端系统在数据库中配置铁路各专业的野外调查工具,分为点、线、面三种工具类型,每种调查地物配置一种调查工具,为每种工具配置属性信息、符号信息和属性值信息。将数据库导入移动客户端设备,移动端设备从数据库中获取调查工具配置信息,根据配置的符号信息在三维场景中绘制,并填写相应的属性信息,如图9-5所示。通过采用符号标定和属性描述相结合的方式对调查要素进行记录,属性字段通过属性库进行配置,保证每个字段都有默认的数值。调查成果的几何信息和属性信息存储在 shapefile 文件中,不同类型的地物使用不同的 shapefile 文件,如图9-5所示。

a) b)

图9-5 线调查工具效果

9.1.4 GPS 与数码相机等传感器的集成

利用数码相机定点拍摄功能,能够随时拍摄采集现场照片、视频等,快速记录地物地貌特征,丰富调查成果,提高调查效率。通过移动客户端内嵌的 GPS 设备,能够在底图上实现快速导航、定位。由于动态 GPS 定位具有一定的系统误差,因此定位位置与实际位置相差一定的距离,可以手动在底图上将 GPS 位置校正到实际位置,然后通过导航功能能够快速到达目标区域进行作业,GPS 定位与轨迹信息会自动保存,如图9-6所示。

第 9 章　CRDC_RIM 平台在勘察设计阶段的应用

a) 照片辅助调查

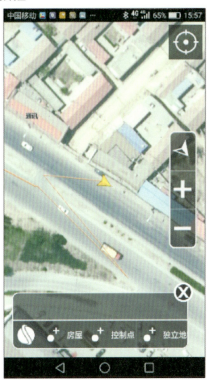

b) GPS 定位与轨迹

图 9-6　照片辅助调查与 GPS 接入

9.2 三维深化设计

9.2.1 三维选线设计

在勘察设计的前期阶段不具备施工图信息,为了满足前期踏勘、方案研究、沟通汇报等应用需求,三维选线设计功能通过使用铁路全线多类型工点智能装配技术,基于线路参数和路、桥、隧里程等简单参数,与全线高精度三维地形运算,快速获取普通精度的模型,构建项目电子沙盘。

三维选线设计技术主要通过参数的逐级封装,并通过解析线路参数中全线的路、桥、隧等工点信息,从铁路模型构件库中智能选择相应的构件;根据铁路三维中线约束进行精确定位和装配,并按照一定比例进行缩放匹配,从而快速形成全线的三维概念模型,如图9-7所示。由于三维选线的设计工作基于 WGS84 或 2000 国家大地坐标系开展,而位置信息通过三维中线智能封装计算,因此需要自动修正设计和施工所采用的投影坐标系误差。铁路模型构件装配的位置和姿态使用线路里程坐标描述,参数表直观易读。

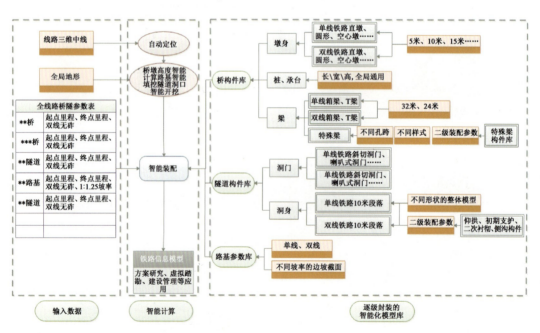

图 9-7 自动概念建模流程

模型库采用逐级封装方式,能够用简单参数实现对复杂对象的描述和组装,效果如图9-8所示。以铁路隧道为例,在一级装配中,只需通过参数描述隧道起点里程、终点里程、隧道样式。隧道样式中封装了隧道二级装配参数,在一个重复单元中描述了单元内的基本组成单元信息,包括几何信息、装配的相对空间关系、属性信息。在一级参数驱动建模过程中,自动解析二级装配参数,将相对空间关系通过线路坐标约束计算为绝对空间位置和姿态,并生成属性信息表。在二级装配中,还可以对某一个对象进一步细化,进行三级装配参数的封装。隧道全局总装和细部组装分层次进行,易于控制模型的精细度,分装成果可无限复用。该方法自动化程度高,大大降低了隧道精细化建模的难度,可大幅度提高建模效率;参数化驱动为模型链接各类信息提供了便利,所创建的模型无需进行坐标系转换、轻量化、材质转换,可直接作为信息化管理的基础数据。

图9-8 全线路工点参数编辑界面和参数模型

在完成三维概念模型快速建模之后,还需要考虑模型与地形相匹配的问题,主要包括路基、桥梁、隧道模型,如图9-9所示。桥梁模型与地形的匹配主要表现在桥墩的高度,通过三维中线获取墩顶高程,从地形数据获取承台顶面高程,计算墩身高度,然后根据墩身高度从桥梁构件库中智能化选择合适的墩型(直墩,1∶45坡率实心墩,1∶35坡率空心墩等)及构件模型,从而完成桥梁模型与地形的匹配。路基模型与地形的匹配主要表现在路堤路堑的选择及填挖范围,沿三维中线放置路基横断面,通过路肩边缘点的地形高程自动检测路堤、路堑类型,智能化选择相应的边坡横断面。从全局地形数据中获取对应位置的地形横断面,与边坡横断面自动计算交点,确定路基的填挖范围。基于三维中线、路基边坡横断面参数、全局地形数据,通过智能化分析计算,自动完成路基填挖段的识别、建模、算量。隧道模型与地形的匹配主要表现在洞口的边坡防护,通过智能化对隧道口进行边坡防护,自动对边坡模型进行洞口开挖。通过使用高性能、智能化地形算法,路基填挖、隧道口防护和裁剪效率高,一个段落路基的填挖、建模、算量耗时不足1s,远优于常用的BIM设计软件。

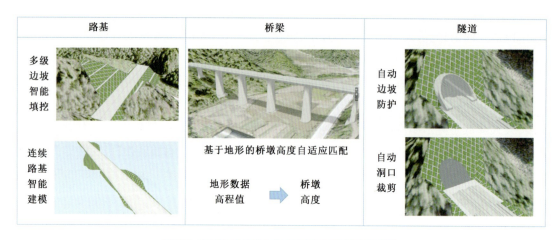

图 9-9 地形自适应的全线工点智能三维设计效果图

9.2.2 施工便道三维设计与优化

图 9-10 所示为地理坐标系下施工便道参数化建模与设计优化方法。

①需要进行坐标系转换。其中,球面地理坐标系到平面投影坐标系的转换是进行数学计算的前提,而投影坐标系到地理坐标系的转换是三维显示的基础。

②进行施工便道参数化建模。主要分为三个步骤:判断边坡类型、获取边坡轮廓线、生成施工便道模型。

③将建模成果输出,并对设计成果进行优化。主要包含四种成果:施工便道三维模型、填挖方量、施工便道可编辑矢量图形、局部地形修改数据。其中,填挖方量有助于进行成本计算,便于设计方案比选;矢量图形能有效避免模型的相交;局部地形修改数据能保证地形数据的准确性。

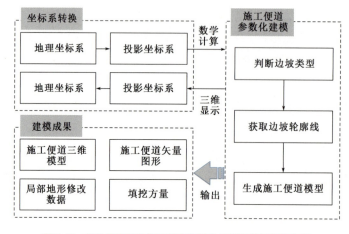

图 9-10 地理坐标系下施工便道参数化建模与设计优化方法

基于桥梁设计模型、精细地形模型、便道工具,在某铁路大桥高桥墩施工便道方案研究与比选中,开展应用服务。基于 2000 中国大地坐标系构建铁路三维场景,模拟和分析三种不同便道方案,其中,方案一采用高边坡直道,方案二采用之字形便道,方案三在对岸谷底铺设便道。三种施工便道方案效果如图 9-11 所示。

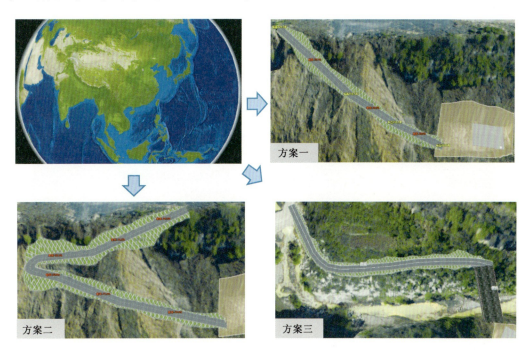

图 9-11 施工便道方案效果

分别计算三种施工便道方案的便道长度、平均坡率、最大坡率、高差、挖方量、填方量信息,其计算结果如表 9-1 所示。

施工便道数据信息统计　　　　　　　　　　　　　　　表 9-1

方案	便道长(m)	平均坡率(%)	最大坡率(%)	高差(m)	挖方量(m³)	填方量(m³)
方案一	125	29.82	33.10	37.28	255	607
方案二	186	22.47	24.50	41.8	408	894
方案三	161	3.11	10.00	5	417	460

通过方案对比分析,得出以下结论:方案一坡率大,比较危险;方案二采用之字形,比方案一的坡率小,但拐角处施工难度较大,且容易产生山体滑坡;方案三坡率小,安全,便道施工难度小,并且填挖方量小,但方案三需要架设便桥,并且便桥与对面山体陡坡垂直,空间窄小。若采用方案三,需要进一步对运输汽车在进场时的转弯半径进行分析。

根据施工便道设计方案三,对运输汽车的进场与退出路径进行模拟,如图 9-12 所示。其中,车辆长度 8.5m,车辆进场时,转弯半径 8m,右转角度为 90°。通过规划进场与出场路径,对汽车的运输过程进行模拟,验证施工便道和栈桥的宽度、长度能够满足车辆运输要求。最终,确定施工便道设计方案三为可行方案。

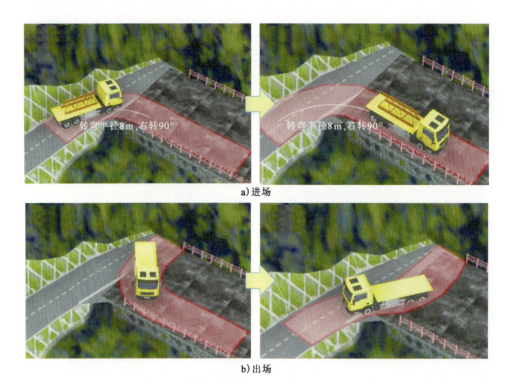

图 9-12 运输车辆进、出场行驶模拟

9.2.3 场坪选址

大临工程选址和工程量计算是铁路勘察设计中的一项重要工作,选址不仅要考虑距离相关资源的远近程度,还要考虑使土石方工程量尽量小。人工选址无法实时获得当前选址的土方量,确定最优选址需要大量的人工判视和计算工作。在三维场景中进行弃土场和梁场选址时,需要使用场坪选址工具,首先编辑多边形,然后根据填挖方工具计算土方量,通过方案对比选出土石方量最小的方案,如图 9-13 所示。

9.2.4 设计方案三维比选

设计方案比选需要借助多窗口模式开展,可在多个具有相同视角、相同背景的三维视图中加载不同的设计方案,通过不同线程间实时通信和视角同步更新,同步、动态察看不同设计方案的效果,如图 9-14 所示。

①在同一个三维场景中加载不同的设计方案建模成果,启动多个三维浏览窗口,并在不同窗口中加载不同的设计方案工程文件。

第 9 章 CRDC_RIM 平台在勘察设计阶段的应用

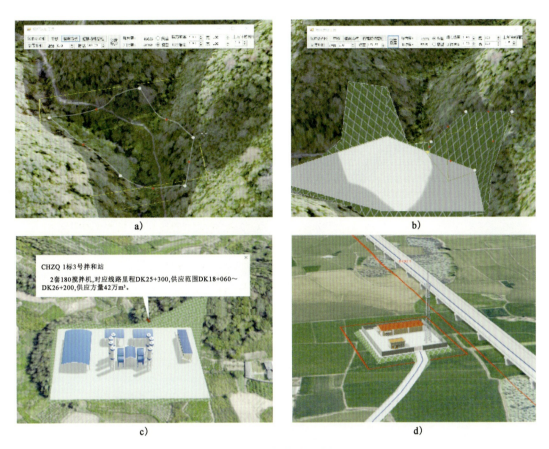

图 9-13 场坪选址与建模

② 在应用程序中添加一个定时器,按照一定时间间隔(如 100ms)进行一次视角数据同步。同步的规则如下:

a. 如果当前窗口为活动窗口,在每一次数据同步操作中,往配置文件中写入当前三维窗口的视角参数(包括摄像机位置、姿态、速度);

b. 如果当前窗口不是活动窗口,在每一次数据同步操作中,从配置文件读取视角参数(包括摄像机位置、姿态、速度),从而对当前三维窗口的视角参数进行赋值,实现与另外一个活动三维视图视角同步的效果,如图 9-14 所示。

9.2.5 多专业协同设计

由于四电工程与其他专业之间的接口较多,而在四电选址的过程中沟通汇报非常频繁,专业间沟通协调所占用的时间成本巨大。为了实现各专业间的协同设计、降低各专业间沟通协调的时间,开发了多方协同的三维深化设计,主要应用于四电选址与接口工程的处理上。设计单位在桌面客户端完成四电工程的初步选址,并将数据上传发布。现场勘察时则采用移动端完成资料的补充与上传。基于浏览器端实时读取服务器中不断更新的数据服务,完成多部门的协同设计。最终,可将深化设计的成果进行导出,生成二维图纸。在某项目中,采用本方法优化设计 2200 多处、优化设计方案 5 处、优化梁场选址 11 处、拌和站选址 9 处、四电选址 56 处。图 9-15 所示为深化设计的流程,图 9-16 所示为路隧桥接口的深化设计效果。

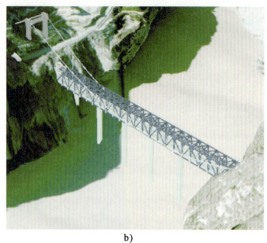

图 9-14 某大桥设计方案比选效果

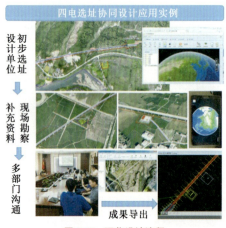

图 9-15 深化设计流程

图 9-16 接口工程深化设计效果

9.2.6 管线碰撞分析与迁改

CRDC_RIM 平台提供了管线自动建模和碰撞分析功能,在设计阶段,根据盾构隧道和车站的空间范围,可通过地下视角、地下剖面等方式查看工程地下管线的空间关系。由管线管点模型属性表信息,可通过模型查询管线的基本参数,包括管线类型、权属单位、管线直径等。根据管线和管点数据的几何信息、管点管线连通关系,可进行管线的连通性查询、管线空间缓冲区分析,如图 9-17 所示。

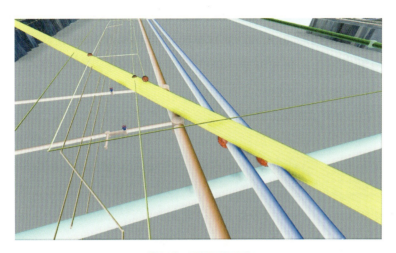

图 9-17 管线碰撞分析

在设计阶段,可开展管线迁改方案的辅助设计方案研究,在施工阶段可在该平台查询管线资料,进行迁改方案和进度的管理。基于管线建模工具和管线查询工具,可进行管线拆改范围分析,确定受工程施工影响的管线,按照拆改方案进行三维建模,进行可视化展示,如图 9-18 所示。

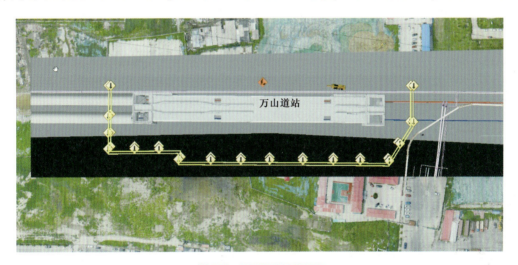

图 9-18 地下管线迁改方案

9.3 设计成果三维展示

9.3.1 环境噪声仿真三维可视化

高速列车在运行过程中会产生一系列噪声,包括受电弓与接触网之间的集电系统噪声、列车与空气之间的车体空气动力噪声、车轮与轨道之间的轮轨区噪声、桥梁结构噪声。其中,集电系统噪声又包含了空气动力噪声、弓网摩擦噪声、火花电弧噪声;轮轨区噪声包含轮轨噪声(机械噪声)、空气动力噪声。高速列车运行过程中的噪声模型如图9-19所示。

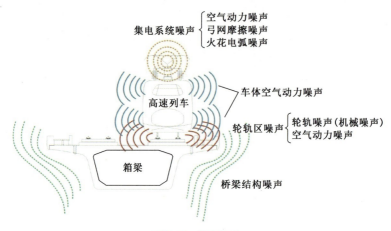

图9-19　噪声模型

开展高速铁路环境噪声预测,需要铁路沿线地形和建筑物信息数据。通过分析噪声分析软件数据接口,研究确定地形图数据出图标准,可为噪声分析工作提供基础数据,如图9-20所示。

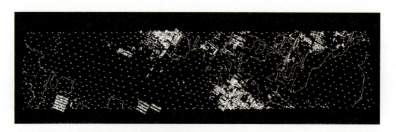

图9-20　用于噪声分析的基础地形图数据

根据三维点云数据的可视化表达方法,将噪声预测结果输出为空间强度点云。强度分布点云数据一条记录的数据格式为:X,Y,Z,I。其中I为强度。在导入点云数据前,需定义颜色表,定义强度与显示颜色的映射关系。根据颜色表,将强度点云转换为如下格式:X,Y,Z,R,G,B,I。然后在三维GIS系统中与模型进行三维可视化展示,实现噪声预测结果的仿真查询,如图9-21所示。

9.3.2　施工组织计划三维可视化

在铁路工程施工前,需进行施工组织进度计划的编制,常用的编制和成果提交手段是基于CAD二维图。以隧道设计施工组织进度计划为例,其主要依据围岩级别及不同围岩的施工速率来计算。

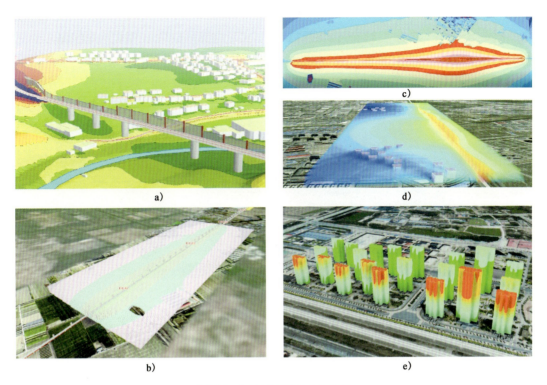

图 9-21 噪声仿真结果三维可视化

为了实现在设计阶段进行三维可视化进度方案的编制及查询，需搜集整理隧道基本信息，包括围岩信息、进出口信息、斜井信息、工作面信息、工法信息等。基于该信息，开发自动进度计算程序，将计算得到的进度结果输出为报表(图 9-22)，并能够根据围岩信息、围岩速率表等自动对隧道掘进进度进行预测。

	任务名称	备注	前置任务	开始日期	完成日期	工期	进度	工作量	单位	工程类型
1	进口			2016-10-20	2016-10-20	3	0			无
2	施工准备			2016-10-20	2016-10-20	1	0			施工准备
3	明洞工程			2016-10-20	2016-10-20	1	0			明洞工程
4	边坡防护			2016-10-20	2016-10-20	1	0			边坡防护
5	小里程正洞开挖570	起始里程：		2016-10-21	2017-8-26	310	19			正洞开挖
6	掘进30.0米,累计30.0米			2016-10-21	2016-11-8	19	50			无
7	掘进4.0米,累计34.0米			2016-11-9	2016-11-11	3	0			无
8	掘进82.0米,累计116.0米			2016-11-12	2016-12-31	50	50			无
9	掘进4.0米,累计120.0米			2017-1-1	2017-1-3	3	0			无
10	掘进80.0米,累计200.0米			2017-1-4	2017-2-21	49	0			无
11	掘进180.0米,累计380.0米			2017-2-22	2017-5-1	69	0			无
12	掘进150.0米,累计530.0米			2017-5-2	2017-8-1	92	50			无
13	掘进40.0米,累计570.0米			2017-8-2	2017-8-26	25	0			无
14	出口			2016-10-20	2016-10-20	3	0			无
15	施工准备			2016-10-20	2016-10-20	1	0			施工准备
16	明洞工程			2016-10-20	2016-10-20	1	0			明洞工程
17	边坡防护			2016-10-20	2016-10-20	1	0			边坡防护
18	大里程正洞开挖525	起始里程：		2016-10-21	2017-7-28	281	0			正洞开挖
19	掘进30.0米,累计30.0米			2016-10-21	2016-11-8	19	0			无
20	掘进15.0米,累计45.0米			2016-11-9	2016-11-18	10	0			无
21	掘进70.0米,累计115.0米			2016-11-19	2016-12-31	43	0			无
22	掘进60.0米,累计175.0米			2017-1-1	2017-1-23	23	0			无
23	掘进130.0米,累计305.0米			2017-1-24	2017-3-14	50	0			无
24	掘进30.0米,累计335.0米			2017-3-15	2017-4-2	19	0			无
25	掘进100.0米,累计435.0米			2017-4-3	2017-6-2	61	0			无
26	掘进50.0米,累计485.0米			2017-6-3	2017-7-3	31	0			无
27	掘进40.0米,累计525.0米			2017-7-4	2017-7-28	25	0			无

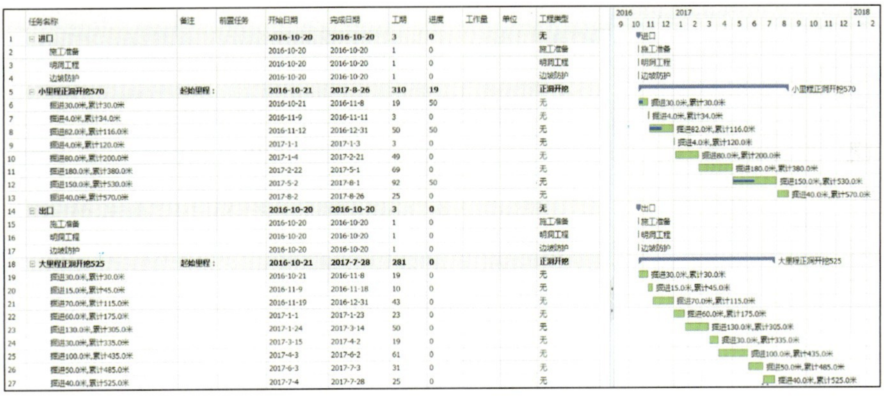

图 9-22 隧道施工进度报表

对隧道模型进行构件分解，由进度结果对模型进行完成日期赋值，通过日期过滤，实现隧道进度的三维可视化查看，如图 9-23 所示。

图 9-23 隧道进度的三维可视化查看

9.3.3 房屋拆迁可视化管理

通过矢量采集获取房屋分栋信息、房屋面积、权属、层数、用途等信息,将房屋矢量与倾斜摄影三维实景模型叠加,实现基于三维实景模型的独栋房屋信息查询和显示控制,通过与拆迁进度数据库关联,可实现房屋拆迁信息和拆迁进度的可视化查询浏览。通过对铁路沿线使用缓冲区分析,实现指定范围内资产情况查询统计,如某里程段范围内铁路两侧 50m 范围内的房产情况、土地开发情况、加油站情况等,如图 9-24 所示。

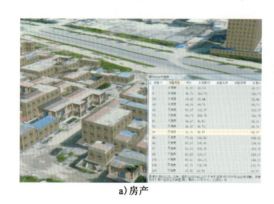
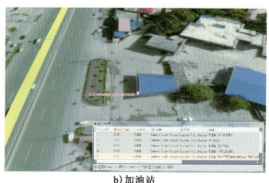

a) 房产　　　　　　　　　　　　　b) 加油站

图 9-24 房产与加油站空间统计分析

对于已拆迁的房屋,修改数据库中建筑的拆迁状态,在三维场景中,根据拆迁状态生成三维模型,能够自动将已拆迁的房屋置平并进行标记,如图 9-25 所示。

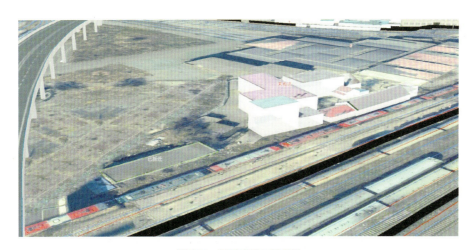

图 9-25　拆迁房屋三维置平

9.4　本章小结

本章介绍了 CRDC_RIM 平台在勘察设计中的应用，包括野外调查、三维深化设计、设计成果三维展示三个方面。野外调查功能综合运用 GIS、GPS 及可视化技术，实现野外调查路线记录、调查点定位、调查前规划、数据实时上传下载等功能，实现从野外调查准备—数据采集—数据整理录入—数据处理分析全流程信息化，调查数据实时入库与共享、在线协同调查，显著提高了野外调查工作的质量和效率。三维深化设计方面，通过综合运用线路三维中线、GIS 地形服务，开展三维选线设计、施工便道三维设计与优化、场坪选址设计、设计方案比选、多专业协同设计、管线碰撞分析与拆改等工作，从而提高了设计的质量，降低了设计阶段多专业沟通的成本。设计成果三维展示方面，通过利用三维 GIS 对多源异构数据的融合、设计三维可视化的表达方式，实现对设计成果的三维展示，包括对环境噪声、施工组织计划、房屋拆迁等内容的三维可视化功能，使得对设计成果的管理更为直观。

第10章

CRDC_RIM 平台在工程施工阶段的应用

铁路信息模型技术在建设管理中的应用如图 10-1 所示，主要思路是以工程进度为主线，工程质量为核心，从施工准备到工程交付，围绕施工进度、质量、安全、投资、环境等主要环节，通过关联各种计划、进度、安全风险源、工程量清单、工程单价、投资与拨付等信息，有效掌控实时进度，推送工程风险信息，统计投资情况，此外，还能够接入多种传感器数据，如视频监控、监测检测、试验室、拌和站、环水保等，以及现场检查、检验批等资料实现过程控制，实现对建设过程的闭环管理，保证施工质量与安全。

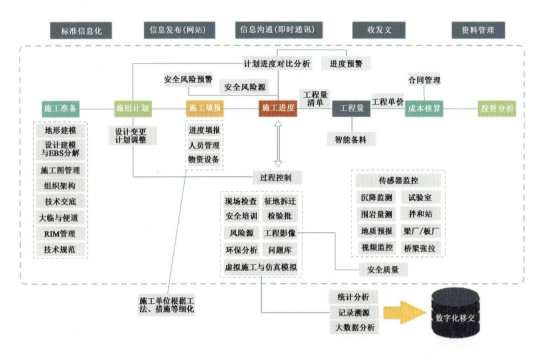

图 10-1 铁路信息模型技术在建设管理阶段的应用

10.1 施工进度管理

10.1.1 施工进度管理流程

长大铁路工程施工是一项复杂的系统工程，其内部各组成部分之间相互联系又相互制约，关系错综复杂。施工进度是铁路工程施工管理的核心环节，如何形象地表达施工进度、动态描述施工过程中各环节之间复杂的动态时空逻辑关系，一直是工程管理决策人员关心和亟待解决的关键问题。因此，实现铁路工程施工进度三维动态可视化显得尤为必要。

施工进度管理包括进度数据自动采集或进度填报、统计分析、三维形象进度、进度智能预警等步骤,如图 10-2 所示。传统进度三维可视化方法只能面向部分工点,不能面向全线所有工点,CRDC_RIM 平台基于对静态信息模型的施工进度参数进行动态修改,能够对全线数百公里的施工进度进行实时展示。

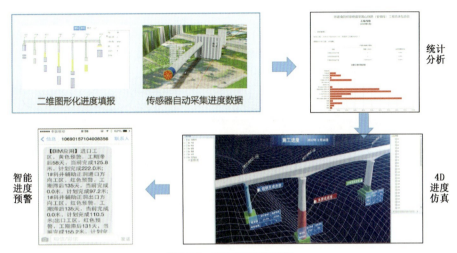

图 10-2　施工进度管理流程

10.1.2　工程分解

系统填报的进度数据需要满足 BIM 管理应用需求,能够驱动 BIM 模型进行三维进度管理与显示,同时也是工程 BIM 模型信息的重要组成部分。在综合考虑 BIM 模型粒度、项目管理需求、用户工作量、系统效率等因素的基础上,对路基、桥梁、隧道等专业的工程结构从逻辑层、物理层、施工管理方法等方面进行分解。

桥梁工点分为桩基、承台、墩身、梁段、梁块等构件,桩基、承台、梁段、梁块不再细分,墩身按高度进行分解,如图 10-3 所示。

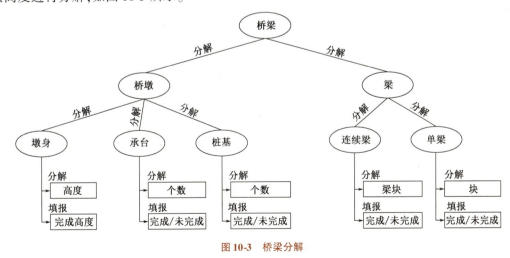

图 10-3　桥梁分解

隧道工点分为明洞、洞门、初期支护、仰拱、衬砌、斜井、洞室、侧沟等构件，初期支护、仰拱、衬砌按工作面进行划分，如图 10-4 所示。

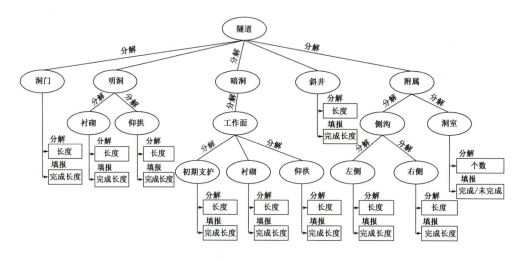

图 10-4　隧道分解

路基工点分为路基本体和附属设施，路基本体分为混泥土基床、基底处理、级配碎石、填方等，附属设施按左右侧分为边坡防护、防护栅栏、电缆槽、排水沟、接触网支柱等，如图 10-5 所示。

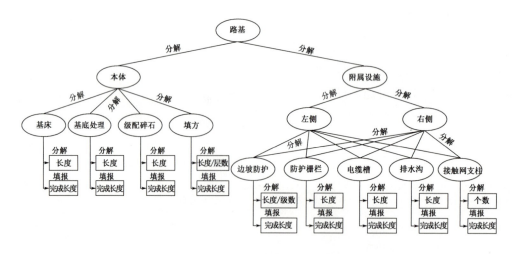

图 10-5　路基分解

10.1.3　施工进度填报系统

施工进度数据采集系统采用图形化的填报方式，基于工点设计参数，采用 WebGIS 技术，生成结构化的二维矢量图，通过在图上点击要素获取基本信息，填写进度数据完成填报。系统采用 B/S（浏览器/服务器）结构，利用 Asp.net、Javascript 等语言进行开发，方便系统部署、使用和维护。业主、承包单位、施工单位和监理单位等参建各方均可通过电脑、手机等移动终端上的浏览器使用系统,可在施工现场填报、审核数据,也可回办公室用计算机处理。系统作业流程如图 10-6 所示。

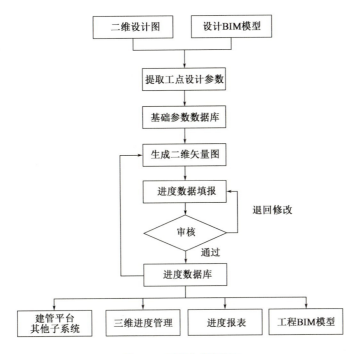

图 10-6　系统作业流程图

利用 Bootstrap 富客户端和 Openlayers 构建 WebGIS 服务,利用工点参数和进度数据在线生成二维矢量图,开发图形化进度查询、填报、审核等功能,如图 10-7 所示。

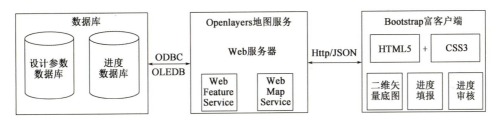

图 10-7　技术架构

(1)工点矢量图显示与操作

选择某个工点,从基础参数数据库中获取工点参数,进度数据库中获取工点进度数据,利用 Openlayers 提供的组件和接口实现工点矢量图的快速绘制、渲染、漫游、缩放等功能,点击矢量要素可查询构件基本参数信息和进度信息,对工点参数信息、进度信息、审核信息、注记等进行分层显示和控制,用不同的颜色进行渲染。图 10-8 所示为某桥梁二维矢量图,从图上可直观显示出当前进度情况,蓝色表示已完成的进度信息,灰色表示未完成的进度信息。

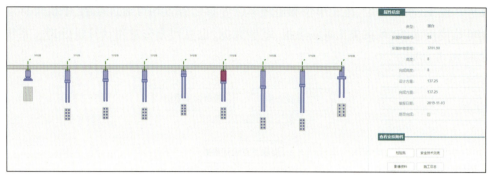

图 10-8　某桥梁二维矢量图

(2) 进度填报

施工单位信息录入人员选择某个工点,在生成的二维矢量图上选择相应的要素填写进度信息,对于已完成的要素则不能二次填报,填报完成后提交给监理单位人员进行审核。图 10-9 所示为桥梁工点的进度填报界面,其中,桩基、承台、梁段、梁块进度用完成和未完成两种状态表示,墩身进度输入实际完成高度。

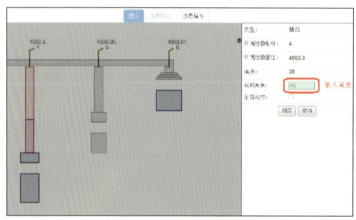

图 10-9　墩身进度填报界面

(3) 进度审核

监理单位人员对进度数据进行审核,需要审核的要素用黄色表示,点击要素查看进度信息。对于不合格的数据,监理人员进行标记并退回给施工单位修改。数据全部通过审核后,则自动录入进度数据库并锁死,不能再次修改。图 10-10 为桥梁审核界面。

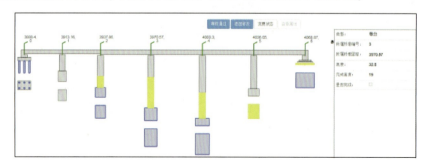

图 10-10　桥梁审核界面

(4)进度预警

对实际进度与计划进度进行对比分析,根据填报的历史进度数据,建立分部分项工程进度速率模型,计算出超前或滞后工天,设立预警等级,进行进度预警,如表10-1所示。

进度统计分析表　　　　　　　　　　　　　　　　　　表10-1

标段	工点名称	墩号	名称	单位	总量	实际完成	计划完成	差值	工期(d)
TJ-1	东寨隧道		进口	m	520	471	514	43	−14
			出口	m	588	529	526	3	1
TJ-2	南岭隧道		进口	m	922	232	170	62	31
			出口	m	923	193.2	170	23.2	17
	北沟隧道		入口	m	620	280	302	22	−6
			出口	m	715	339	265	74	33
TJ-3	温河特大桥	15号墩	钻孔桩	个	10	10	10	0	0
			承台	个	2	2	2	0	0
			墩身	m	14.5	14.5	16.3	1.8	−1
			梁块	个	0	0	0	0	0
		16号墩	钻孔桩	个	24	24	24	0	0
			承台	个	3	3	3	0	0
			墩身	m	11	10	10	0	0
			梁块	个	15	0	0	0	0

10.1.4　全线工点实时进度展示

三维形象进度展示方面,CRDC_RIM平台支持对全线工点施工进度的实时展示,在对传统的桥梁、隧道、站场等施工进度展示之外,还实现任意段落、任意层级基坑、路基填挖方施工进度展示,效果如图10-11所示。

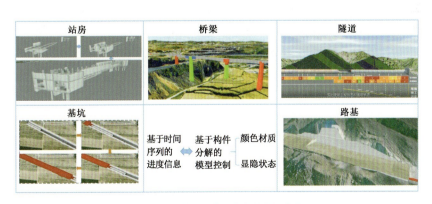

图10-11　全线工点实时进度展示效果

(1) 路基施工进度三维展示

为了更好的表现路基土方工程进度,利用路基地形轮廓线和三维截面构建地形模型,根据填报的填挖方进度数据与地形模型求交,构建土方进度模型,可以很好地表现路基填、挖方进度,如图 10-12 所示。

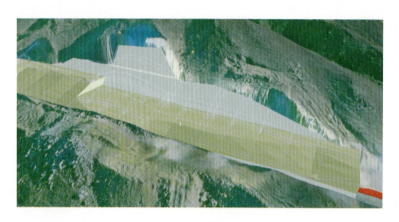

图 10-12　路基施工进度三维展示图

(2) 桥梁施工进度三维展示

对于细部的施工进度,通过将 BIM 模型导入到三维平台中进行管理和应用,对 BIM 模型按照施工工序进行拆分和重新组装,并制定命名规则为每个构件模型定义唯一的 ID 号。根据铁路信息模型的数据库设计方案,从进度数据库中提取进度数据,计算出每个构件模型的完成状态,用不同的颜色表示进度完成情况,图 10-13 为桥梁施工进度三维展示。

图 10-13　桥梁施工进度三维展示图

(3) 隧道施工进度三维展示

区间盾构属于线性工程,通过盾构机的里程值可精确的表达盾构进度,盾构管片装配模型中,对每个隧道洞身模型赋予了里程属性,将盾构机模型、盾构机实时参数、区间隧道进度模型集成显示,可提供更加直观和丰富的进度信息呈现,如图 10-14 所示。

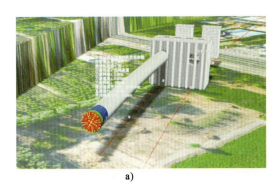
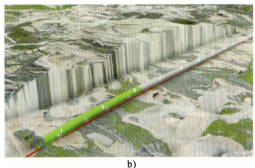

a) b)

图 10-14 隧道施工进度三维展示图

(4) 基坑施工进度三维展示

根据基坑开挖的施工进度，对基坑模型的进度状态属性进行赋值，通过计算获得每一个模型创建和移除的时间，对每个模型赋予出现和消失的时间属性，通过拖动时间条修改系统时间，系统对模型进行时间过滤，实现施工进度的 4D 表达和模拟。首先根据施工进度数据对明挖基坑和支护结构构件模型时间属性赋值，然后由时间属性驱动信息模型，实现进度 4D 模拟，如图 10-15 所示。

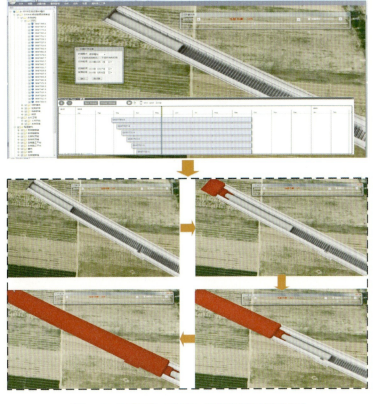

图 10-15 时间驱动的铁路信息模型进度三维展示图

（5）车站主体结构施工进度三维展示

在车站主体结构建模和模型转换时，根据施工粒度对梁、板、柱等构件进行分解，并根据进度数据分解到每一个模型构件，然后由当前进度数据对各个构件模型进行显隐控制，即可对车站的主体结构施工进度进行三维展示，如图10-16所示。

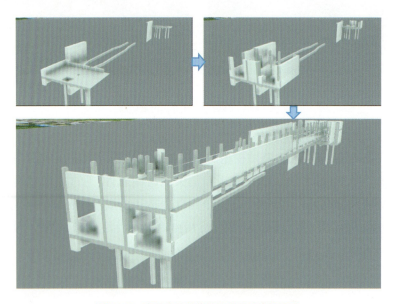

图10-16　车站主体结构施工进度三维展示图

10.2　施工工法可视化模拟

10.2.1　模型构件级分解与重装配

铁路工程施工过程需要借助多种施工机械，灵活多变的机械作业方式会对施工过程造成安全隐患，因此往往需要制定专项施工方案。对施工过程进行可视化模拟，通过预演作业过程来预判风险和事前控制，有助于提高施工过程的安全性，便于开展专项施工技术交底。

为了模拟施工的过程，需对三维模型进行构件分解和重新装配，然后以图层方式导入到三维平台软件中，主要包括铁路工点模型与施工机械模型的分解。其中，施工机械模型在分解之后，只需确定各构件之间的附着关系即可完成重新装配，而铁路工点模型在分解之后需要重新计算各构件的位置信息，完成在三维场景中的重新装配。

首先，遍历单个三维模型，获取每一个叶子节点元素，将其当成一个模型构件对象，获得对象坐标系原点的场景坐标（DX，DY，DZ）、元素名称（FileName），并输出到一个文本文件格式的模型转配表中。然后，将当前对象导出保存为一个独立的模型文件，并将场景原点设置为该对象的本体坐标系原点,如图 10-17 所示。最后,在三维平台软件中,以新得到的装配表来重新定位和装配分解后的模型文件,即可得到模型图层,该图层对模型进行构件级管理,能够实现模型显示控制、属性信息的链接。

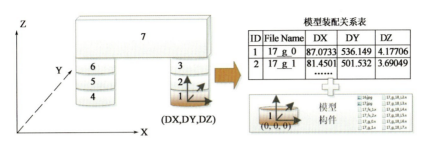

图 10-17 模型分解与导出

构件模型在进行分解与导出时,描述的是模型坐标系下构件模型与模型原点之间的相对位置关系。而在三维场景中,为了实现模型的准确定位,需指定模型的插入点坐标和旋转角度,因此需要将模型坐标系下的相对坐标转换成空间坐标系中的绝对坐标。坐标系转换主要步骤如图 10-18 所示,具体阐述如下:

①模型坐标系→工程坐标系。在铁路设计和施工阶段使用工程坐标系,主体模型在工程坐标系下的位置和姿态可通过线路设计数据和模型几何尺寸获得。根据主体模型在工程坐标系中的位置和姿态信息,以及模型装配关系表中的相对位置数据,通过位置平移和姿态旋转,即可得到各个子构件在工程坐标系中的装配坐标。

②工程坐标系→WGS84 坐标系。工程坐标系一般为经过投影之后的平面直角坐标系,而为了显示里程长、跨度大的铁路三维场景,需要使用 WGS84 坐标系。在不同的投影坐标系下重新装配模型,除了需进行模型位置的重投影计算,还需计算投影方位角改正值,即子午线收敛角改正。这是由于常用的高斯投影对于向量而言,非等方位角投影,离中央经线和中央纬线越远,方位角偏差越大。偏角改正值按式(10-1)进行近似计算。

$$\gamma = \Delta L \times \sin B \tag{10-1}$$

式中,γ 为子午线收敛角改正值;ΔL 为坐标位置点与中央经线之间的经度差;B 为所在位置的纬度。

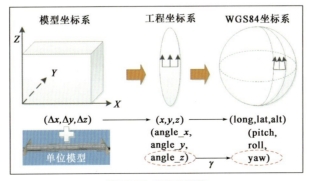

图 10-18 坐标系转换

10.2.2　模型构件时序显示的施工工序模拟

铁路设施设备往往比较复杂,对应的三维模型也需要拆解成一个个小的部件,根据不同的时间点、时长等时间信息,来控制小部件的显示与隐藏,从而模拟施工工序,即为基于模型部件时序显示的施工工序三维可视化模拟。

在施工工序三维可视化模拟中,自上而下将总体施工工序进行拆分,分解为若干子工序,然后对每一个子工序进一步划分,直至拆分到每一个细节动作为止。桥梁施工的整体施工工序可分解为施工准备、下部结构施工、梁部结构施工、附属结构施工四个部分,如图10-19所示。其中,每一部分又可进一步划分为很多施工作业步骤,而每一个作业步骤最终对应于三维场景中的一帧图片。例如,施工准备阶段又可进一步划分为平整场地、桩位放样、钻机就位等步骤,附属结构施工包括桥面工程和附属工程的施工。

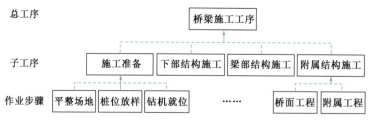

图10-19　施工工序分解

每一个施工子工序可用一个播放列表来存储,由于播放列表之间可以嵌套,因此,子工序亦用播放列表存储。而子播放列表中存储了时间信息、视点信息、浏览动作、模型状态。其中,时间信息是最重要的信息,时间信息决定了在某个时间点上某个动作持续的时长。此动作可以是视点的移动、模型的显示与隐藏等。按照时间信息对播放列表中的信息进行顺序播放,即形成了子工序的动画,而播放所有子列表时,便形成了总工序的三维可视化模拟,如图10-20所示。

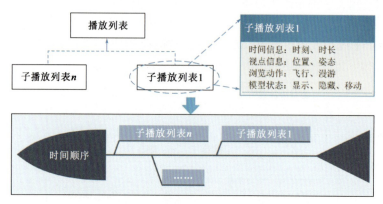

图10-20　施工工序三维可视化模拟

图10-21所示为在三维场景中进行施工便道选取、栈桥搭建、基坑填挖、施工平台布设、桥墩施工、桥梁施工与合龙施工工序过程。其中,施工便道、栈桥、基坑属于工程辅助模型,平台、

桥墩、桥梁属于工程主体工程,各模型及其构件都是以图层的形式加载到三维场景中。施工工序三维可视化模拟为施工机械进场、施工方法的可行性提供依据。

图 10-21　施工工序模拟

10.2.3　基于关节联动的施工工法模拟

施工工法模拟需借助于特定的施工机械实现,施工机械的作业动画模拟是虚拟施工的高级表现形式之一,可以直观的模拟完整的施工过程,反映施工难点。施工机械模拟涉及较为复杂的机械关节控制和各关节的联动、机械与物料之间的传送关系。通过模型的相对定位(与母体附着),经多级坐标系转换,得到构件模型在三维场景中的位置和姿态参数,使得各独立关节能够同时在不同平面内活动,从而完成吊装施工过程的动态模拟。

以汽车式起重机为例,将汽车式起重机进行关节拆分:车底、转盘、一级大臂、二级大臂、三级大臂、四级大臂、吊绳、吊钩、油缸、抬升油缸。各关节的关节活动参数为:转盘平转 Dyaw、一级大臂竖转 Dpitch1、二级大臂平移 DL1、三级大臂平移 DL2、四级大臂平移 DL3、吊绳 Z 方向缩放 ScaleZ、吊绳竖转 Dpitch4、吊钩升降 DZ、油缸竖转 Dpitch3、抬升油缸竖转 Dpitch2。其中,车底无内部活动参数。

对模型关节进行分解之后,还需根据模型的联动关系确定各关节的级别,即模型之间的相互附着关系。由于其他关节都以车底为最终参照,因此车底为一级关节;转盘附着于车底,为二级关节;一级大臂、抬升油缸均附着于转盘,为三级关节;二级大臂、油缸为附着于一级大臂之下的四级关节;三级大臂为附着于二级大臂的五级关节;四级大臂为附着于三级大臂的六级关节;吊绳为附着于四级大臂的七级关节;吊钩为附着于吊绳的八级关节。

模型关节的分解、各关节的动作以及关节之间的附着联动关系如图 10-22 所示。其中,图 10-22a)为汽车式起重机各关节名称,图 10-22b)为关节的活动参数和关节之间的附着联动关系。图 10-22b)中虚线表示联动关系的传递,即子关节会随着父关节的运动而运动,运动的形式主要包括平转、竖转、伸缩、升降。

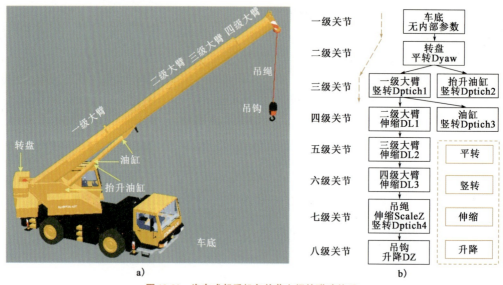

图 10-22 汽车式起重机各关节之间的联动关系

虽然铁路工程施工的机械种类多样,但由于每种施工机械的控制方法和参数是固定的,因此可以建立施工机械库。采用逐级封装的方法,通过推导关节运动时各机械组件的相对运动关系,最终实现通过几个少数参数,对标物理世界真实机械操作,建立参数控制模型,实现虚拟机械的操控。用户只需通过编辑参数脚本或实时控制参数,即可实现多样化的施工作业动画模拟,如图 10-23 所示。

图 10-23 施工机械库

10.2.4 施工工法库智能匹配与重用

智能化的基本前提是计算机可以通过参数描述和理解复杂的物理世界,因此智能工法库建立和应用的要点在于施工工序、工艺的高度抽象化数学建模。施工过程模拟涵盖的要素类型多(基础地形、地形填挖、主体模型、附属设施、机械、设备、动画、标注),业务逻辑复杂琐碎。为了便于理解和组织,还需对工法自上而下逐级分解,然后再自下而上逐级封装,便于计算机组织调用。通过简单的参数调用,实现复杂施工过程的模拟。

智能工法库基于以上方法,自上而下将施工过程分解为独立的工序,将工序分解为机械动画、模型生长动画、文字图形标注等部分。然后自下而上,进行操控参数和动画的逐级封装。对常用的工法进行工序级分解,对具有通用性的工序工法进行生长动画制作、机械群组合作业编辑等,建立智能工法库。每一个工法库在后续应用中均被当作一个可通过参数定制和编辑的对象。常用的参数定制和编辑方法是通过工点的绝对坐标和方位,或线路里程,将工法库在实际工点实例化。智能工法库的制作和使用流程如图 10-24 所示。

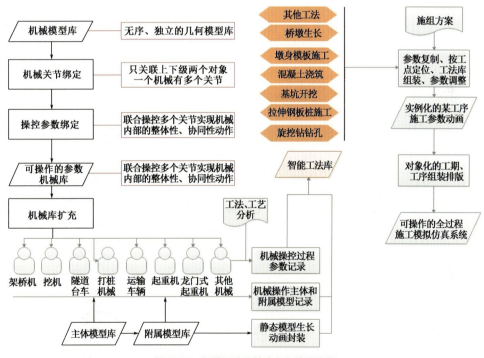

图 10-24 智能工法库的建立和使用流程

基于智能工法库,针对具体工程的施组方案,工程人员只需面对高度封装的工法库对象,而无需陷于烦琐的机械动画编辑工作。采用对象化方法组装编辑各种既有的模型动画对象、相机控制对象、图形标注对象,基于语音轨道、场景轨道、动画轨道、时间轨道、进度轨道等多轨道数据的同步,从多个尺度层面上完成施工方案的模拟。基于智能工法库的复杂施工方案动画仿真的逻辑和结构如图 10-25 所示。

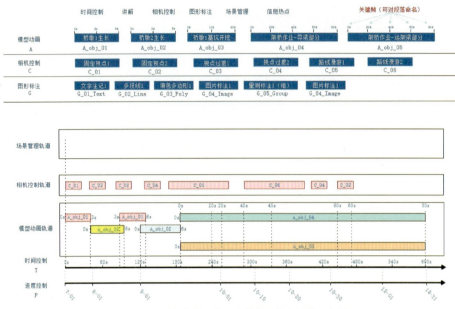

图 10-25 对象化的工期工序排版逻辑和结构示意图

对于部分有规律的施工过程,如多个孔跨箱梁的架桥机架桥作业,可以通过参数化方法驱动,自动调用智能工法库,完成多孔梁架设动画的自动生成,实现施工工法库的智能匹配与重用。图 10-26 所示为架梁机的施工作业可视化模拟。由于架设每孔梁的施工工法类似,因此用户只需编辑架设一孔梁的施工动画参数,即可完成整座桥简支梁架设可视化模拟的工作。

图 10-26 架梁机的施工作业可视化模拟

10.3 监控量测系统接入

为了保证施工安全、提高工程建设质量,通过在三维场景中接入监控量测系统,对施工过程进行全方位监测。在三维场景中接入多种传感器设备,通过接收视频、风速、雨量、变形监测等传感器数据,实现铁路设备状态信息的实时获取、传输与报警,同时,能够在三维场景中查找各监控点,快速定位并调用所需的监控信息。传感器系统采用单独系统进行管理,传感器所采集的数据存放于第三方服务器,数由专业服务器、专业技术人进行保存与维护。据访问与传输可采用数据库访问、Webservice 数据请求、Socket 通信等方式,CRDC_RIM 平台通过传感器系统的接入与集成,形成传感器接入的完整解决方案,如图 10-27 所示。

图 10-27 传感器数据接入与传输

10.3.1 视频监控

视频监控系统简而言之是通过图像监控的方式对监控点作一个实时、远程视频监控的安防系统。系统通过前端视频采集设备即摄像机将现场画面转换成电子信号传输至中心,然后通过显示单元实时显示、存储设备录像存储等,实现工作人员对各区域的远程监控及事后事件检索功能。完整的视频监控系统一般由前端、传输、中心三个基本部分组成,这三个部分相互衔接、缺一不可。前端监控点主要是指设置在各个监控点的各类型摄像机、监视器等;传输部分包括前端摄像机到中心的视频传输、云台控制、电源供应等线路。各种信号的传输是整个系统非常重要的一环,关系到整个监控系统的质量和使用效果。中心部分是整个系统的核心,对监控专网内的高清摄像机、存储设备、解码设备、流媒体转发服务器实行集中管理,监测设备的运行状态。通过对客户端进行账户密码、使用权限的集中分配和管理,能够对客户端登录监控系统进行验证。管理人员登入平台后可以对前端摄像机及录像存储进行个性化设置,满足用户视频预览、信息查看、设备控制等需求。

在此基础上,建立的基于 B/S 版的网络客户端远程监控系统,支持多个网络客户端同时监控前端监控点。用户能够依据权限通过网络对监控点的情况实时查看,通过云台、录像、对讲等功能,实现对监控设备的调控、监控信息的记录,以及与监控点人员的交流沟通等。

基于 CRDC_RIM 平台进行视频监控管理,将视频传感器与三维场景和工点模型关联,在三维浏览过程中可实地看到视频监控安装的实际位置,通过点击视频图标直接调用该处的视频信号,即实现了视频监控与三维地理场景的有机结合,在查看现场监控信号的同时,还可通过三维可视化系统查看周边地形地貌,图 10-28 为某隧道竖井的视频监控。

10.3.2 拌和站与试验室监控

混凝土、钢筋等是铁路建设的主要材料,这些材料的质量直接关系到整个铁路工程的质量,因此,有必要对这些材料的生产过程和质量进行全程实时监控,减少人为测量和监控中结果不实时、不客观、不具追溯性等问题。

图 10-28　某隧道竖井视频监控

拌和站监控系统主要对水泥、粗集料、细集料、粉煤灰、水等原料的配合比、温度、拌和时间等进行监控,并实时通过 GPRS 传输模块送达数据采集系统。具体包括:拌和时间修改记录自动上传,并进行统计;各料仓用量、温度指标数据自动上传,混凝土出产量自动上传;自动生成系统数据报表,误差报表自动报警;根据设计配合比要求,自动推算所生产混凝土的理论强度值;根据生产总时间及拌和周期,估算混凝土生产数量,与实际生产数量对比;建立混凝土拌和站和人员信用考核机制,确保混凝土质量符合工程建设标准。拌和站监控系统采用自动计量装置,计算机配料,对拌和时间、拌和料监测,记录与图形相关联,能直观的显示数据,当数据超过阈值时会触发报警功能和短信通知功能,及时将结果发送给相关管理人员,管理人员可以快速掌握现场检测情况,出现问题及时整改。

试验室信息化管理系统主要对混凝土原材料进行质量控制,对混凝土配合比进行测试,确保混凝土强度和质量。系统实现试验结果自动计算及判定,重要试验数据自动采集和实时传输,具有提醒、分析、统计和监控等功能,确保数据真实可靠,试验过程规范,结果能够追溯。试验室系统采集压力机、万能机等试验设备数据,实现试验过程中试验数据的采集,利用网络自动将数据传输到数据采集系统,并支持断点续传,防止人为干扰和数据丢失。

按照拌和站、试验室的平面布置图,在三维场景中建立真实模型,点击模型可实时查询拌和站、试验室的数据信息,并进行分析预警,如图 10-29 所示。

10.3.3　基坑监测

基坑监测数据一般以表格文件或数据库表结构形式存储,主要包含车站名、点号、监测项目等字段。传统的基坑监测数据主要以报表和单点数据的方式进行呈现,这种方式存在重点不突出、无法反映数据的规律、信息阅读速度低等缺点。CRDC_RIM 平台为基坑监测数据的时空表达提供了便利,通过连续空间、连续时间的图形渲染表达,可让用户快速浏览监测数据,并在第一时间发现形变规律,从而采取有效的防护措施。

图 10-29 拌和站与试验室系统接入

为了在三维场景中准确表达基坑监测点位的实际形变,首先需要由进坑范围数据构建三维几何体,然后计算各测点在几何体中的位置。在表达基坑监测数据方面,将深度位移数据填充至相应的深度轴上,然后采用双线性内插算法填充整个二维空间得到强度图像,通过建立强度图例板,将强度图像转换成色彩图,从而用不同颜色表达不同的位移量。基坑监测点位及位移形变数据的表达如图 10-30 所示。

图 10-30 基坑监测点位及位移形变数据的图形化表达

基坑监测数据一般每天采集一次,将每天的监测数据采用上述方法在三维场景中表达,每天的图形对象被赋予对应的时间属性,实现监测周期内时序监测数据的 4D 表达,如图 10-31 所示。

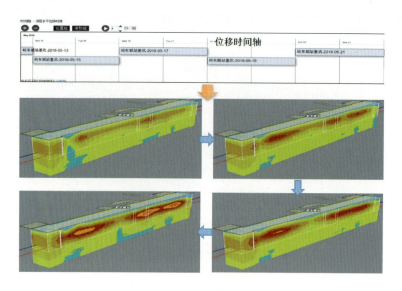

图 10-31　基坑监测数据 4D 展示

10.3.4　区间盾构监控

在施工现场,工作人员需要时刻监控盾构机的运行状况以进行维护管理,传统方式是将采集到的数据经分析处理后,在监控服务器界面上以二维图表的形式显示。为了更方便业主和相关工作人员随时监控盾构机的运行状态,在 CRDC_RIM 平台中接入区间盾构数据并进行三维展示。在施工单位的外网计算机上部署数据获取与转发 Windows 服务,通过该服务可实时的从盾构工控机上获取参数,然后通过调用部署在平台服务器上的数据存储 Web Services,实时将数据发送到平台服务器上并存储。盾构掘进姿态监测系统集成流程如图 10-32 所示。

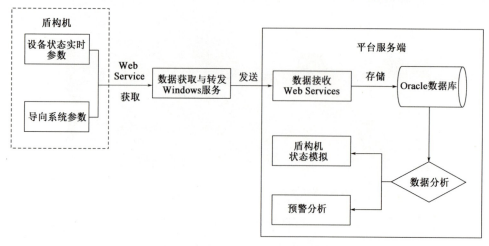

图 10-32　盾构掘进姿态监测系统集成流程

在某隧道地下盾构项目中,通过实时采集、获取盾构机监控服务器上的姿态参数数据,并传输到服务器平台数据库中,实现了盾构隧道自动建模和盾构机实时监控数据的接入。在三维场景中通过 BIM 模型实时模拟盾构机的运行状态,实现了以 BIM 模型为基础的推进过程三维显示。同时,可查询每块管片施工时盾构状态参数,实时监控盾构机推进过程中的重要参数与盾构机状态变化参数,不仅保留了施工过程数据,而且还能够对故障隐患进行智能预警,如图10-33 所示。

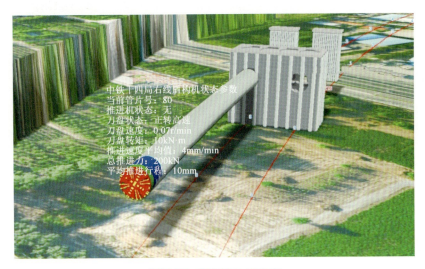

图 10-33　盾构状态三维模拟

10.3.5　其他监控量测系统

在 CRDC_RIM 平台中还可以接入风速、雨量、噪声等其他传感器系统。通过接入风速传感器,并将监控点位置导入平台中进行管理,每个点位保存传感器类型信息、点号信息等,点击三维场景中的图标可实时查看风速计数据,如图 10-34 所示。

图 10-34　风速传感器接入

通过在 CRDC_RIM 平台中集成施工现场噪声数据，能够为施工噪声控制、应对居民投诉提供数据支持，如图 10-35 所示。

图 10-35　施工噪声监测数据接入

10.4　本章小结

本章从施工进度管理、施工工艺工法可视化模拟、监控量测系统接入三个方面，介绍了铁路信息模型技术在建设管理阶段的应用。施工进度是铁路工程施工管理的核心环节，施工进度控制不仅关系到施工目标能否实现，也直接关系到工程的质量和成本。从工程分解、进度填报、三维形象进度、施工进度自动预警等方面介绍了对施工进度的管理，以便管理者及时发现实施中的偏差，并采取有效的调整措施。施工过程可视化模拟能够通过在虚拟地理环境中预演作业过程，进而预判风险和事前控制，有助于验证施工方案的可行性，提高施工过程的安全性。本章从工艺工法可视化模拟、施工机械库、施工工法库、工法知识库重用等四个方面对虚拟施工进行了详细介绍。通过使用物联网等技术手段，能够在三维场景中接入监控量测数据，通过接入视频监控、试验室、拌和站、基坑监测、区间盾构监测、风速计、噪声监测等数据，能够对施工过程进行全方位的实时监控。

第 11 章

CRDC_RIM 平台在运营维护阶段的应用

运维阶段占据了建筑生命周期90%以上的时间和80%以上的成本，因此，追求高效的运维管理方式具有重要的意义。铁路工程的运维管理，是整合人员、设施、技术和管理的过程，主要包括对资产台账的管理，以及对设备的维护、修理及应急救援等的管理。由于运维管理时间跨度大、周期长、内容多、涉及人员复杂，传统的运维管理效率相对低下。在运维管理中引入BIM、GIS等技术，能够实现设计、施工和运维的信息共享，提高信息的准确性，并为各方人员提供一个便捷的管理平台以提高运维管理的效率。

CRDC_RIM平台以三维地理信息系统平台为基础，重点围绕海量基础地理数据的渲染显示、三维基础平台框架构建、铁路信息模型建立、资产信息查询与可视化表达GIS与物联网技术融合等深入开展研究，建立铁路沿线较为精细的三维可视化地理场景，并集成铁路设施、周边电力、建筑物等三维模型数据，构建铁路工程的数字资产管理平台；然后基于该平台，收集台账管理、应急管理相关数据资料，建立资产台账管理数据库；并开发相关业务功能，满足三维可视化界面下的场景浏览定位、设备台帐查询、应急抢险及日常维护等需求，实现铁路资产管理的三维可视化。

11.1　资产台账管理

11.1.1　主要建设内容

基于铁路信息模型技术的资产管理通过建立铁路设备的信息模型，并进行优化组织，同时辅以逼真的三维地理场景，形成一套直观化、信息化、智能化的资产管理系统，从而能直观地展示设备周边的地理环境状况，快速查询并获取设备信息，为设备检修安排提供丰富的信息支持。主要建设内容如下：

①铁路资产信息数据库的建设。包括工务、通信、信息、牵引变电、电力、接触网、房建及其他设施设备八个专业的基础设施设备、实物资产台账等数据。

②基于铁路三维地理信息的可视化平台建设。通过航测技术获取铁路线一定范围的最新基础地理信息数据，经过数据处理，获得DEM、DOM、基础矢量等数据。搭建基于基础地理信息的三维可视化平台。结合设备资产资料，识别提取铁路资产相关的设施设备的地理位置，建立各专业资产相关的设备设施模型。

③基于三维WebGIS的铁路资产管理系统的建立与发布。基于WebGIS技术进行开发，实现铁路建设用地管理，实现工务、通信、信息、牵引变电、电力、接触网、房建及其他设施设备八个专业设施设备的地理定位，查询各专业资产的详细信息、实物台账、空间分布情况，提供资产设施设备的实时监控与报警信息，提供资产设施设备周边的地理环境状况，快速查询周边应急救援的

设备资源、国家资源等信息,为铁路资产的系统化管理、安全维护、应急救援提供辅助决策功能。

11.1.2 基础设施设备管理

基础设施设备管理主要是对铁路段的基础设施设备进行三维可视化的管理。主要依托设备设施资产的模型数据进行管理。从工务、通信、信息、牵引变电、电力、接触网、房建及其他设施设备等八个专业分类进行管理,实现基础设施设备资产数据的模型化展示。依据基础设施设备资产各自特点,通过专业 BIM 模型,实现对其整体以及分结构、分部件等的详尽展示。实现对模型设备的相关联的业务信息的详细查询(如型号、投入使用日期、里程等),实现对基础设施设备的设计图、现场修改图等图纸与多媒体资料的关联展示。将设计图纸、文件资料等与相应的台账记录链接,在三维可视化界面中进行资料的便捷浏览,实现设备设施快速定位与资料查询,如图 11-1 所示。

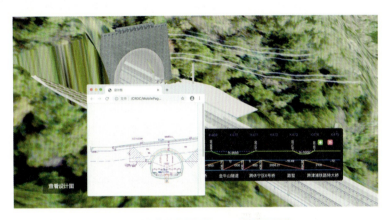

图 11-1 隧道设计图纸与 BIM 模型的关联

11.1.3 资产实物台账管理

资产实物台账管理主要是对于铁路段整理印刷的全部资产实物台账的进行综合管理。依据资产台账中的专业分类,从工务、通信、信息、牵引变电、电力、接触网、房建及其他设施设备八个专业分类进行一级分类管理,依据各自专业特点及台账中的子类分析,进行二级分类管理。实现分专业分类型的资产设备的详细台账信息如设备名称、里程、生产厂商、投运日期等的综合查询与定位,实现分专业、分类别的资产台账的空间分布展示,如图 11-2 所示。同时,可以对台账进行增加、删除、修改、输出报表等维护管理操作。

在对资产台账进行查询时,有多种查询方式:基于台账的查询、基于模型的查询、基于空间范围的查询。基于台账的查询通过输入各类设备名称关键字,可在下拉列表中选择相应设备名称,实现依据设备名称的查询,并根据查询得到的信息进行里程定位。基于模型的查询,是通过选择某附属设施,弹出查询页面,选择名称、资产类别后得到查询结果。基于空间范围的查询则可以查询当前或某里程内的资产实物信息,用于分区间数据的统计和汇总。

图 11-2　资产实物台账管理

11.2　综合养护维修管理

11.2.1　状态监控与任务调度

状态监控与任务调度主要用于对不同阶段不同业务类别的状态进行监控,通过对数据的整合与智能分析,下发任务调度信息,如图 11-3 所示。通过显示列车位置、状态、检修进度、质量及计划变更等内容,实现对列车信息的综合展示,包括运行统计、运行状态与运行时长统计等,能够辅助调度、检修决策。通过对行车信息和班组信息进行管理与查询,可以针对异常之处下发任务单,从而对不同阶段的状态进行巡视,保证对故障信息的及时处理。同时,如果被监控的任务或字段异常,系统通过短信进行预警,降低运维成本。

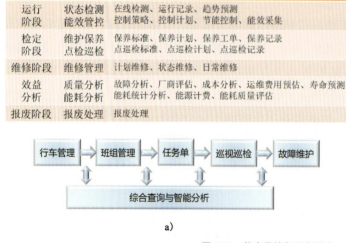

图 11-3　状态监控与任务调度

11.2.2 基于地质雷达的隧道工程质量检测

由于隧道地质条件、水文条件、设计、施工、运营过程中各种因素的影响,导致有些隧道在运营后甚至运营前就出现渗漏、衬砌开裂、掉块甚至崩塌等病害,严重影响到隧道质量甚至行车安全。地质雷达(Ground Penetrating Radar,GPR)作为目前最先进、唯一能做连续测量的工程物探仪器,通过向介质中发射超高频(107~109Hz)短脉冲电磁波,使用户快速获得相关检测区域的三维详细信息。地质雷达波频率高、波长短、分辨率高、可实现连续性测量,是目前探测的首选方法之一。因此,及时发现隧道衬砌中此类病害的位置,对其规模及性质作出评判并实施有效治理,对于保障铁路运输安全及效率有很重要的意义。

通过将超声、激光、数字化探地雷达进行高度集成,自主研发地质雷达监测检测系统,如图 11-4 所示。系统参数及优势表现在以下六个方面。

①隧道顶部检测车速 10km/h,隧道拱腰、边墙 >20km/h;
②水平 360°转向,垂直 30°~90°调节;
③接触网悬挂智能识别、自动化绕避;
④雷达天线与衬砌间距保持恒定,自定义间距;
⑤全过程计算机伺服、自动化控制;
⑥自主研发、拓展性强。

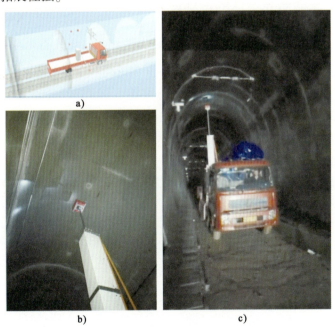

图 11-4 地质雷达监测检测系统

根据地质雷达的检测结果,能够发现隧道衬砌内部空洞、不密实等问题,并能观察钢筋钢拱架的分布情况。将隧道检测监测结果进行集成,从而为隧道病害区域识别和定位提供了手段,可提高铁路设备故障、工点病害诊断的准确率和效率。同时,采用移动端能够进行维修信息查询和维修记录填报,实现内外业一体化管理,极大提高了养护维修信息查询、动态业务数据流转的效率,如图11-5所示。

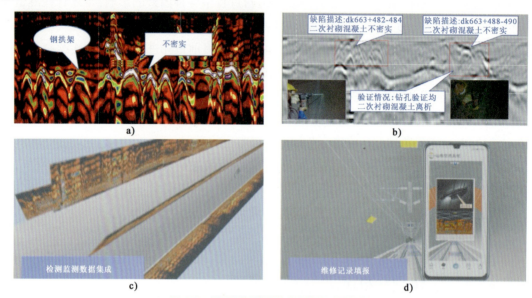

图11-5 隧道检测数据集成与维修记录填报

11.2.3 基于车载激光雷达的设施设备检测

采用车载的激光雷达和摄影技术,快速采集铁路两侧几十至几百米范围内海量点云和影像数据。通过解算分析,实现了线路中线测量、限界及接触网检测等功能。

(1)轨道几何平顺性检测

自动提取钢轨表面的激光点云,重建轨道三维几何模型。基于重建的钢轨模型,进行轨距、水平、超高、三角坑、短波不平顺等线路几何平顺性检测。基于提取的轨道中心线,进行轨道平纵断面拟合,实现既有铁路线路的快速测量,如图11-6所示。

图11-6 轨道三维模型重建及平顺性检测

(2)接触网几何状态检测

完成接触线、承力索、吊线、支持装置、定位装置、立柱等部件的自动提取,基于自动提取的激光点云,实现接触网各部件三维模型重建。基于重建的几何模型,实现接触线导高、拉出值,定位器坡度、立柱侧面至轨道距离、立柱倾斜角度等几何参数,实现接触网安全性能评估,如图11-7所示。

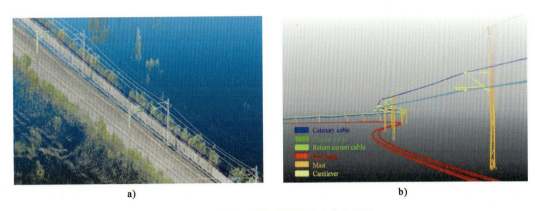

图11-7 接触三维模型重建及几何状态检测

(3)线路设备限界的检测

基于现有轨道中心线或设计轨道中心线,通过加载不同的车辆动态包络线,动态实现各种设备侵限检测,从而完成全部线路的限界检测,实现线路安全性评估性,如图11-8所示。

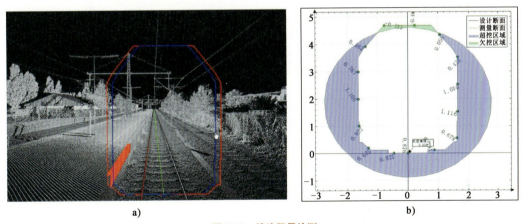

图11-8 线路限界检测

11.2.4 桥渡水文计算与分析

在铁路桥涵勘察设计环节中,桥涵位置的确定及相应的径流计算是一项重要工作。传统的方法主要基于1:10000或者1:2000地形图人工解译流域面积、河道长度及坡度等水文设计参数,结合现场调查确定工点位置,然后进行径流计算。此方法存在主观性强、精度较低、人工工作量大等问题。

DEM 数据中包含了丰富的地形、地貌信息,它能够反映各种分辨率的地形特征,已经广泛应用于三维地形建模、可视分析、水文分析等诸多工程应用领域。利用 GIS 技术,结合铁路线位对铁路上游流域进行水文分析,输出流域范围、设计流量水文计算成果,可用于指导铁路桥涵勘察设计。

利用 DEM 提取关键水文参数的效果如图 11-9 所示,操作步骤如下:

①确定所研究的铁路沿线大范围区域,获取该区域的 DEM 数据进行洼地填充、流向提取和累积流量计算;

②自动选取合适的阈值,进行河网栅格数据提取,对河网栅格数据进行矢量化并进行汇水区域提取,得到汇水区域数据;

③在矢量化河网数据上叠加铁路线位数据,生成推荐桥涵汇水点位置数据;

④根据上游流域回溯提取算法计算铁路汇水点上游汇水区域、主河道长度和坡度桥渡水文关键参数。此方法能自动快速计算桥渡水文关键参数,减少人工操作工作量,提升铁路桥渡水文计算的效率。

图 11-9 基于 DEM 的水文参数提取

11.3 安全风险与应急救援管理

围绕安全管理,利用 InSAR、无人机、车载激光雷达、SLAM 等新技术,结合 GIS + BIM 基础平台,实现既有动态监测数据集成管理,同时,为设备动态监测检测提供了一些更为先进的方法与手段,为高速铁路运维管理"科技保安全"贡献一份力量。

安全管理拓展应用主要为各个铁路局及各站段提供服务,为各单位的监测检测与安全应急管理提供新技术、新方法、新手段,并可用于辅助日常管理工作;对于国铁集团及京沪公司级别用户,提供数据成果的三维浏览查询与统计分析服务。

11.3.1 无人机定期巡检

利用无人机的便捷性获取高铁沿线的视频、高分照片等动静态数据,对高铁沿线风险源变化、周边堆载、违章建筑、工程施工等进行巡视监控和检查;查找高铁沿线的人文变化、分析潜在风险源,预测分析沿线风险源变化等;利用 GIS + BIM 场景宏观展示变化范围、变化状态等信息;利用影视合成技术,对无人机视频进行信息标注,如风险源标识等,对无人机视频进行 BIM 模型融合,实现视频与三维场景的实时同步。图 11-10a)所示为无人机三维点云数据,图 11-10b)所示为无人机视频数据叠加矢量模型后的效果。

a)无人机点云数据　　　　b)无人机视频数据

图 11-10　无人机巡检

同时,基于无人机近景摄影测量技术,开展地表实景三维建模,并进行房屋等几何信息提取,能够通过对多期无人机影像数据进行对比,分别提取不同时期土地利用变化情况、彩钢板房几何信息、违法施工情况,并进行移动端野外复核,可完成对 18 类路外风险源的识别,如图 11-11 所示。

图 11-11　基于无人机影像的风险源识别

11.3.2 变形监测与区域沉降分析

对于路基、桥梁等局部工点的变形监测,能够将 CPIII 沉降监测、路桥隧监测、周边建筑物监测以及综合信息分析等数据集成到三维场景中,通过将监测数据与 BIM 模型关联,实现数据在线查看、分析及评估、远程监管、自动短信预警,如图 11-12 所示。

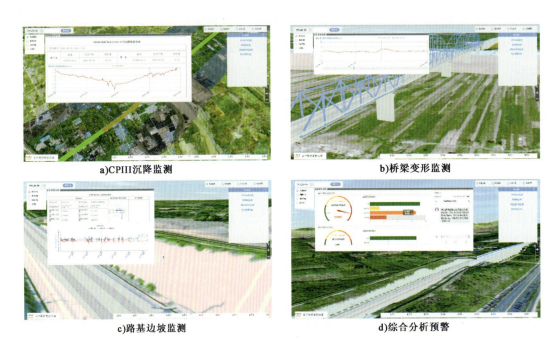

a) CPIII沉降监测　　　　　　　　　b) 桥梁变形监测

c) 路基边坡监测　　　　　　　　　d) 综合分析预警

图 11-12　变形监测与预警

对于区域性沉降,则通过利用 InSAR 沉降监测技术,对铁路沉降漏洞区域进行周期性监测。定量分析提取沉降漏斗区域每个周期沉降速率、地面沉降量,通过多周期监测数据分析,获得漏斗区域沉降变化趋势、扩展范围、差异沉降变化量以及沉降变化规律等,利用 GIS 场景展示变化区域、变化趋势、影响设备设施等,为预估养护维修工作量提供辅助数据,如图 11-13 所示。

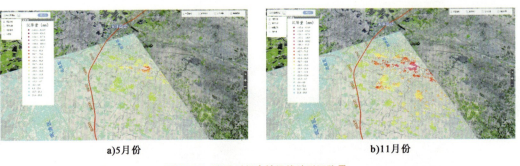

a) 5月份　　　　　　　　　　　　b) 11月份

图 11-13　不同时间高铁沿线地形沉降量

11.3.3　列车行车模拟与应急救援

所构建的高速铁路三维场景可应用于高速列车的运行模拟和精细化管理,在顾及高速列车系统相互作用关系和实际运行状况下,实现基于时空同步的高速列车运行可视模拟和协同仿真,为高速列车性能分析、运行安全预测、分析和评估提供一个可信的仿真模拟环境。三维高速铁路建模系统主要两部分:一是对高速列车沿线地形环境、构造物和附属设施进行三维建模,并基于统一地理坐标系进行组合优化,从而形成基于 GIS 的高速列车虚拟运行场景;二是对高速列车运行环境进行基于三维 GIS 的精细化管理,并支持交互式操作、查询与控制。通过动态模拟列车行驶位置,实时展示列车周边地形、调整模拟展示方位角度,实时显示当前运行列车的位置及时速,实现了多节列车的编组运行与控制,如图 11-14 所示。

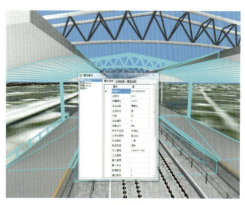

a) 高速列车运行模拟　　　　　　　　　　b) 精细管理与查询

图 11-14　高速列车运行模拟与精细化管理

利用 GIS 场景,还可以快速定位事故地点,查看周边与沿线附近的地理情况、设备设施情况,通过建立业务系统数据与 GIS、BIM 数据之间关联,实现基于三维的综合信息展示、应急故障处理、应急资源管理、应急预案管理等。图 11-15 所示为某事故点的信息展示及视频接入效果。

图 11-15　事故点信息展示及实时视频接入

在发生事故时,能够快速定位事故地点,查看周边地理环境与相关设施设备情况,查找最近的逃生梯,分析获得最佳救援路径,展示路线求援逃生路线、求援路径,辅助相关部门决策制订与完善求援方案,如图 11-16 所示。基于三维场景信息可进行应急救援方案的制订、过程模拟和推演,有效进行救援组织,为最大限度地减少事故造成的人员伤亡和第一时间恢复铁路畅

-243-

通提供有力的工具。此外,也可利用重建的事故三维场景进行事故分析和安全教育,有效避免事故的再次发生。

a)

b)

图 11-16　救援路线制定与方案模拟

11.4　本章小结

本章从资产台账管理、综合养护维修管理、安全风险和应急救援三个方面,介绍了铁路信息模型技术在运营维护阶段的应用。资产台账管理能直观地展示设备周边的地理环境状况,快速查询并获取设备信息。综合养护维修通过采用地质雷达、车载激光雷达等技术,为隧道、接触网、轨道等设备进行养护维修,并通过对状态的健康状态来进行任务调度。安全风险与应急救援通过采用无人机定期巡检对违法施工、土地利用情况进行管理,通过 InSAR、精密工程测量等手段监测铁路沿线区域和具体工点的沉降形变,通过对列车运行状态进行模拟、对应急救援方案进行模拟,能提前制订应急预案和安全教育。

参 考 文 献

[1] AMIREBRAHIMI S, RAJABIFARD A, MENDIS P, et al. A framework for a microscale flood damage assessment and visualization for a building using BIM-GIS integration [J]. International Journal of Digital Earth, 2016, 9(4): 363-386.

[2] BOUSSUGE F, LéON J C, HAHMANN S, et al. Extraction of generative processes from B-Rep shapes and application to idealization transformations [J]. Computer-Aided Design, 2014, 46: 79-89.

[3] CHEN M, LIN H, HU M, et al. Real-geographic-scenario-based virtual social environments: integrating geography with social research [J]. Environment and Planning B: Planning and Design, 2013, 40(6): 1103-1121.

[4] CHEN M, LIN H, KOLDITZ O, CHEN C. Developing dynamic virtual geographic environments (VGEs) for geographic research [J]. Environmental Earth Sciences, 2015, 10: 6975-6980.

[5] CHEN M, TAO H, LIN H, et al. A visualization method for geographic conceptual modelling [J]. Annals of GIS, 2011, 17(1): 15-29.

[6] DE LAAT R, VAN BERLO L. Integration of BIM and GIS: The development of the CityGML GeoBIM extension [M]. Advances in 3D geo-information sciences. Springer Berlin Heidelberg, 2011: 211-225.

[7] DONKERS S. Automatic generation of CityGML LoD3 building models from IFC models [D]. Delft: Delft University of Technology, 2013.

[8] GAO W, SHAO X, LIU H. Virtual assembly planning and assembly-oriented quantitative evaluation of product assemblability [J]. The International Journal of Advanced Manufacturing Technology, 2014, 71(1-4): 483-496.

[9] GONZALEZ-BADILLO G, MEDELLIN-CASTILLO H, LIM T, et al. The development of a physics and constraint-based haptic virtual assembly system [J]. Assembly Automation, 2014, 34(1): 41-55.

[10] GRöGER G, PLüMER L. CityGML-Interoperable semantic 3D city models [J]. ISPRS Journal of Photogrammetry and Remote Sensing, 2012: 12-33.

[11] GRöGER G, PLüMER L. Topology of surfaces modelling bridges and tunnels in 3D-GIS [J]. Computers, Environment and Urban Systems, 2011, 35(3): 208-216.

[12] GUAN C, CHANG L, XU H. The simulation of traction and braking performance for high-speed railway virtual reality system [C] // Computational Intelligence and Communication Networks (CICN), 2013 5th International Conference on. IEEE, 2013: 631-634.

[13] HUANG S F, CHEN C S, DZENG R J. Design of track alignment using building information modeling[J]. Journal of Transportation Engineering, 2011, 137(11):823-830.

[14] IRIZARRY J, KARAN E P, JALAEI F. Integrating BIM and GIS to improve the visual monitoring of construction supply chain management[J]. Automation in Construction, 2013, 31:241-254.

[15] ISIKDAG U, ZLATANOVA S, UNDERWOOD J. A BIM-Oriented Model for supporting indoor navigation requirements [J]. Computers, Environment and Urban Systems, 2013, 41:112-123.

[16] ISO. Industry Foundation Classes (IFC) for data sharing in the construction and facility management industries: ISO 16739—2013[S]. Geneva: ISO, 2013.

[17] KIM J W, KANG K K, LEE J H. Template-based traditional building component modelling [C]//IEEE. Proceeding of the 16th international conference on advanced communication technology. Piscataway: IEEE Conference Pubishing Services, 2014:653-656.

[18] LEE S H, PARK S I, PARK J, et al. Open BIM-based information modeling of railway bridges and its application concept[C]//ISSA R R, FLOOD I. Computing in civil and building engineering. Virginia: American Society of Civil Engineers, 2014:23-25.

[19] LI L, DUAN X Q, ZHU H H, et al. Semantic volume texture for virtual city building model visualisation[J]. Computers, Environment and Urban Systems, 2015, 54:95-107.

[20] LI M, MAO S, WANG H, et al. 3D dynamic modeling and interactive query of underground roadway[C]//IEEE. Proceeding of the 19th international conference on geoinformatics. Piscataway: IEEE Conference Publishing Services, 2011:1-4.

[21] LIN H, BATTY M, JØRGENSEN S E, et al. Virtual Environments Begin to Embrace Process-based Geographic Analysis [J]. Transactions in GIS, 2015, 19(4):493-498.

[22] LIN H, CHEN M, LU G N, et al. Virtual Geographic Environments (VGEs): a new generation of geographic analysis tool [J]. Earth-Science Reviews, 2013, 126:74-84.

[23] LIN H, CHEN M, LU G N. Virtual geographic environment: a workspace for computer-aided geographic experiments [J]. Annals of the Association of American Geographers, 2013, 103(3):465-482.

[24] LIN H, CHEN M. Managing and sharing geographic knowledge in virtual geographic environments (VGEs) [J]. Annals of GIS, 2015, 21(4):261-263.

[25] LIN H, ZHU J, GONG J H, et al. A grid-based collaborative virtual geographic environment for the planning of silt dam systems [J]. International Journal of Geographical Information Science, 2010, 24(4):607-621.

[26] LIU L, XIA Y, HAN Y. Research on Three-dimensional modelling of railway route in railway route selection [C]//IEEE. Proceeding of the 2010 international conference on mechanic au-

tomation and control engineering. Piscataway: IEEE Conference Publishing Services, 2010: 2907-2911.

［27］LØVSET T, ULVANG D M, BEKKVIK T C, et al. Rule-based method for automatic scaffold assembly from 3D building models［J］. Computers & Graphics, 2013, 4: 256-268.

［28］NEUTENS T, DE MAEYER P. Developments in 3D geo-information sciences［M］. Berlin Heidelberg: Springer, 2010.

［29］NING X, ZHU Q, ZHANG H, et al. Dynamic Simulation Method of High-Speed Railway Engineering Construction Processes Based on Virtual Geographic Environment［J］. ISPRS International Journal of Geo-Information, 2020, 9(5): 292.

［30］PRINCE D R, FLETCHER M E, SHEN C, et al. Application of L-systems to geometrical construction of chamise and juniper shrubs［J］. Ecological Modelling, 2014, 273: 86-95.

［31］SANTANA S A, MOURA A C. Geodesign information management and parametric modeling of territorial occupation: new paradigms and challenges in territorial representation［J］. ISPRS-International Archives of the Photogrammetry, Remote Sensing and Spatial Information Sciences, 2013, 1(1): 109-112.

［32］SINGH S P, JAIN K, MANDLA V R. Image based virtual 3D campus modeling by using CityEngine［J］. American Journal of Engineering Science and Technology Research, 2014, 2(1): 1-10.

［33］SON H, KIM C. 3D reconstruction of as-built industrial instrumentation models from laser-scan data and a 3D CAD database based on prior knowledge［J］. Automation in Construction, 2015, 49: 193-200.

［34］SON H, KIM C. Knowledge-based approach for 3D reconstruction of as-built industrial plant models from laser-scan data［J］. Proceedings of the 30th ISARC, Montréal, Canada, 2013: 885-893.

［35］STASIS A, WHYTE J, STEPHENS E, et al. Building Information Modelling and Management in Infrastructure Programmes: A Scoping Study in Crossrail［C］//Technologies for Sustainable Built Environments EngDconference. 2012.

［36］TIAN Y. Building Reconstruction from Terrestrial Video Image Sequences［D］. University of Twente, 2011.

［37］TRUONG H Q, HMIDA H B, MARBS A, et al. Integration of knowledge into the detection of objects in point clouds［J］. PCV 2010, 2010: 143-148.

［38］WANG J, LAWSON G, SHEN Y. Automatic high-fidelity 3D road network modeling based on 2D GIS data［J］. Advances in Engineering Software, 2014, 76: 86-98.

［39］WEI L, HAO P, CHUNLING X. Study on Three-Dimensional Interactive Integration Road

Safety Route Selection CAD System[C]//IEEE. Proceeding of the 2010 international conference on optoelectronics and image processing. Piscataway:IEEE Conference Publishing Services,2010,2:473-476.

[40] WEI P,XU Y. Research on realtime rendering of 3D high-speed rail GIS[C]//IEEE. Proceeding of the 2013 seventh international conference on image and graphics. Piscataway:IEEE Conference Publishing Services,2013:731-736.

[41] WEN Y,CHEN M,LU G,et al. Prototyping an open environment for sharing geographical analysis models on cloud computing platform [J]. International Journal of Digital Earth,2013,6(4):356-382.

[42] XIA H,CAO Y M,DE ROECK G. Theoretical modeling and characteristic analysis of moving-train induced ground vibrations [J]. Journal of Sound and Vibration,2010,329(7):819-832.

[43] XIA P,LOPES A M,RESTIVO M T,et al. A new type haptics-based virtual environment system for assembly training of complex products [J]. The International Journal of Advanced Manufacturing Technology,2012,58(1-4):379-396.

[44] XIE X,ZHU Q,DU Z,XU W,et al. A semantics-constrained profiling approach to complex 3D city models [J]. Computers,Environment and Urban Systems,2013:309-317.

[45] XIE X,XU W P,ZHU Q,et al. Integration method of TINs and Grids for multi-resolution surface modeling[J]. Geo-spatial Information Science,2013,16(1):61-68.

[46] YU L,GONG P. Google Earth as a virtual globe tool for Earth science applications at the global scale:progress and perspectives[J]. International Journal of Remote Sensing,2012,33(12):3966-3986.

[47] ZHANG H,ZHU J,XU Z,et al. A rule-based parametric modeling method of generating virtual environments for coupled systems in high-speed trains[J]. Computers,Environment and Urban Systems,2016,56:1-13.

[48] ZHANG H,ZHU J,ZHU Q,et al. A template-based knowledge reuse method for generating multitype 3D railway scenes [J]. International Journal of Digital Earth, 2018, 11 (2): 179-194.

[49] ZHANG H,ZHU J,Han Z,et al. A knowledge reuse framework for automatic construction of multi-type 3D railway scenes[J]. Journal of Spatial Science,2019,64(3):443-468.

[50] ZHANG W H. The development of China's high-speed railway systems and a study of the dynamics of coupled systems in high-speed trains [J]. Proceedings of the Institution of Mechanical Engineers,Part F:Journal of Rail and Rapid Transit,2013:228(4):367-377.

[51] ZHANG Y,YE J,ZHANG Y. 3D road surface digital modeling in time domain for virtual proving ground of vehicles[C]//IEEE. Proceeding of the 2010 seventh international conference

on fuzzy systems and knowledge discovery. Piscataway:IEEE Conference Publishing Services, 2010,6:2574-2578.

[52] ZHAO J,ZHU Q,DU Z,et al. Mathematical morphology-based generalization of complex 3D building models incorporating semantic relationships [J]. ISPRS Journal of Photogrammetry and Remote Sensing,2012:95-111.

[53] ZHU J,LI Y,HU Y. A Virtual Geographic Environment for Simulation Analysis of Dam-Break Flood Routing [J]. Advanced Materials Research,2012,463:926-931.

[54] ZHU J,ZHANG H,CHEN M,et al. A procedural modelling method for virtual high-speed railway scenes based on model combination and spatial semantic constraint [J]. International Journal of Geographical Information Science,2015,29(6):1059-1080.

[55] ZHU Q,ZHAO J,DU Z,ZHANG Y. Quantitative analysis of discrete 3D geometrical detail levels based on perceptual metric [J]. Computers & Graphics,2010,1:55-65.

[56] ZHU Q,ZHAO J,DU Z,et al. Towards semantic 3D city modeling and visual explorations [C]//KOLBE T H,König G,NAGEL C. Advances in 3D geo-information sciences. Berlin Heidelberg:Springer. 2011,275-294.

[57] 鲍榴,杨斌,杨威,等.基于BIM+GIS的铁路工程建设管理一张图关键技术研究及应用[J].铁道标准设计,2021(05):12.

[58] 毕玉玲.三维地理信息符号化表达方法的研究及试验[D].北京:中国测绘科学研究院,2014.

[59] 陈松林.道路勘测设计中的三维景观模型研究[D].武汉:武汉大学,2005.

[60] 范登科.BIM与GIS融合技术在铁路信息化建设中的研究[J].铁道工程学报,2016,10:106-110.

[61] 范登科,韩祖杰,李华良,等.面向铁路信息化建设的BIM与GIS融合标准与技术研究[J].铁路技术创新,2015(3):35-40.

[62] 龚建华,周洁萍,张利辉.虚拟地理环境研究进展与理论框架[J].地球科学进展,2010(09):915-926.

[63] 韩祖杰.地理坐标系下施工便道三维快速设计技术[J].铁道工程学报,2019,36(12):5-10.

[64] 韩祖杰,张弛,赖旭东.用于铁路勘察的机载LiDAR数据生产DEM方法研究[J].遥感信息,2011,3:61-66.

[65] 郝蕊,王辉麟,卢文龙,等.GIS-BIM在铁路工程建设管理中的应用研究[J].铁路计算机应用,2018,27(4):46-50.

[66] 黄旎诗,赵亮亮,董凤翔.基于BIM与GIS融合技术的铁路工程信息化管理应用研究[J].铁路技术创新,2021(01):78-83.

[67] 胡振中,彭阳,田佩龙.基于BIM的运维管理研究与应用综述[J].图学学报,2015(05):802-810.

[68] 金学松,凌亮,肖新标,等.复杂环境下高速列车动态行为数值仿真和运行安全域分析[J].计算机辅助工程,2011,20(3):29-41.

[69] 李成名,王继周,马照亭.数字城市三维地理空间框架原理与方法[M].北京:科学出版社,2008.

[70] 李华良,杨绪坤,沈东升,等.铁路工程信息模型分类和编码标准研究[J].铁路技术创新,2015,3:17-20.

[71] 李华良,杨绪坤,王长进,等.中国铁路BIM标准体系框架研究[J].铁路技术创新,2014,2:12-17.

[72] 李佩瑶,汤圣君,刘铭崴,等.面向导航的IFC建筑模型室内空间信息提取方法[J].地理信息世界,2015,22(6):78-84.

[73] 李佩瑶.从BIM实体模型自动提取多细节层次GIS表面模型的方法[D].成都:西南交通大学,2017.

[74] 刘延宏.EBS在铁路工程建设管理中的应用探讨[J].中国铁路,2015,7:62-65.

[75] 刘延宏.BIM技术在铁路桥梁建设中的应用[J].铁路技术创新,2015,3:47-50.

[76] 闾国年.地理分析导向的虚拟地理环境:框架、结构与功能[J].中国科学:地球科学,2011(04):549-561.

[77] 吕慧玲,李佩瑶,汤圣君,等.BIM模型到多细节层次GIS模型转换方法[J].地理信息世界,2016,23(4):64-70.

[78] 闵世平,刘雪梅,张燕,等.面向铁路行业测绘数据集成共享探讨[J].铁道工程学报,2012(02):5-9.

[79] 闵世平,赵亮亮.三维GIS技术在铁路全生命周期中的应用探讨[J].铁道工程学报,2014,10:15-20.

[80] 倪苇.GIS在铁路BIM全生命周期中的综合应用探讨[J].铁道建筑技术,2018,10.

[81] 倪苇.基于CityMaker的铁路BIM与GIS融合解决方案[J].铁路技术创新,2017(04):55-57.

[82] 倪苇.基于GIS+BIM的西十高铁设计成果综合应用平台研究[J].铁道标准设计,2021(05):1-5.

[83] 倪苇,王玮.BIM与3D GIS集成中视点统一探讨[J].铁路技术创新,2015,3.

[84] 宁新稳.铁路纵断面图的设计与自动绘制的实现[J].铁路计算机应用,2011,20(11):32-35.

[85] 宁新稳.基于ArcSDE和ArcEngine的DLG数据显示系统开发与实现[J].测绘与空间地理信息,2012,12.

[86] 宁新稳.基于3D GIS的铁路房地产信息管理系统研究与开发[J].铁路计算机应用, 2016,25(12):1-4.

[87] 宁新稳,韩祖杰.基于ArcSDE的DLG数据入库系统研究与开发[J].铁路计算机应用, 2016,25(1):8-11.

[88] 宁新稳,朱庆,任晓春,等.高速铁路施工进度数据图形化处理方法[J].西南交通大学学报,2018,53(2):414-419.

[89] 缪志修,闵世平,黄华平,等.铁路三维中心线的快速生成[J].测绘与空间地理信息, 2012(12):78.

[90] 彭雷.BIM与GIS集成的城市建筑规划审批系统设计与实现[D].成都:西南交通大学,2016.

[91] 彭雷,汤圣君,刘铭崴,等.BIM与GIS集成的建筑物间距规划审批方法[J].地理信息世界,2016,23(2):32-37.

[92] 蒲浩,罗诗潇,李伟,等.基于OSG的铁路站场三维场景层次细节建模研究[J].铁道工程学报,2017,34(3):63-67.

[93] 任晓春.铁路勘察设计中BIM与GIS结合方法讨论[J].铁路技术创新,2014,5:80-82.

[94] 史利民,郭复胜,高伟,等.基于语义交互的三维重建[J].计算机辅助设计与图形学学报,2011(05):839-848.

[95] 石硕,倪苇.基于BIM+GIS技术的铁路工程管理系统研发与应用[J].铁路技术创新, 2020(04):30-34.

[96] 汤圣君,张叶廷,许伟平,等.三维GIS中的参数化建模方法[J].武汉大学学报(信息科学版),2014,39(9):1086-1097.

[97] 汤圣君,朱庆,赵君峤.BIM与GIS数据集成:IFC与CityGML建筑几何语义信息互操作技术[J].土木建筑工程信息技术,2014,6(4):11-17.

[98] 王华,韩祖杰,王志敏.高速铁路桥梁三维施工进度管理系统研发[J].铁路计算机应用, 2012,21(11):34.

[99] 王华,韩祖杰,王志敏.高速铁路桥梁三维参数化建模方法研究[J].计算机应用与软件, 2013,30(09):71-73.

[100] 王金宏,朱军,尹灵芝,等.基于线性参照系统的虚拟高速铁路场景建模方法[J].地球信息科学学报,2014,16(1):23-30.

[101] 王明生,张振平.基于GIS的铁路路基三维可视化技术研究[J].工程图学学报,2009 (1):66-69.

[102] 王同军.基于BIM的铁路工程管理平台建设与展望[J].铁路技术创新,2015,3:8-13.

[103] 王同军.BIM技术——中国铁路工程建设信息化事业的新篇章[J].铁路技术创新, 2014,2.

[104] 王同军.基于BIM技术的铁路工程建设管理创新与实践[J].铁道学报,2019(01):1-9.

[105] 王同军.智能铁路总体架构与发展展望[J].铁路计算机应用,2018(07):1-8.

[106] 王伟,占伟伟,王超,等.一种利用模板的三维道路动态建模方法[J].武汉大学学报(信息科学版),2013,38(9):1092-1096.

[107] 王雪霏.基于空间数据的高速铁路三维建模方法[D].北京:北京交通大学,2011.

[108] 吴晨,朱庆,张叶廷,等.顾及用户体验的三维城市模型自适应组织方法[J].武汉大学学报(信息科学版),2014(11):1293-1297.

[109] 吴晨,朱庆,张叶廷,等.基于MongoDB数据库的多时态地形数据存储管理优化方法[J].地理信息世界,2014,4:37-42.

[110] 吴晨,朱庆,张叶廷,等.基于混合瓦片的海量DEM/DOM数据高效存储管理方法:以应急救灾数据库为例[J].地理信息世界,2014,21(3):69-72.

[111] 武鹏飞,刘玉身,谭毅,等.GIS与BIM融合的研究进展与发展趋势[J].测绘与空间地理信息,2019,42(1):1-6.

[112] 解亚龙,马西章,孟飞.铁路BIM工程化实施策略研究[J].铁路计算机应用,2021,30(2):35-39.

[113] 解亚龙,王万齐.京张高铁工程数字化的探索与实践[J].中国铁路,2019,9.

[114] 许懿娜,闵世平,缪志修,等.三维GIS技术在断面测量中的应用[J].测绘科学,2013,38(4):196-199.

[115] 杨威,王辉麟,解亚龙,等.基于BIM技术的深基坑安全监测信息系统应用[J].中国铁路,2018,5.

[116] 易思蓉,聂良涛.基于虚拟地理环境的铁路数字化选线设计系统[J].西南交通大学学报,2016,51(2):373-380.

[117] 张昊,蒲浩,胡光常,等.基于OSG的铁路三维实时交互式可视化技术研究[J].铁道勘察,2010(1):3-6.

[118] 张恒,朱军,彭子龙,等.三维高速铁路场景对象的地理本体建模与语义查询[J].信息工程大学学报,2014,15(6):758-763.

[119] 张恒,朱军,徐柱,等.面向高速铁路的三维模型数据库管理与建模服务[J].计算机应用研究,2015a,32(9):2708-2711.

[120] 张恒,朱军,徐柱,等.耦合大系统下本体驱动的高速铁路场景建模[J].铁道学报,2015b,37(6):26-35.

[121] 张恒.多层次空间语义约束的高速铁路场景自动建模方法[D].成都:西南交通大

学,2016.

[122] 赵海.铁三院基础地理信息管理系统建设研究[J].铁道勘察,2012,5.

[123] 赵君峤.复杂三维建筑物模型的多细节层次自动简化方法[J].测绘学报,2013,42(1):156.

[124] 赵霞,汤圣君,刘铭崴,等.语义约束的 RVT 模型到 CityGML 模型的转换方法[J].地理信息世界,2015(02):15-20.

[125] 朱庆.三维 GIS 技术进展[J].地理信息世界,2011,9(02):25-27.

[126] 朱庆.三维 GIS 及其在智慧城市中的应用[J].地球信息科学学报,2014(02):151-157.

[127] 朱颖,闵世平,代强玲.面向铁路行业三维场景快速构建一体化技术研究[J].铁道工程学报,2011(12):4-10.